水体污染控制与治理科技重大专项"十三五"成果系列丛书

京津冀区域水污染控制与治理成套技术综合示范标志性成果

京津冀地区水价改革政策研究

王西琴 刘子刚 著

科学出版社

北　京

内 容 简 介

本书主要内容包括水价定价方法，水价节水减排评估方法，再生水定价技术；京津冀地区工业水价、居民生活水价改革方案与节水减排评估，河北典型地区农业水价改革方案与节水减排评估，北京、天津再生水水价定价与改革方案；京津冀地区农业水价改革、再生水水价改革的制约因素与政策建议。

本书可供相关政府管理人员，以及科研院所、大专院校从事相关教学与研究的人员参考。

图书在版编目（CIP）数据

京津冀地区水价改革政策研究／王西琴，刘子刚著 . —北京：科学出版社，2023.10

ISBN 978-7-03-070646-1

Ⅰ.①京⋯　Ⅱ.①王⋯ ②刘⋯　Ⅲ.①水价–物价改革–研究–华北地区　Ⅳ.①F426.9

中国版本图书馆 CIP 数据核字（2021）第 232179 号

责任编辑：周　杰／责任校对：任云峰
责任印制：徐晓晨／封面设计：无极书装

科 学 出 版 社 出版

北京东黄城根北街 16 号
邮政编码：100717
http://www.sciencep.com

北京中科印刷有限公司 印刷

科学出版社发行　各地新华书店经销

*

2023 年 10 月第 一 版　开本：787×1092　1/16
2023 年 10 月第一次印刷　印张：16
字数：385 000

定价：200.00 元

（如有印装质量问题，我社负责调换）

前　　言

党的十九大报告明确提出"推进资源全面节约和循环利用，实施国家节水行动，降低能耗、物耗，实现生产系统和生活系统循环链接"。这是党中央首次提出"实施国家节水行动"，也标志着节水成为国家意志和全民行动。2017年《国务院关于全民所有自然资源资产有偿使用制度改革的指导意见》提出"完善水资源有偿使用制度"，根据水资源的不同特点和情况，健全水资源费差别化征收标准和管理制度，严格水资源费征收管理。2019年《国家节水行动方案》提出六大重点行动，包括"总量强度双控""农业节水增效""工业节水减排""城镇节水降损""重点地区节水开源""科技创新引领"，旨在提高各领域、各行业用水效率，提升全民节水意识，突出政策制度推动和市场机制创新两手发力，深化水价改革。科学合理的水价，是促进水行业由供水管理向需水管理转变的重要手段，通过水价改革，能够促进节约用水，调节水资源供需关系，缓解水资源供需矛盾，提高水资源配置效率，促进经济社会可持续发展。京津冀地区水资源稀缺，水污染问题突出，通过发挥水价的杠杆作用推进精准节水具有重要的现实意义，研究工业、农业、生活用水及再生水定价方法，提出面向水环境保护的京津冀地区水价改革方案与政策建议，是京津冀地区水环境保护综合管理体制改革和机制创新的需求。

本书是国家水体污染控制与治理科技重大专项课题"京津冀地区水环境保护战略及其管理政策研究"（2018ZX07111001）子课题《京津冀地区水价改革方案》的研究成果，在完成该子课题研究成果的基础上加以凝练和总结。本书的出版得到该课题经费的资助。

本书主要内容分为两个层次，第一个层次是理论与方法，主要包括第2章水价对节水减排的效益评估、第3章水价定价方法、第4章再生水利用与定价理论框架；第二个层次是实证分析，主要包括第5章京津冀地区居民生活水价改革方案与政策建议、第6章京津冀地区工业水价改革方案与政策建议、第7章北京天津再生水水价改革方案与政策建议、第8章河北典型地区农业水价改革方案与政策建议。

本书的主要特点体现在以下几个方面：①水价对节水减排的效益评估方法，基于水循环角度，论述了水价提高的节水效益与污染物减排原理，并提出了农业节水以及节水的污染物减排评估方法。②从供水者、用水者、市场供需等角度，对不同用途的水价定价方法进行了全面系统的总结，比较分析了不同定价方法的优缺点及其适用范围，在此基础上提出了适合京津冀地区的水价定价方法。③在界定再生水内涵基础上，分析了再生水的特点，并将再生水用途分为自然生态系统与经济社会系统两大类，前者包括生态补水、景观环境用水与湿地用水等，后者包括城市杂用水、工业用水、农业用水等，为分类制定再生水价提供依据。建立了再生水定价的理论框架，包括再生水定价原则、技术原理、分类定价方法及其参数、定价程序等。④采用成本定价方法、比价关系方法、合作博弈定价方法等分别计算了北京、天津再生水水价，基于实地调研，采用意愿调查方法、比价关系与水费承受指数相结合的方法，计算了天津滨海新区工业再生水一级、二级再生水水价，为分类制定工业用再生水水价提供了依据，并针对再生水利用及其水价存在的问题，提出了再生水利用的保障措施与政策建议。⑤对京津冀现状工业用水、现状水价进行分析，计算了工业水价边际效益，并与全国进行对比分析，揭示京津冀地区工业用水效率较高，采用工业水费承受能力与万元工业增加值用水量相结合的方法，计算了三种情景方案的工业水价，对其节水减排效应进行评估，提出了相应的工业水价改革政策建议。⑥对河北典型地区农业水价进行了研究，采用"以电折水"方法核算现状水价，采用农户水费承受指数方法、剩余价值方法、意愿调查方法等计算了农业水价，建立了需水价格函数及其需水价格弹性曲线，计算了 6 种情景方案的水价改革方案及其节水潜力与污染物减排量，并根据农户水费承受能力、节水与减排效益的比较，给出研究区农业水价改革的推荐方案。⑦分析了当前河北调研地区正在实施的"超用加价"的水价综合改革政策，揭示了该政策在实际实施中存在的制约因素及其原因，提出了以灌溉定额为标准的水价综合改进政策建议，为农业水资源管理实施"定额管理"提供了科学依据。⑧通过分析农业水价综合改革的障碍因素，基于灌溉社会服务化组织、休耕补贴政策、政府回购灌溉水、适水种植结构、完善机井管护制度、节水技术推广及其资金保障等方面，提出推进河北地区农业水价综合改革的政策建议。

水价改革是一项长期的、综合的系统性工程，涉及供水者、用水户、管理部门等多方利益，水价具有随经济发展、技术进步、产业结构变化而呈现动态变化的特征。因此，水价的研究具有长期性和复杂性。本书在前人研究基础上，围绕京津冀地区水价改革开展了一些初步的研究，由于作者水平有限，书中难免存在不完善之处，特别是水价与节水减排的效益评估、再生水水价定价机制等方面，可借鉴的文献不多，难免存在不妥之处，希望本书的出版能起到抛砖引玉的作用，推进我国水价定价与改革的深入研究。

作 者

2023 年 8 月 6 日

目　　录

| 第 1 章 | 绪 论

论述水价改革的研究背景与意义。从不同用水户的水价定价研究、水资源需求价格弹性、水价的节水减排效益等方面论述当前研究进展及其研究热点,本研究框架和研究内容包括 6 个方面,分别是水资源需求价格弹性函数模型建立、节水对污染物的减排效益评估方法、水价定价方法评述、再生水水价定价技术、京津冀水价改革方案及其节水减排量、水价改革的政策建议。

1.1 研究背景与意义

1.1.1 研究背景

我国水资源管理体制已由供给管理转向需求管理,由通过工程或技术手段增加水资源供应量,转变为同时设计水资源管理制度来调节用水户的行为。近 20 年,围绕水价改革国家相继出台了一系列相关政策性文件以推进水价改革。2002 年《中华人民共和国水法》用法律形式确定了取水许可证、水资源有偿使用等制度。这是我国对水利工程供应的水实行有偿使用的法律规定。2004 年国家发展和改革委员会、水利部颁发《水利工程供水价格管理办法》,在地方政府的领导下,采取"小步快走"的策略,不断完善水价成本核算和水费计收管理办法,努力提高水费实收率。2019 年《国家节水行动方案》(发改环资规〔2019〕695 号),提出"总量强度双控"、"农业节水增效"、"工业节水减排"、"城镇节水降损"、"重点地区节水开源"和"科技创新引领"六大重点行动,旨在提高各领域、各行业用水效率,提升全民节水意识。

长期以来我国以农业用水为主,农业具有较大节水潜力,农业又是弱质产业,因此,农业水价综合改革成为各级政府关注的重点。2001 年,国家发展计划委员会(现国家发展和改革委员会)会同水利部、农业部(现农业农村部)印发了《关于改革农业用水价格有关问题的意见》,对农业水价改革具体实施意见以及配套措施进行了说明,在充分考虑农民承受能力的基础上,建立科学合理的农业水价形成机制,提高农民节水意识。2001 年国家发展计划委员会发布的《关于改革农业用水价格有关问题的意见》指出,可以考虑对农民采取核定合理灌溉用水定额,定额外用水较大幅度提价的办法。《国务院办公厅关于推进水价改革 促进节约用水保护水资源的通知》(国办发〔2004〕36 号)指出,农业水价要达到保本水平,政府严格管理水价,实行终端水价制度,要调整水价与理顺水价结构相结合,按照不同用户的承受能力,建立多层次供水价格体系,充分发挥价格机制对用水需求的调节作用，提高用水效率。

2011年是水价改革具有里程碑意义的一年，中共中央、国务院首次以一号文件的形式出台了《关于加快水利改革发展的决定》，指出"按照促进节约用水、降低农民水费支出、保障灌排工程良性运行的原则，推进农业水价综合改革，农业灌排工程运行管理费用由财政适当补助，探索实行农民定额内用水享受优惠水价、超定额用水累进加价的办法"。2014年1月水利部印发了《水利部关于深化水利改革的指导意见》，指出积极推进农业水价综合改革，加快落实灌排工程运行维护经费财政补助政策，合理确定农业用水价格。通过农业水价综合改革示范，推行农业用水计量收费，以用水方式转变倒逼农业生产方式转变。

2015年中央一号文件指出推进农业水价综合改革，积极推广水价改革和水权交易的成功经验，探索农业水价的合理范围及补贴机制的合理形式。2016年1月，国务院办公厅颁发《关于推进农业水价综合改革的意见》，明确要求用10年左右的时间在全国基本完成农业水价综合改革，鼓励有条件的地方率先完成，建立健全农业水价形成机制，辅以精准补贴和节水奖励机制，指出应按照粮食作物、经济作物、养殖业等用水类型在终端用水环节实行分类水价。在水价制定方面，在用水量年际变化较大的地区实行两部制水价，而在受季节影响较大的地区则实行丰枯季节水价。2016年5月，国家发展和改革委员会、财政部、水利部、农业部联合印发《关于贯彻落实〈国务院办公厅关于推进农业水价综合改革的意见〉的通知》，要求进一步细化部门分工和责任，扎实推进农业水价改革工作。这意味着我国农业水价在经历了公益性无偿供水、政策性有偿供水阶段后，进入了换挡提速、稳步有序的综合改革时期。2018年中央一号文件将加大农业水价综合改革工作力度作为推进乡村绿色发展，打造人与自然和谐共生发展新格局的重要内容。2018年国家发展和改革委员会等四部门印发《关于加大力度推进农业水价改革工作的通知》，其中强调农业水价改革是农业节水的"牛鼻子"，要抓紧制定水价调整方案，合理适时把握农业水价上涨幅度。《关于加快推进农业水价综合改革的通知》（发改价格〔2019〕855号），进一步指出加大力度推进农业水价综合改革。2020年7月颁布《关于持续推进农业水价综合改革工作的通知》，再次强调农业水价综合改革是保障国家水安全的重要举措。在上述文件出台的背景下，从2014年开始，农业水价综合改革正式启动，全国27个省的80个县200万亩①灌溉面积开始试点，从不同水资源条件、不同灌溉方式、不同经济发展水平的试点县中总结经验，探索新的农业用水管理体制和水价形成机制。

再生水是将污水进行收集再处理达到一定回用标准的水资源，再生水回用不但可以节约水量和能源、减少污染、一水多用，而且还可以充分实现污水资源化利用，更好地保护环境，缓解城市供水压力，从系统的角度看，再生水利用可以抵消使用传统淡水资源所消耗的能源和资源，污水中的氮、磷等物质的回收可以抵消农业对于化肥的使用，使水资源循环得以良性发展，为解决水资源短缺问题提供了新的思路和方法。污水再生回用相比海水淡化成本更低廉，处理技术更成熟，相比远距离引水调水，在基建投资方面具有明显的

---

① 1亩≈666.67m²。

经济优势，同时，再生水不存在水权争议，水源稳定充足，不受气候地域影响，就地可取。

随着对再生水利用的重视，各国逐渐制定了再生水利用有关政策。1992 年美国环保局发布了再生水回用建议指导书，其对再生水回用的处理工艺、技术、水质以及融资方式等都作了详细规定，为尚未出台再生水管理办法的州市提供指导。美国 15 个州为加强再生水利用，颁布相应的利用指南与规范。2004 年，澳大利亚发表《再生水安全利用指南》草案，旨在促进再生水利用。以色列将污水回用以法律的形式给予保障，法规规定在地中海的滨海地区，若污水没有得到充分利用，就不允许使用海水淡化水。以色列 1/3 的农业灌溉使用再生水，城市污水再生利用率已达到 90%，每年有 72% 的废水经过处理回用，全国所需水量的 16% 来自再生水。意大利立法机构为了推行再生水的使用，颁布 152/2006 号条例，规定凡是用于工业的再生水一律降低收费。2020 年 6 月 5 日，欧盟委员会发布了关于水回用最低要求的欧洲水回用法规［Regulation（EU）2020/741］，于 2020 年 6 月 25 日生效，这是欧洲水回用史的一个重要里程碑，它首次将再生水利用写进了欧洲法规。

我国再生水利用起步较晚，2015 年国务院发布《水污染防治行动计划》，明确规定"将再生水、雨水和微咸水等非常规水源纳入水资源统一配置"。2019 年，国家发展和改革委员会、水利部印发的《国家节水行动方案》提出，城市生态景观、工业生产、城市绿化、道路清扫、车辆冲洗和建筑施工等，应当优先使用再生水，提升再生水利用水平，鼓励构建城镇良性水循环系统。重点地区要节水开源，在超采地区要削减地下水开采量，在缺水地区要加强非常规水利用。2021 年，我国 10 部门（国家发展和改革委员会、科技部、工业和信息化部、财政部、自然资源部、生态环境部、住房和城乡建设部、水利部、农业农村部、国家市场监督管理总局），联合发布《关于推进污水资源化利用的指导意见》（发改环资〔2021〕13 号），指出污水资源化利用是指污水经无害化处理达到特定水质标准，作为再生水替代常规水资源，用于工业生产、市政杂用、居民生活、生态补水、农业灌溉、回灌地下水等，以及从污水中提取其他资源和能源，对优化供水结构、增加水资源供给、缓解供需矛盾和减少水污染、保障水生态安全具有重要意义。

《中共北京市委生态文明建设委员会印发〈北京市节水行动实施方案〉》，指出"洗车、高尔夫球场等积极推广循环用水技术、设备与工艺，优先利用再生水、雨水等非常规水源""加大园林绿化非常规水利用。园林绿化用水逐步退出自来水及地下水灌溉"，因地制宜完善再生水管网及加水站点、雨水集蓄利用等基础设施。住宅小区、单位内部的景观环境用水和其他市政杂用用水，应当使用再生水或者雨水，不得使用自来水，该方案提出到 2020 年，再生水利用量达到 12 亿 m³，到 2022 年，再生水等非常规水利用水平进一步提高。

《水污染防治行动计划》指出：到 2020 年，缺水城市再生水利用率达到 20% 以上，京津冀区域达到 30% 以上。2018 年北京、天津再生水用水量占总用水量的比例分别为 27.7%、12.7%，其余省份距离 20% 的目标有较大空间。再生水利用在维持河湖景观、恢复河湖生态等方面发挥了重要作用。充分利用再生水资源可以有效地缓解水资源短缺和水质性缺水问题，而再生水资源能否得到充分利用的关键在于制定合理的再生水水价，但目前关于再生水价格的制定不仅缺乏一定的科学方法，还缺乏一定的系统性，很大程度上阻碍了再生水市场的发展，因此制定合理的再生水价格是当前应该关注和值得研究的问题。

1.1.2　研究意义

科学、合理的水价是促进节约用水、减少水资源浪费的重要手段，对于培育水市场良性运行机制、促进水行业由供水管理向需水管理转变具有积极作用。合理的水价能够发挥价格杠杆作用，自动调节水资源供需关系，缓解水资源的供需矛盾，营造节水产品发展空间和建立良性节水机制的基础条件。农业生产是国民经济和社会发展的基础，水是农业生产的命脉，水资源作为农作物生长的基本要素，是制约农业发展的决定性资源，为满足人口持续增长和生活水平改善的需要，农业生产规模和强度在过去几十年迅速扩大，农业作为最主要的用水部门，消耗了全球总用水量的 70%（康绍忠，2019）。粮食是人类生存和发展的必需品，粮食供给与需求之间的矛盾日益突出。粮食安全已经成为各国政府和国际社会高度关注的重大战略问题。中国是世界上人口最多、粮食消耗量最大的国家，人口占全世界的 21%，粮食产量约占全世界的 25%，且 70% 的粮食来自灌溉农业（刘莹等，2015）。因此，我国粮食生产的关键是灌溉农业的发展，农业生产对于水资源的依赖程度不言而喻。近十几年，尽管我国耕地面积总量没有增加，但由于灌溉面积的增加和农业技术进步，粮食生产取得了长足进步，其中灌溉面积的增加是粮食增产的主要因素。目前，我国粮食生产与水资源并未完全脱钩，未来粮食生产仍然依赖水资源的支持。联合国教育、科学及文化组织《联合国世界水资源开发报告》明确将农业用水供需紧张列为全球水资源开发的九大问题之一。农业用水迄今在几乎所有国家都被视为特殊情况，包括发达国家，而在大多数发展中国家，现状灌溉水费占其供水成本的比例较低。因而，水价的提高变得比其他任何用水部门都复杂和敏感，这也是我国农业水价改革长期以来举步维艰的原因所在。面对其他部门对水资源的竞争不断加剧，特别是生态系统对水资源需求保障程度的增加，如何解决粮食安全所需要的水量仍然是许多国家面临的问题，如何制定合理的农业水价改革政策以缓解农业用水紧张的局面面临严峻的挑战。

伴随着我国社会和经济的发展，人们的生活水平不断提高，居民生活对水资源的需求也将随之增加，如何提高居民节水意识，除了政府强化节水宣传外，制定合理科学的居民生活用水价格可能是帮助居民养成节水意识最有效的手段之一。因此，从水价入手建立合理科学的居民用水定价模式，是解决京津冀水资源短缺问题的重要举措之一，有利于地区社会、经济与环境的可持续发展。2014 年以前，北京执行单一水价，且较低的水价使得城镇居民用水支出占收入的比例较小。2014 年 5 月，北京开始实施阶梯水价定价模式，但是阶梯水价也存在一些不足，导致其对节水的杠杆作用难以发挥。天津从 1996 年起出台了多项法规，如《天津市城市供水管理规定》《天津市节约用水条例》等，曾经十二次调整城市居民用水价格，河北目前整体居民生活水价偏低，较低的定价没有充分体现水资源价值，也没有充分考虑水资源的稀缺特征，没有对高收入人群起到应有的约束作用。如何确定更合理的居民生活水价，从而有效发挥促进水价节水的作用，依赖于科学的定价方法。

污水再生回用能从长远的角度缓解我国水资源短缺的压力，具有明显的社会效益和经济效益。近年来，污水再生回用已经被世界上许多国家纳入国家资源战略规划当中，我国也十分重视再生水资源的合理利用和可持续发展，随着污水回用技术的不断更新与发展，再生成本不断下降、水质不断提高，再生水利用逐渐成为缓解水资源短缺的重要措施之一。再生水利用可以达到节水减排的双重功效，在再生水水质达到标准的条件下和再生水水量能够满足需求的情况下，再生水的价格是决定再生水利用的关键性因素。因此，制定合理的再生水价格不仅能够在很大程度上刺激再生水用户对再生水的需求，还可以决定再生水企业是否能够取得收益以及能否满足企业自身财务平衡的需要。目前，我国对于再生水的利用没有采取强制性的政策，只是对某些特殊行业以及特殊地区采取强制性的措施，要求这些行业和地区使用再生水。在多数情况下，对于再生水的使用仍然实行以用户自愿为主的原则，在这种情况下，再生水的使用的市场调节作用就显得十分重要。然而，在我国的污水资源化利用过程中，关于再生水价格的制定缺乏一定的科学理论依据和实用方法的指导。多数情况下，我国再生水价格的制定由政府部门决定，大部分地区普遍实行统一的再生水价格，这样的定价缺乏一定的灵活性和变通性，忽略了再生水资源的有效配置，不利于污水处理厂的生产和扩大，也不利于再生水市场规模的扩大。为此，再生水价格成为再生水利用需要解决的关键问题。一方面需要建立合理的再生水价格体系，为制定科学、合理的再生水价格提供理论依据，促进再生水市场的发展和扩大。另一方面，对再生水价格的研究，微观方面可以为再生水企业实现最大的经济利益提供新的途径，宏观方面可以为衡量再生水资源的价值以及污水回用所带来的经济效益、社会效益和生态效益提供依据。

1.2　研究进展

1.2.1　不同部门用水定价

水价是水资源需求管理的重要手段之一，提高资源价格会促进改善资源的配置效率，有利于更好地管理资源。阶梯水价是我国目前水价改革过程中取得的重要成果，使我国水价从单一水价制度转变为阶梯式计量水价。目前的阶梯水价在实施的过程中也存在的一些问题，基础水费低，水费支出少，从而未能实现阶梯水价希望达成的节水目的。

1. 居民生活用水定价

我国现行的居民生活水价体系由水资源费、水利工程供水价格、城市供水价格、污水处理费四个部分构成。居民生活水价目前的研究主要关注居民水费承受能力，从居民收入或消费角度展开研究。例如，通过对居民的用水行为与主要影响因素调查，揭示居民收入与水资源价格和节水行为之间联系，并以水费支出与节水潜力作为制定水价改革的依据。基于居民收入指标，提出构建城镇居民用水定价模式。一般以水费支出系数作为衡量标准，以水费支出占消费比例的1%、2%、3%作为标准确定水价。例如，对北京的研究，认为按照不同的阶梯用水量分别采用不同的水价，第一阶梯为3.7元/m³，第二阶梯为5.6元/m³，第三阶梯为7~9元/m³（高晶，2008）（表1-1）。另有学者采用水费承受指数方法对北京的居民生活水价进行研究，认为实际水费支出系数仅为0.55%，居民生活水价具有提升空间，第一阶梯水价8.69元/m³，第二阶梯水价13.03元/m³，第三阶梯水价26.06元/m³（王西琴等，2020a）。ELES模型对居民生活水价的研究，以不同收入阶层实际水费支出数据回归分析为基础，估计基本生活用水需求，在考虑低收入阶层基本承受能力，以及阶梯水量需要满足的要求下，构建阶梯水价定价模型。该模型主要考虑居民收入因素，重点考察低收入人群的承受能力。例如，侯东林等（2013）采用上述方法对青岛居民生活水价开展了研究，估计的居民生活用水人均年基本需求支出为64.31元。该方法基于消费者角度及其承受能力，未考虑水资源本身价值，难以体现水资源的稀缺性价值。

表1-1　已有的居民生活水价研究成果

文献	采用方法	研究地区	研究结论
高晶（2008）	水费支出系数	北京	第一阶梯3.7元/m³。当第二阶梯5.6元/m³时，将影响60%人群的用水行为。当第三阶梯水价为7元/m³时，将影响70%人群用水行为。当第三阶梯水价为9元/m³时，将影响90%人群的用水行为
王西琴等（2020a）	水费承受指数方法	北京	第一阶梯水价8.69元/m³，第二阶梯水价13.03元/m³，第三阶梯水价26.06元/m³
侯东林等（2013）	ELES模型	青岛	估计的居民生活用水人均年基本需求支出为64.31元
刘晓君等（2014b）	模糊数学模型	西安	通过模糊数学模型测算西安居民生活水价为1.87元/m³，当时实际的居民生活水价为0.3元/m³
郑德凤等（2014）	水资源耦合价值法	辽河平原地区	城乡居民生活水价为3.54元/m³

一些学者从水资源耦合价值角度确定居民生活水价，如通过资源价值、经济社会价值、生态环境价值三个维度建立评价指标体系，在此基础上计算水资源的耦合价值，郑德凤等（2014）采用该方法对辽河流域居民生活水价进行研究，结果为3.54元/m³。该方法基于水资源价值，根据价值对水资源进行定价，满足价值规律，但对水资源的消费者的关注较少，测算的水资源价格是否符合城市居民还需要进一步验证。有学者采用模糊数学模型，将影响水资源的价格因素进行划分，分为自然因素、社会因素和经济因素，并在每个因素中分别选择指标作为表征指标，并引入相关的评价向量，由评价向量和水资源价值共同得到水资源的综合价值，如刘晓君等（2014b）对西安居民生活水价的研究，认为其水价为1.87元/m³。

关于阶梯水量的研究成果相对较少，可借鉴的文献不多。有学者采用双层规划博弈模型对阶梯水价的效率与公平性进行分析（高晶，2008），主要关注阶梯水量标准，认为可以将居民不同的收入人群作为确定阶梯水量的依据，低收入群体月平均用水量作为第一阶梯基础水量，中低收入群体月平均用水量作为第二阶梯水量、中等收入群体月平均用水量作为第三阶梯水量标准，高收入群体月平均用水量作为第四阶梯水量标准。

2. 工业用水定价

工业水价定价研究主要围绕成本定价、边际效益、影子价格等展开，近年有学者从水量平衡、可计算一般均衡（computable general equilibrium，CGE）模型等角度展开工业水价的定价研究。有学者依据水资源全成本定价理论，计算水资源的使用成本，认为工业用水应按水资源全成本计价（付饶等，2017）。傅平等（2003）在对北京工业水价进行研究后认为北京水价正在接近完全成本水价，并建议我国水价改革应逐步实行完全成本水价。周芳等（2014）基于完全成本定价方法，以合肥为例进行了实证研究，认为该定价方法具有较大的经济效益和环境效益。陈祖海（2001）使用平均成本定价法，以西安为例进行实证分析，确定了覆盖供水企业成本的水价和分步到位的综合水价。方芳和马琼（2018）使用水资源边际成本定价方法，对南疆供水成本与水价进行了实证分析，认为水价存在一定的提升空间，且水价的提升有助于增强节水意识，水价提高而增加的水费将为水利工程的维护和管理提供更多的资金。陈祖海（2003）以边际机会成本（marginal opportunity cost，MOC）对赤壁水资源进行定价，得出赤壁在贴现率为3%、5%、8%、10%、15%时的水价分别为0.91元/m³、0.94元/m³、0.98元/m³、1.00元/m³、1.07元/m³。黄旭颖（2005）采用边际机会成本定价法对自来水进行定价，指出利用边际机会成本模型对资源类准公共品进行有效定价具有"多赢"效应。

基于水平衡模型原理的研究认为，合理的工业水价具有节水和减排双重正向激励，当包含水资源费和排污费的工业水价高于循环利用和污染治理成本时，可以激励工业企业循环用水，减少对新水的取量；可以激励企业治理污染，减少废水排放量（马中和周芳，2012）。有学者运用CGE模型对交叉补贴率变动下的经济绩效、用水量以及污染物排放量的影响进行了模拟分析，得出当前工业用户的用水价格显著高于居民用户，存在着水价交叉补贴现象。工业用户补贴居民用户的方式有助于控制工业部门的用水量。有学者认为对不同的产业实行差别水价有助于减少高污染产业的化学需氧量与氨氮的排放（乔晓楠和王一博，2020）。

孙才志等（2011）采用生产函数模型对辽宁11个城市的用水边际效益进行了估算，结果表明辽宁各城市用水边际效益在不断增长。陈优优等（2016）运用边际生产力模型计算各地工业用水边际收益和代理工业水价，得到北京、天津和河北的工业用水边际效益分别为108.915元/m³、136.846元/m³和80.747元/m³。许海东（2019）运用C-D生产函数测算2000~2017年辽宁某城市的工业用水边际收益从33.25元/m³增加到198.53元/m³，并分析了影响边际效益的因素，从而为工业水价的调整提供建议。

刘秀丽等（2009）采用影子价格方法预测中国九大流域工业用水价格，提出通过价格机制可实现水资源合理配置，毛春梅和袁汝华（2003）采用影子价格分别测算黄河流域农业用水、工业用水和生活用水价格，在此基础上得出水资源的理论价值，为制定黄河流域水资源费的征收标准提供科学的理论依据。何静和陈锡康（2005）采用非线性动态投入产出优化模型计算水资源的影子价格，并应用 1999 年中国 33 个部门九大流域水利投入占用产出表的基础数据推算 1949~2050 年重要年份的水资源影子价格，基于中国 30 个省（自治区、直辖市）1999~2011 年的面板数据，通过共同前沿 SBM 模型对偶价格计算工业用水影子价格，为 36.3 元/m³，与之相比，李静和马潇璨（2014）发现现行水价没有起到应有的提高水资源有效配置的作用。

已有文献对工业可承受水价进行分析，结果呈现区域差异和时间差异（张军等，2001；耿六成，2003；王晓贞和张建平，2008）（表 1-2），工业可承受水价的范围为 1.67~14.29 元/m³，且随着年份的增加，工业可承受水价均有所提高，万元产值取水量下降。杨明云等（2016）对湖北的预测结果认为 2030 年工业可承受水价为 9.97 元/m³，程琨（2020）对安徽 2030 年、2040 年工业可承受水价的预测结果为 7.20 元/m³、8.82 元/m³。

表 1-2　已有文献估算的工业可承受水价

文献	研究区域	研究/预测年份	工业可承受水价/(元/m³)	万元产值取水量/(m³/万元)	一般工业企业水费承受指数/%	高耗水企业水费承受指数/%
耿六成（2003）	河北	2003	3.0	—	1.5	—
		2010	4.0	—	—	—
张军等（2001）	山东	2002	2~8.33	12~50	1	—
			1.67~6.94	36~150		2.5
		2010	4.17~14.29	7~24	1	—
			3.47~11.90	21~72		2.5
王晓贞和张建平（2008）	河北	2004	3.50	27.71	1.046	3
		2010	4.00	27.56	1.181	—
杨明云等（2016）	湖北	2010	3.70	31.1~47.5	1.3	—
		2030	9.97	9.09~11.16	1	—
程琨（2020）	安徽	2030	7.20	25	1.8	—
		2040	8.82	17	1.5	—

3. 农业用水定价

农业水价定价方法主要从三个方面展开：①从供水成本角度出发，成本定价方法直接采用财务分析确定水价，没有考虑商品水的特殊性，也不能反映现在和将来水资源市场价值的变化，其定价的基础是供水工程供水的成本（或平均成本），该方法大多是针对地表水灌区。②从用水者角度出发，常用的方法是农户承受指数定价法、意愿调查方法等。农户承受指数定价法根据农户生产投入产出调研数据，确定农业水费支出占农业生产成本、农户收入等指标的适宜比例，以此作为定价参考（王西琴等，2016），相关研究主要集中在指标体系、标准范围等方面。第一，水费承受能力指标体系。目前普遍使用的指标基于农户的产值、生产成本和收益设计，主要包括农业生产成本、农业总产值、农业净收益、农业收入等。通过水费占这些指标的比例衡量水价是否可以承受。第二，水费承受能力标准。农户对灌溉水价承受能力存在一个合理区间，水费占上述指标的比例范围是确定水价的重要依据，不同地区的研究结果表现出差异。目前采用较多且比较公认的标准范围为：农业产值5%～15%，农业生产成本20%～30%，净收益10%～20%（王密侠等，2007），华北平原农业可承受水价的测算标准为：农业水费占农业产值比例为8%～10%，占农业生产成本比例为10%～15%，占农业净收益比例为10%～13%（王西琴等，2020b）。③从水经济价值角度出发，目前代表性的方法有生产函数法、剩余价值法（residual value method，RVM）、多目标规划法等。生产函数法以边际价值理论为基础，构建函数模型模拟各投入要素对农业产出的边际贡献，用来估计在其他农业要素投入不变的情况下增加水资源量的边际价值。目前生产函数法在国内得到了较为广泛的应用（张秋平等，2008）。但是生产函数法必须对函数形式作出假设，无法克服函数模型偏差，因此受到一些学者的质疑（Jia et al.，2016）。RVM法是当除水以外的所有投入要素都获得了合理价格时，总产出价值的剩余部分归于水资源投入。该方法具有简单易操作特点，近年来国际上采用该方法开展的研究较多（Kiprop et al.，2015）。多目标规划法自20世纪90年代起应用于农业灌溉用水定价研究，该方法在设定目标及约束条件下，把水价纳入社会经济框架中考虑，以计算得到的影子价格作为灌溉水价定价的参考值，该方法可以对不同情景下的最优水价进行比较，从而成为近年来灌溉用水定价方法（刘莹等，2015；Scheierling et al.，2004）。但是多目标规划法是一种离散型计算方法，不能体现水价的连续性和长期效应，也不能对未来做出预测。

　　地下水灌区水价定价研究相对复杂。地下水灌区水价研究成果相对较少，大多是针对水价政策的评估及关于农户可承受水价的研究等。目前，围绕地下水灌区水价的研究包括两个方面：一是现状水价的研究，我国地下水灌区现状水价的计算方法，大多采用以电折水的方法进行核算，即首先按照以电折水的方法计算实际灌溉水量，在此基础上进一步计算现状水价（王剑永，2017）；二是理论水价计算，地下水灌区理论水价研究相对缺乏，如以灌溉用水需求价格弹性函数为基础的灌溉定额计算方法（王西琴等，2021），以及采用剩余价值法计算理论水价（王西琴等，2020c），等等。RVM法的出现为农业用水经济价值计算开拓了新的思路，其优点是一定程度上可以克服生产函数法中生产函数模型假设偏差，得到灌溉水的经济价值。

　　大多数学者认为，农业水价的提高同时具有正面和负面影响（Deytieux et al.，2016），正面影响主要表现在节水、减少化肥施用量进而降低对耕地的污染程度等，负面影响主要表现为农户收入降低、种植结构改变、劳动力减少等。Berbel和Gómez-Limón（2000）的研究认为当价格达到农户收入受到负面影响的水平前，用水量不会下降，如果选择水价作为政策措施，在用水量需求明显下降之前，农业收入将下降40%左右。水价提高不仅节水也降低了一些敏感作物的利润和收入（Venot et al.，2007）。对塔里木河流域的水价政策研究表明，提高水价可使50%的受采访农民采用改进的灌溉技术，并选择用水更少的作物代替用水多的作物（Mamitimin et al.，2015）。对美国西部4个地区5种农作物的研究表明，灌溉水价变动主要影响农户的种植结构，而对每次灌溉的用水量影响不大（Moore et al.，1994）。对宁夏青铜峡灌区和卫宁灌区水价调整的研究表明，水价的提高导致收入的持续下降，迫使农户调整种植决策由此带来种植结构的改变和单产的下降（刘莹等，2015）。因此，农业水价定价方法的研究与实践的结合有一定难度，必须同时考虑到农户的承受能力，水价的提高变得比其他任何用水部门更复杂和敏感。

4. 再生水定价

基于成本核算的再生水资源成本价格模型是当前比较普遍的定价方法，然而成本定价方法的计算结果较高，在实际中难以真正实施。卢蝶（2018）采用成本定价方法对杭州再生水价格进行研究，认为再生水单位制水成本为 0.98 元/m³，按行业平均利润率 6% 计算，得到再生水价格为 1.03 元/m³，再生水含税价格为 1.32 元/m³，低于当年的自来水价格，当年自来水价格为 2.85 元/m³（表 1-3）。吕荣胜和李璨（2010）对天津滨海新区 3 座再生水厂采用成本定价方法计算得到成本为 0.79 元/m³（不包括排污费），当年（2009 年）自来水价格为 3.4 元/m³。任小娇等（2013）采用全成本定价模型计算昆明的再生水价为 2.14 元/m³（不含排污费）。刘晓君（2014a）基于成本定价的阶梯定价模型计算得到西安第二污水处理厂的再生水价格为 1.17 元/m³，当年自来水价格为 2.9 元/m³。段涛（2015）采用成本方法计算北京某再生水厂的再生水价，认为居民生活用水再生水价格第一阶梯为 2.51 元/m³、第二阶梯为 3.51 元/m³、第三阶梯为 4.51 元/m³。

表 1-3　已有学者再生水定价研究成果

文献	研究对象	再生水价	方法
马东春和汪元元（2008）	某再生水厂	1.14~1.27 元/m³	财务评价方法
宿晓等（2016）	常州	1.7~2.75 元/m³	财务评价方法
卢蝶（2018）	杭州	1.03 元/m³	成本定价方法
吕荣胜和李璨（2010）	天津滨海新区	0.79 元/m³（不含排污费）	成本定价方法
任小娇等（2013）	昆明	2.14 元/m³（不含排污费）	全成本定价模型
韩思茹（2015）	西安第二污水处理厂	阶梯水价分别为 1.58 元/m³、1.44 元/m³、1.15 元/m³	成本定价的阶梯定价模型
刘晓君（2014a）	西安第二污水处理厂	1.17 元/m³（不含排污费）	成本定价模型
段涛（2014）	北京某企业	1.75 元/m³	企业自主定价
段涛（2015）	北京某再生水厂	居民生活用水再生水价格： 第一阶梯：2.51 元/m³ 第二阶梯：3.51 元/m³ 第三阶梯：4.51 元/m³	质量差异模型

续表

文献	研究对象	再生水价	方法
张宏伟等（2014）	天津	居民：3.20~4.20 元/m³ 绿化、工业：4.67~5.67 元/m³ 平均制水成本 1.5~3.5 元/m³	再生水合作博弈模型

马东春和汪元元（2008）将财务评价的方法应用于再生水定价研究，得出按给定内部收益率计算出来的再生水价格成本，以此作为再生水定价的主要依据。在考虑各项生产成本之后，按照内部收益率6%计算假设案例中的再生水生产价格成本为 1.14 元/m³，按照内部收益率8%计算成本为 1.27 元/m³。宿晓等（2016）采用同样的方法计算常州再生水的价格区间为 1.7~2.75 元/m³。韩思茹（2015）以西安第二污水处理厂为例计算的阶梯水价分别为 1.58 元/m³、1.44 元/m³、1.15 元/m³。上述研究说明，采用成本方法计算得到的再生水价具有较大的地区差异，且与再生水处理模式、处理级别等有着密切的关系。Garcia 和 Reynaud（2004）将边际成本定价法应用于再生定价，通过建立描述再生水供给与需求的计量经济模型，对边际成本定价法进行了数值模拟。其研究表明，尽管边际成本定价可能具有最优的经济效率，但有效率的价格并不意味着能直接带来社会福利的增进。边际成本定价法所确定的再生水价格一般较高，可能超出用户的支付意愿，因此在实践中应用有限。

有学者提出在平均成本定价法的基础上，以再生水管网建设的资金回收为前提条件，确定用户使用再生水的成本价格与需求量、输水距离之间的函数关系，并根据用户与水厂之间的距离划分不同的用户群，建立基于再生水用户需水量、输水距离等因素的复合阶梯定价模型（刘晓君等，2014a）。另有学者提出在平均成本定价模型的基础上，以平均成本加最低利润率得到再生水供方最低价格模型，同时考虑排污权交易，在平均成本定价模型的基础上加上排污权有偿使用和交易政府价格补贴这两个因素，得到再生水需方最高定价模型（宿晓等，2016）。

从现实来看，再生水定价可以由生产企业以自来水价格为基础，在综合考虑市场需求和生产成本的基础上自主确定，或以自主定价的测算结果作为再生水定价及确定财政补贴的一项依据。再生水在由生产企业自主定价时，企业会考虑长期收益以鼓励用户使用再生水，为此再生水企业会进行市场调查，并据此制定相应的定价策略。与其他公用事业的政府定价有所不同，给予再生水生产企业一定范围内的定价自主权，是一种新的定价尝试。

我国企业自主定价方法的应用研究鲜见，仅从理论视角研究了再生水企业的案例（段涛，2014），该研究建立了综合考虑成本与需求的再生水自主定价模型，设定有 7 个潜在用户，假定自来水价格 2.8 元/m³，折现率为10%，折旧率为5%，再生水的单位深度处理成本为 1.1 元/m³，在此基础上计算再生水最优价格为 1.75 元/m³。既定成本下再生水合作博弈定价模型认为，再生水的合理定价应该使再生水供方所获得的利益与供方的沙普利值相等，再生水用户所获得的利益与用户的沙普利值相等（张宏伟等，2014）。Hurlimanna 和 McKay（2007）采用意愿调查方法确定再生水水价，结果表明，低盐是再生水浇水用途的最重要属性，无色是洗衣服用途的最重要属性，低价格是冲厕所用途的最重要属性，受访者愿意为去除颜色支付 0.07 澳元/m³，为将再生水质量从"含盐高"到"低盐"支付 0.065 澳元/m³，为去除异味支付 0.06 澳元/m³。张俊杰等（2003）通过意愿调查法对北京、佛山和淄博 3 个城市的居民对再生水的支付意愿进行研究，结果表明居民对再生水的平均支付意愿与自来水的比价分别为 0.52、0.55 和 0.65。支付意愿方法更多地从用户角度出发，往往不能真实反映企业制水成本，一般多用于居民生活再生水定价研究。

影响再生水价格的因素众多，不同学者基于不同角度进行研究。吴艳等（2011）通过建立再生水与自来水的纵向差异化双寡头价格竞争模型，分析得出再生水价格的影响因素包括替代系数、消费者对水质的主观偏好系数、水资源的客观功用、输水管网共用度、管网成本等。韩思茹（2015）通过建立再生水回用的规模经济效应模型，认为再生水定价与服务市场是集中式还是分散式有关，对于集中式再生水服务市场，再生水价格应与回用规模成反比，形成阶梯递减定价，也就是用户使用的再生水量越多，其价格越实惠。

政府有关部门按照自来水价的一定比例作为再生水价格。例如，天津参考当地自来水价，对再生水实行分类定价，再生水价接近自来水价的一半。具体为：居民生活用水再生水价格为 2.20 元/m³，发电企业用水再生水价格为 2.50 元/m³，其他用水再生水的价格为 4.00 元/m³。与其他城市的递增价格结构相反，山东泰安实行的是递减的价格结构，特种行业用水再生水价明显低于居民和非居民用水再生水价。目前来看，这种定价方式考虑了再生水与自来水之间的替代关系，有利于再生水的推广。政府最高指导价给予再生水生产企业一定范围内的定价自主权，这是近年来许多城市探索并实施的一种定价管理改革方式。例如，北京于 2003 年制定的再生水价格为 1 元/m³，直到 2014 年 5 月起调整为政府最高指导价管理，价格不超过 3.5 元/m³；苏州物价局颁布的再生水价格为中准价 0.90 元/m³，允许上浮不超过 10%；营口发展和改革委员会根据再生水企业的生产成本和再生水用户使用情况，制定再生水最高售价为 0.80 元/m³，下浮不限。

根据自来水比价关系确定再生水水价是我国目前较为普遍的方法，自来水合理价格体系是再生水价格制定的前提，研究再生水与自来水之间的比价关系模型，制定再生水合理价格的构成、定价机制以及再生水合理的定价区间，分析常规水价与再生水的比价关系对再生水利用的影响，从而建立各类水资源之间的合理比价关系。再生水定价除了考虑生产成本、自来水价格和供求关系外，还应考虑政策因素。政府的财政补贴，以及鼓励和扶持政策，在很大程度上决定着再生水价格是否具有竞争优势。

纵观已有再生水定价的研究，分别基于再生水企业角度、用户意愿角度展开。企业角度的研究基本上以公用事业的规制定价理论为依据，以成本核算为基础，主要包括平均成本定价、边际成本定价、企业自主定价、自来水比价关系等。然而基于成本的定价忽略了需求方面的因素，在实际应用中由于成本定价的结果远超出用户的意愿水价，边际成本定价法所确定的再生水价格一般较高，可能超出用户的支付意愿。因此，其在实践中应用有限。企业角度研究再生水水价，更多地关注企业与用户之间的平衡和协调，体现了市场的调节作用，由于再生水生产企业的定价自主权不同，有关再生水自主定价方法的研究在美国等发达国家较为多见，在我国则相对少见。随着水务行业的市场化，再生水需求应当成为定价时重点考虑因素。

随着我国再生水利用日益得到重视，再生水定价问题日益引起国内学术界的关注和重视，也取得了一系列进展，然而理论与实践相结合方面还有待提高，无论是从理论体系的完整性，还是从指导定价实践的可操作性来看，仍有很大的完善空间，尤其是从当前再生水定价实践探索来看，在市场化定价领域有待开展更为深入系统的研究。由于再生水的用途具有明显的地域差异，对再生水的接受程度及相关政策也不同，加之我国的再生水市场起步不久且远未成熟，这决定了国外的研究结果并不能直接适用于我国，因此基于不同用途、不同区域的再生水水价定价机制与方法被提到议事日程。

1.2.2　水资源需求价格弹性

需求价格弹性是用来表示影响需求的诸因素（自变量）发生变化以后，需求量（因变量）作出的反映（增减变化）程度的大小（宋承先，1999），水价与水量需求之间的弹性关系已成为共识，常用的水资源需求函数模型主要包括：线性需求函数模型、半对数需求函数模型、对数线性需求函数模型、超越对数生产函数模型等。

1. 工业需水价格弹性

对于工业用水价格弹性的研究，依据对某区域或某行业的数据估计，主要采用经典的柯布-道格拉斯（Cobb-Douglas，C-D）生产函数、超越对数生产函数、双对数线性需求函数等，对工业用水量及其他各投入要素之间的关系进行分析，通过最小二乘法、联立方程模型法等得出用水的价格弹性。de Rooy（1974）以平均成本方式测算美国化工业的用水价格并构建了工业用水需求模型，结果表明水价对该行业的用水量有显著影响（表1-4）。Ziegler 和 Bell（1984）在建立的工业用水需求方程中引入边际成本作为水价变量，得出工业水价可以显著影响造纸和化工业用水量的结论。Dupont 和 Renzetti（2001）利用超越对数生产函数估计了加拿大制造业工业用水价格弹性系数为-1.91。Wang 和 Lall（2002）运用超越对数生产函数模型测算了中国大中型制造业企业的工业用水价格弹性系数，测算结果为-1.2 ~ -0.57。Reynaud（2003）采用超越对数生产函数模型估算法国吉伦特省工业用水价格弹性系数为-2.21 ~ -0.91。Vásquez-Lavín 等（2020）运用超越对数生产函数模型估算智利制造业工业用水价格弹性系数为-1.501 ~ -1.125。Ku 和 Yoo（2012）使用 C-D 函数和超越对数函数，测得韩国工业用水价格弹性系数为-1.44。Liaw 等（2006）利用系统动力学模型对台湾25家公司工业用水需求进行分析，结果显示价格弹性系数会随水价在-4.37 ~ -1 波动。Hussain 等（2002）运用线性函数、双对数函数和最小二乘法测算斯里兰卡工业用水价格弹性系数为-1.34，表明工业用水的需求对价格较为敏感。

表1-4　已有研究测算的工业用水价格弹性系数

文献	地区/行业	测算方法	工业用水价格弹性系数
de Rooy（1974）	美国新泽西州化工业	C-D 生产函数	-0.89 ~ -0.59

续表

文献	地区/行业	测算方法	工业用水价格弹性系数
Ziegler 和 Bell（1984）	美国阿肯色州造纸和化工业	C-D 生产函数	-0.08
Dupont 和 Renzetti（2001）	加拿大英属哥伦比亚省制造业	超越对数生产函数	-1.91
Wang 和 Lall（2002）	中国大中型制造业企业	超越对数生产函数	-1.2 ~ -0.57
Vásquez-Lavín 等（2020）	智利制造业	超越对数生产函数	-1.501 ~ -1.125
Reynaud（2003）	法国吉伦特省	超越对数生产函数	-2.21 ~ -0.91
Liaw 等（2006）	中国台湾高技术行业	系统动力学模型	-4.37 ~ -1
Ku 和 Yoo（2012）	韩国	C-D 生产函数、超越对数生产函数	-1.44
Hussain 等（2002）	斯里兰卡	线性函数、双对数函数、最小二乘法	-1.34
贾绍凤和张士锋（2003）	中国北京	实证分析	-0.593 ~ -0.395
毛春梅（2005a）	中国江苏棉纺业	双对数线性需求函数模型	-0.157
刘昕等（2009）	中国陕西咸阳	双对数线性需求函数模型	-0.711
陈优优等（2016）	中国各省市	超越对数生产函数	-0.953 ~ -0.019
李太龙等（2017）	中国浙江	边际生产力模型	-1.151 ~ -1.043

贾绍凤和张士锋（2003）对北京工业用水和水价数据进行实证分析，测得北京工业用水价格弹性系数为-0.593 ~ -0.395，表明北京工业水价的节水效果良好。毛春梅（2005a）基于江苏棉纺业工业用水数据，计算出工业用水价格弹性系数为-0.157，刘昕等（2009）基于陕西咸阳水价与用水需求量的关系，测得工业用水价格弹性系数为-0.711。陈优优等（2016）对2012年全国各省市的工业用水价格弹性采用超越对数生产函数进行研究，发现工业用水价格弹性系数从东部到西部逐渐递减，得到工业用水价格弹性系数为-0.953 ~ -0.019。李太龙等（2017）采用边际生产力模型估算浙江工业用水价格弹性系数介于-1.151 ~ -1.043。

以上分析看出，工业水价对节水的效益比较明显，工业用水价格弹性系数的研究结果差异较大，表现为不同方法计算结果的差异、地区差异、行业差异、不同时间段的差异等。

2. 城市居民用水量与水价

已有研究认为居民生活用水水价是影响用水需求的关键因素之一。通过建立用水量与水价之间的函数关系，揭示不同地区居民水价变动对节水的作用。世界银行对居民用水价格弹性系数的研究结果为-0.3 ~ -0.1（迪南，2003）（表1-5）。对我国居民用水价格弹性系数研究结果表明，弹性系数为-0.33（沈大军等，1999）、-0.32（姚高丽，2017）。对北京居民用水价格弹性系数研究结果为-0.16（王英，2003）、-0.17（王西琴等，2020a）。对上海、南京、青岛的弹性系数研究结果分别为-0.16、-0.29、-0.13（尹建丽和袁汝华，2005；于泽一和朱俊宇，2015；张立尖等，2018）。沈阳、哈尔滨居民用水价格弹性系数分别为-0.15、-0.11（董凤丽和韩洪云，2006；魏丽丽等，2008）。综上，已有研究结果中，居民用水价格弹性系数范围介于-0.33 ~ -0.1，表现出地区差异，价格弹性系数不仅与居民用水量有关，同时与居民收入有关，上述研究地区的收入弹性亦表现出地区差异（表1-5）。

表 1-5 已有研究居民用水价格弹性系数与收入弹性系数

文献	地区	价格弹性系数	收入弹性系数
迪南（2003）		-0.3 ~ -0.1	—
沈大军等（1999）	全国	-0.33	0.56
姚高丽（2017）	全国	-0.32	0.82
王英（2003）	北京	-0.16	0.39
王西琴等（2020a）	北京	-0.17	0.12
张立尖等（2018）	上海	-0.16	0.39
尹建丽和袁汝华（2005）	南京	-0.29	0.43
于泽一和朱俊宇（2015）	青岛	-0.13	0.53
董凤丽和韩洪云（2006）	沈阳	-0.15	0.76
魏丽丽等（2008）	哈尔滨	-0.11	0.42

3. 农业水资源需求价格弹性

灌溉用水需求价格弹性反映灌溉需水量对水价变动的反应程度，即每单位水价变动引起的单位需水量增加或者减少。已有研究结果表明，灌溉用水需求价格弹性系数为负值，即水价提高有利于节水，但在不同地区、不同价格区间，弹性系数不同（表1-6）。国外对农业需水价格弹性的研究开始较早，1995年联合国开发计划署和世界银行研究认为，农业用水的需求价格弹性系数为-1.5 ~ -0.4，远高于居民用水的需求价格弹性系数。Scheierling等（2014）在对美国科罗拉多地区的研究发现，农业需水价格弹性系数随着种植结构、灌溉面积等可调整性地增加，水价的阈值在不断降低，根据农作物、土壤、气候等的不同，农业用水的需求价格弹性系数在-3.0 ~ -1.0。西班牙灌溉需水弹性系数在-1.40 ~ -0.50（Expósito and Berbel，2017），印度灌溉需水弹性系数为-0.10 ~ -0.06（Ray，2007）。中国水价与灌溉用水量关系研究主要集中在北方缺水地区，如华北地区、新疆塔里木河流域、黄河流域等地区，国内学者采用多目标决策方法对宁夏地区进行研究，结果表明，水价弹性系数区间为-0.037 ~ -0.023（刘莹等，2015）（表1-6）。对新疆地区的研究结果表明弹性系数为-3.10（江煜和王学峰，2009），吉林地区的弹性系数为-1.12 ~ -0.70（霍立梅，2016），黄河流域弹性系数范围为-0.74 ~ -0.23（畅明琦和刘俊萍，2005；毛春梅，2005b），西北缺水灌区弹性系数为-0.72 ~ -0.13（裴源生等，2003），江苏高扬程灌区的弹性系数为-0.28（周春应和章仁俊，2005），河北典型地下水灌区的需水价格弹性系数为-0.5（王西琴等，2021）。

表 1-6 我国已有研究测算的农业用水价格弹性系数

文献	研究范围	价格弹性系数	来源
霍立梅（2016）	吉林	A 灌区-1.12 B 灌区-0.48 C 灌区-0.70	《吉林水利》
刘莹等（2015）	宁夏地区	-0.037 ~ -0.023	《经济学（季刊）》
江煜和王学峰（2009）	新疆地区	-3.10	《中国农村水利水电》
畅明琦和刘俊萍（2005）	山西黄河流域	山西省-0.23 ~ -0.61 机电灌站-0.33 ~ -0.61 水库灌区-0.23 ~ -0.37	《水利发展研究》
毛春梅（2005b）	黄河流域	黄河上中游提水灌区-0.71 黄河上中游非提水灌区-0.62 黄河中下游灌区-0.74 黄河流域灌区-0.57	《中国农村水利水电》
裴源生等（2003）	西北缺水灌区	宁夏引黄灌区-0.13 陕西宝鸡峡灌区-0.57 陕西东雷抽黄灌区-0.72	《资源科学》
周春应和章仁俊（2005）	江苏高扬程灌区	-0.28	《节水灌溉》
王西琴等（2021）	河北典型地下水灌区	-0.5	《资源科学》

上述研究成果表明水价弹性系数具有明显的区域差异，农业水费作为生产成本，意味着提高灌溉水价会降低农民收入，可见水价与水量需求的弹性关系受多方面因素的影响。同时，灌溉水需求与价格弹性系数呈现出阶段性特点，两者只在一定的价格区间内有弹性，当水价进一步提高超过一定水平时，水的需求对价格变化又变得无反应（Berbel and Gómez-Limón，2000）。在水价较低阶段，两者表现为弱弹性关系，在这一阶段提高水价对用水量的需求变化影响不大，需要较大的价格上涨才能减少水的需求（Huffaker et al.，1998）。在第二阶段，当水价达到一定阈值后，水量与水价表现出较大的弹性关系，水价对水量需求的激励作用较为明显，直到达到另一个拐点。例如，宁夏地区的研究结果表明，当灌溉水价高于 0.02 元/m³ 时，灌溉用水需求价格函数进入弹性阶段，此时提高灌溉水价对节水起到促进作用（刘莹等，2015），对河北地区的研究表明，需水价格弹性曲线的拐点为 0.33 元/m³，高于拐点时，水价提高对灌溉节水的激励效果显著（王西琴等，2021）。第三阶段为无弹性阶段，一般是灌溉水的高效利用阶段，水价提高对水量的需求无效。

水价与水量需求的弹性关系受多方面因素的影响，目前，我国水价与灌溉用水量之间关系的研究主要集中在北方缺水地区，可参考的文献十分有限，特别是对地下水灌区的需水价格弹性研究相对缺乏，需要加强研究。

1.2.3　水价的节水减排效益

1. 工业节水减排

工业水价对工业用水量节水的影响主要围绕需水价格弹性函数展开。de Rooy（1974）在研究美国化工企业的工业用水需求时，以平均成本方式核定企业自来水供水价格，将水价、劳动投入、技术水平和产出等指标体系作为用水需求方程的解释变量，结果表明新泽西州化工行业的用水需求受水价影响显著。Ziegler 和 Bell（1984）使用截面数据研究美国造纸和化工企业的工业用水需求，将边际成本和平均成本定价引入工业用水需求方程，研究证实水价对造纸和化工行业的用水需求有显著影响。Renzetti（1988）依据工业取水、预处理、循环用水和排污四个环节联立方程模型，研究加拿大制造业的工业用水需求。采用企业层面截面数据测算石油化工业、重工业、林木业和轻工业四个行业的取水价格弹性系数依次为-0.119、-0.249、-0.506 和-0.537，原水取水和循环用水的交叉价格弹性系数分别为-0.146、-0.253、-0.156 和-0.209（Renzetti，1988）。江苏省棉纺业弹性函数结果表明，在当前生产率水平条件下，棉纺业水价每增加 10%，万元产值取水量将减少 1.57%，说明提高工业用水价格具有提高工业用水效率、促进工业节水的积极作用（毛春梅，2005a）。有学者运用经济学理论分析水价与水需求量的关系，如采用工业用水双对数模型，建立咸阳工业用水的价格弹性函数，结果表明，在当时生产技术条件下，咸阳工业水价每增加 10%，工业万元产值用水量减少 7.11%，再次说明工业水价的提高，对提高工业用水水平和促进节约用水具有显著作用（刘昕等，2009）。

基于水平衡模型得出合理的工业水价具有节水和减排双重正向激励作用（马中和周芳，2012），当包含水资源费和排污费的工业水价高于循环利用和污染治理成本时，可以激励工业企业循环用水，减少新水取用量；同时可以激励企业治理污染，减少废水排放。对合肥的实证研究发现，环境无退化的水价定价方法具有显著的经济效益和环境效益，合肥在水价改革的情景下，水费收入增加的同时，氨氮减排 0.57 万~0.89 万 t/a（周芳等，2014）。考虑到各个产业污水排放量和其中的污染物排放量比例的差异化特征，实行差别水价有利于减少污染物排放（乔晓楠和王一博，2020）。

纵观已有研究，在工业水价的污染减排效果方面有一定的研究成果，大多基于需水价格弹性函数，根据价格弹性系数判断节水的潜力，但是关于污染物减排的研究相对缺乏，因此，需要加强水价与节水减排的研究，从而为工业水价改革的环境效应提供依据。

2. 农业节水减排

大部分学者的研究结果认为农业水价提高有利于节水，但在不同地区、不同价格区间，水价对节约用水的作用程度不同。对我国华北地区的研究表明，在水价上升到成本水价时水资源需求减少 25%~30%（贾绍凤和康德勇，2000）。对黄河流域的研究表明，当水价达到成本水价时用水量下降 24%（裴源生等，2003）。黄河流域农业灌溉水价提高

10%，农业用水量将下降5.71%~7.41%，将现行水价调整到成本水价，在灌溉面积不变的条件下，可减少用水63.05亿m³，下降22.8%（毛春梅，2005b）。京津冀地区农业灌溉节水潜力较大，介于43.6亿~60.4亿m³（崔秋利，2020）。从不同角度对河北节水潜力开展研究，其节水潜力介于10.29~49.26m³/亩（表1-7）。从狭义、广义和综合节水潜力角度研究，其潜水潜力分别为29.5亿m³、17.2亿m³、46.7亿m³（马立辉，2006），当节水灌溉率提高5%、10%时，河北灌溉节水潜力分别为11.7亿m³、15.1亿m³（赵令等，2019），从不同水文年角度研究，平水年、干旱年节水潜力分别为19.5亿m³、9.7亿m³（左燕霞，2007）。另有学者研究认为，河北平水年节水潜力为11.0亿m³（张进旗和乔光建，2010），以渠灌区、井灌区角度研究河北节水潜力，分别为30.0亿m³、41.0亿m³（封晨辉等，2000）。

表1-7　已有文献对河北农业灌溉节水潜力的研究成果

计算内容	节水潜力/亿m³	单位面积节水潜力/（m³/亩）	文献
狭义节水潜力	29.5	31.09	
广义节水潜力	17.2	18.17	马立辉，2006
综合节水潜力	46.7	49.26	
节水灌溉率提高5%时	11.7	12.34	赵令等，2019
节水灌溉率提高10%时	15.1	15.96	
平水年	19.5	20.56	左燕霞，2007
干旱年	9.7	10.29	
河北平水年	11.0	—	张进旗和乔光建，2010
河北渠灌区	30.0	—	封晨辉等，2000
河北井灌区	41.0	—	

1.2.4　总体评述

工业水价的定价方法包括成本定价、边际效益、影子价格、水量平衡、CGE模型、生产函数、水费承受能力等。水资源利用的边际效益主要通过C-D生产函数模型进行估算。工业企业对水价的承受能力主要通过水价承受指数来反映，与水价和工业用水强度密切相关。已有研究表明，不同地区、不同年份以及不同行业工业企业可承受水价有所不同，高耗水行业水价承受指数较高。京津冀地区的工业企业水价承受能力研究应根据京津冀地区历年水价变化情况和工业用水强度进行分析和预测。

居民用水的定价方法主要包括居民水费支出系数法，按照水费支出系数的1%、2%、3%等标准确定，并结合阶梯水价的用水量，研究不同阶梯的水价与对应的阶梯用水量标准。农业灌溉水价大多是针对地表水灌区展开，以水费承受指数方法为主导，采用农户收入、农业产值、农业净收益等指标衡量，其水价计算结果与水费承受指数的标准有关，该方法基于农户视角，难以体现水资源稀缺性价值。意愿调查方法仅仅反映了农户的意愿，很难体现水资源的经济价值，多目标优化方法所需要的参数多不易推广应用。当前地下水灌区水定价理论与方法体系不完善，现有的计算方法如承受指数方法均需要在现状灌溉水量的基础上展开，而以电折水计算的灌溉水量与水电转换系数有关，水电转换系数的不确定性，必然影响到水量的计算结果，进而影响到水价计算结果的合理性。国际上近年提出的剩余价值方法，为地下水灌区水价的定量方法提供了思路，如何将该方法应用于我国地下水灌区，有待于进一步深入研究。

再生水定价研究虽然取得了进展，但是大多停留在理论探讨方面，实践中大多采用政府指导价，随着再生水利用的发展，迫切需要对再生水定价机制与理论方法开展研究。

水价与节水的关系通过用水需求价格弹性来反映。研究方法包括：线性需求函数模型、半对数需求函数模型、对数线性需求函数模型、超越对数生产函数模型等。根据用水量与水价建立两者之间函数关系，从而得到弹性系数并确定节水潜力，弹性系数表征节水潜力的大小。多数研究结果表明，水价的变化对用水量有显著影响，能够有效促进节水。但是，不同区域、不同行业和不同方法估算的用水价格弹性系数有所不同。因此，应针对京津冀地区的历史数据探究其用水的价格弹性。水价不仅具有节水效果，还能够间接促进污染物的减排，关于水价提高的节水减排研究成果相对较少，有待进一步加强。

1.3　研究框架与内容

1.3.1　研究框架

本书技术路线如图1-1所示，包括理论与方法、京津冀地区水价核算、京津冀地区水价改革方案与节水减排效应等。

1. 理论与方法研究

水价与节水效益之间的关系研究，基于需水价格弹性函数模型，通过建立两者之间的定量关系，分析随水价变动的需水量。水价对节水减排的效益评估方法，基于二元水循环角度从水量、水质平衡角度，依据取水—排水—再生水等水循环路径，分析水价提高对减排的效益，揭示节水与污染物浓度之间的关系，论述水价提高的节水效益与污染物减排原理，并提出农业节水的污染物减排评估方法。对水价定价方法进行全面系统分析，总结和比较各种方法优缺点、适用范围，以及需要参数、数据来源等，并根据京津冀地区用水特点，提出京津冀地区不同用水部门的水价定价方法。建立再生水定价理论框架，在界定再生水内涵基础上，分析再生水正面和负面两方面的特点，对再生水进行分类，提出再生水价格制定原则，分析再生水定价的关键因素，提出分类、分质的再生水定价思路，根据京津地区再生水利用的特点，提出每一类再生水定价适合的定价方法，并针对每一类再生水

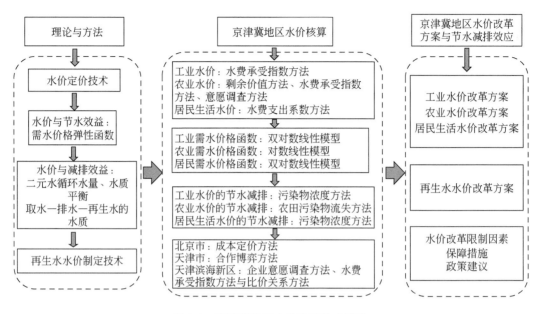

图 1-1　京津冀地区水价改革技术路线

提出有利于再生水利用的保障和激励措施。

2. 京津冀地区水价核算

根据确定的京津冀地区水价定价方法，核算不用用水部门的水价，其中采用的方法分别为：工业水价采用水费承受指数方法，农业水价采用剩余价值方法、水费承受指数方法、意愿调查方法等，居民生活水价采用水费支出系数方法，北京、天津再生水水价分别采用成本定价方法、合作博弈方法，天津滨海新区工业再生水水价采用企业意愿调查方法、工业水费承受指数方法与比价关系方法相结合的方法。采用上述方法，分别设计水价改革情景，计算不同情景下水价，并与现状水价进行对比分析，给出相应方案的水价提升空间。

3. 京津冀地区水价改革方案与节水减排效益

给出不同情景水价改革方案，对每一种方案根据不同用水部门的水费承受能力、节水潜力、污染物减排量等进行比较分析，给出近期、远期水价改革方案，包括京津冀地区居民水价改革方案，京津冀地区工业水价改革方案，北京、天津再生水水价改革方案，天津滨海新区工业用一级、二级再生水水价改革方案，河北典型地下水灌区农业水价改革方案，并根据需水价格函数计算水价改革的节水潜力，根据污染物浓度方法计算居民和工业水价改革方案节水的污染物减排量，根据农田污染物流失方法计算农业水价改革的节水减排量，并分析影响水价改革的限制因素，提出针对性的保障措施与政策建议。

1.3.2　主要内容

1. 水价定价方法

总结和分析已有水价定价方法，从用水者、供水者、市场需求等角度对水价定价方法进行分类，并比较其优缺点，提出适合京津冀地区的水价定价方法。基于需水价格函数，论述水价与需水量的定量关系，以及需水价格函数的三阶段特征、弹性系数特点等。基于二元水循环原理，论述节水对污染物减排的效应，基于物质平衡给出节水减排计算方法。在界定再生水内涵的基础上，给出再生水定价程序以及分类、分质的再生水水价定价理论框架。

2. 水资源需求价格弹性函数模型的建立

梳理已有文献需水价格弹性函数研究成果及其研究方法，并对需水价格弹性函数模型，如线性需求函数模型、半对数需求函数模型、对数线性需求函数模型、超越对数生产函数模型等的特点和参数要求等进行对比分析，根据研究区实际以及方法的适用性，选择超越对数生产函数模型建立工业需水价格函数，选择对数线性需求函数模型分别建立农业、居民生活需水价格函数，作为水价改革节水潜力的计算依据。

3. 节水对污染物减排的效益评估方法

提出农田污染物流失方法用于计算农业节水对污染物的减排量，采用浓度法计算工业、居民生活等节水对污染物的减排量。上述方法可为水价改革的节水减排定量分析提供借鉴。

4. 京津冀地区水价定价方法

依据数据可获得性以及京津冀地区用水特点，采用水费承受指数方法计算工业水价、农业水价、居民生活水价等，采用剩余价值方法计算农业水价，采用意愿调查方法计算农业水价、工业用再生水水价。采用成本定价方法、合作博弈方法、比价关系方法等计算再生水水价。

5. 再生水水价定价技术

建立再生水定价的理论框架，包括再生水定价原则、技术原理、分类定价方法及其参数、定价程序等。分析和整理已有文献有关再生水的内涵，对再生水内涵进行界定，并在此基础上，归纳再生水的特点。梳理已有文献对再生水用水部门或再生水利用用途的分类，按照自然生态系统与经济社会系统两大部门进行分类，前者包括生态补水、景观环境用水与湿地用水等，后者包括城市杂用水、工业用水、农业灌溉用水等，为分类制定再生水水价提供依据，为再生水不同用途的定价方法提供基础和依据。根据再生水的特点，以及再生水用水部门的差异，从区域差异、行业差异、水质差异以及相关利益主体平衡等角度，给出再生水水价制定的原则，并根据再生水用途提出分类、分质的定价思路，以及不同用途适合的定价方法、保障措施和对策建议等，为同类研究提供指导。分析梳理再生水定价方法的研究成果，并对这些方法的应用情况进行论述，总结其优点和不足，以及不同方法的适用范围或者适用条件，根据京津地区再生水用水的特点，提出适合的再生水定价方法，为京津地区再生水定价提供依据。

6. 水价改革方案及其节水减排效益

根据本研究选择的定价方法，对京津冀地区水价进行定量分析，给出不同情景水价改革方案以及推荐方案，并根据弹性函数关系计算水价改革后的节水潜力和污染物减排量，提出水价改革方案。

工业水价改革方案。以北京、天津、河北主要城市为研究对象，在分析现状工业水价、现状用水量基础上，计算工业水价边际效益，并与全国进行对比分析，揭示京津冀地区工业用水效率特点，采用工业水价承受能力与万元工业产值用水量相结合的方法，以水费承受指数和万元产值取水量为依据，设定三种情景方案，给出不同方案的水价及其对应的节水量与污染物减排量。

农业水价改革方案。对河北典型地区农业水价进行研究，采用"以电折水"方法核算现状水价，采用确定的方法计算农业水价，建立需水价格函数及需水价格弹性曲线，计算不同水价改革方案的水价、节水潜力与污染物减排量，并根据农户水费承受指数、节水与减排效益的比较，给出研究地区农业水价改革的推荐方案。依据石家庄元氏县、邯郸成安县、沧州南皮县和献县等地的实地问卷调研数据，首先计算现状灌溉水量和现状水价，在此基础上建立4个地区农业需水价格弹性函数；其次，采用剩余价值方法、意愿调查方法、农户承受指数方法分别计算上述研究区的灌溉水价，以上述计算结果为依据，设定6种水价改革情景，并计算6种水价改革方案的水价、节水潜力、污染物减排量、农户承受能力、水费占成本比例等，比较上述指标，以水费占成本比例不超过15%为标准，推荐在现状水价基础上提高20%、需水价格弹性函数灌溉定额对应水价分别作为近期和远期农业水价改革方案。

居民生活水价改革方案。以北京、天津为例，对比分析现状居民用水与节约型用水标准之间的差距，以及居民水费支出系数与标准值之间的差距，揭示水价提升的可能性，采用双对数模型建立居民需水价格弹性函数，作为节水潜力计算的依据。以阶梯水量标准、水费支出系数标准为依据，设定3种水价改革方案，并计算水价改革后的节水量与污染物减排量。

再生水水价改革方案。以北京、天津为例，分析再生水利用的途径、现状再生水水价，分别采用成本定价方法、合作博弈方法、比价关系方法、支付意愿方法等，计算上述两个地区再生水的水价，并根据北京、天津再生水的用水途径，分别给出不同用途的再生水水价改革方案。对天津滨海新区工业再生水水价开展调研，采用意愿调查、比价关系等计算再生水水价，并依据现状分质再生水水价，确定一级、二级再生水标准的工业用水再生水水价，体现分类、分质的再生水水价定价原则，为天津滨海新区工业再生水定价提供理论依据。

7. 政策建议

基于现状水价实施中存在的主要问题，以及水价改革的关键制约因素，根据不同用水部门的特点，分别提出工业、农业、居民生活用水、再生水等水价改革的保障措施与政策建议，为保障京津冀地区水价改革顺利实施提供科学依据。针对河北实施的"超用加价"的水价综合改革政策，分析其实施中存在的制约因素及其原因，在此基础上，提出"定额水价"模式的农业水价改革政策建议。针对再生水不同利用途径以及再生水水价改革的主要制约因素，从加强再生水价格体系、健全再生水利用标准体系及再生水水源供应与配置等方面，提出再生水水价改革的政策建议。

|第 2 章| 水价对节水减排的效益评估

本章基于水循环、水量平衡等角度，论述节水减排原理，由于水价提高而减少用水量的原理，水价变化的节水潜力估算方法，以及污染物减排量的计算方法。

2.1 节水减排原理

2.1.1 基于水循环的节水减排原理

人类对水资源的开发利用从本质上讲是对自然界水文循环的一种干预活动，进而使水循环从一元水循环转变为二元水循环，即从自然水循环转变为自然水循环与社会水循环（图 2-1）（王西琴，2007）。水的社会循环是水的自然循环的一个子系统，水的社会循环包括"取供水—输水用水—耗水—排水"等几个基本环节，从社会经济系统退回到自然生态系统的水与未被人类利用的水在水质上存在很大差异，回归水造成自然生态系统存留水的水质下降。在水资源按用途分类并重复利用、维护最低成本的前提下，水的社会循环系统包括供应系统与排水系统，即"供应必需的水量并满足必要水质"的水供应系统，"对水环境负直接责任"的用水系统和排水系统，以及自然水循环与社会水循环两者之间的循环再利用系统。在人类对水资源的利用程度不断加深的背景下，社会水循环对于自然水循

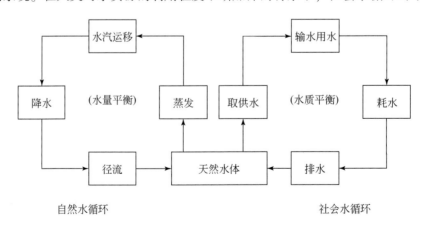

图 2-1 水的二元循环示意

资料来源：王西琴，2007

环的影响程度随之增加。社会水循环通过取供水、排水与自然水循环相联系，这两个系统相互依存、相互联系、相互影响，从而构成了矛盾的统一体——水循环的整体，其中取供水、排水是社会经济系统水循环与自然生态系统水循环之间联系的纽带，也是社会经济系统水循环对自然生态系统水循环影响最敏感、最重要形式。

自然生态系统中留存水量的多少，与社会经济系统对水的开发利用程度和社会经济系统内部对水的消耗程度有着密切关系，如果取水量即开发利用率超出开发利用阈值，则留给自然生态系统的水就会减少，两者呈现彼此消长的关系。一旦经济社会系统对水资源的开发强度超过地区水循环更新速度，则自然系统就会面临水资源不足，甚至枯竭的严重局面。对于自然水生态系统而言，社会经济系统取水量的多少决定了自然水生态系统保留水量的多少，以及干扰自然水良性循环的程度。在二元水循环模式下，实际存在于自然生态系统的水是地表径流、地下径流、回归水的混合体。回归水是社会经济系统退回到自然生态系统的水，含有各种污染物质，大量的回归水将会增加自然生态系统的污染负荷。水经过社会循环后再排入到自然水体时，其水质发生了变化，由原来的含天然背景值化学物质的水质转变为含有污染物的水质，水资源对污染物的稀释、降解等自净能力有限性，决定了人类排入水体的废弃物不应超过水体的自净能力，否则就会出现水质下降与水质性缺水。社会水循环的存在赋予了天然水具有"质"的属性。从二元水循环角度衡量，自然水循环关键在于水量平衡，人工水循环关键在于水质平衡，只有保证两者同时平衡，才能达到水资源的良性循环。

基于二元水循环的节水减排原理。由于社会水循环的存在，自然水循环出现了随机性，大规模的社会水循环有可能导致自然水循环部分环节出现问题，阻滞水的正常循环，使得水资源在短时期内不可再生。因此，必须调控社会水循环，使社会水循环的取水量不超越自然水循环的水资源再生能力，排水及其污染物不超过自然水体的纳污自净能力，使其处于水质平衡的循环过程，从而实现自然水循环与社会水循环的动态平衡。因此，降低取水量意味着减少回归水量及其污染物排放量，达到节水减排、增容的双重目标。基于二元水循环的节水减排如图 2-2 所示，通过两种途径实现污染物减排：①节水意味着减少取水，由于取水减少，排水减少，从而实现污染物减排；②通过提高再生水回用率实现污染物减排。

2.1.2 工业系统节水减排

1. 工业水系统的构成

工业用水包括生产用水、工业企业园区生活用水。其中，生产用水包括工艺用水、间接冷却水、锅炉用水等（图 2-3）。生活用水主要用于园区绿化、企业员工生活等。

工业水系统包括供水子系统、用水子系统和排水子系统。在供水子系统中，工业取水来自自然水体、市政自来水厂供水、水利工程供水等。常规水资源包括地表水和地下水；非常规水资源包括海水、再生水、雨水、压舱水等。在用水子系统中，工业用水包括取用

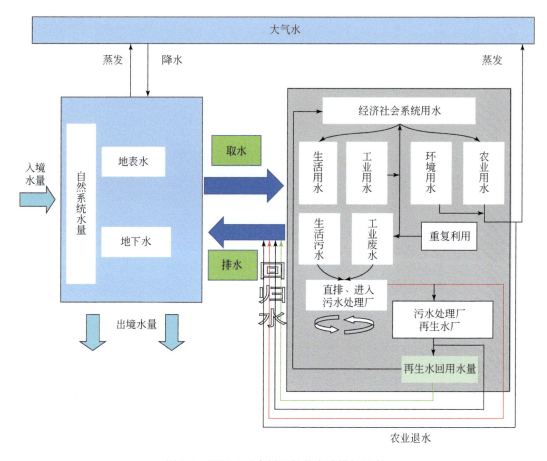

图 2-2　基于二元水循环的节水减排的示意

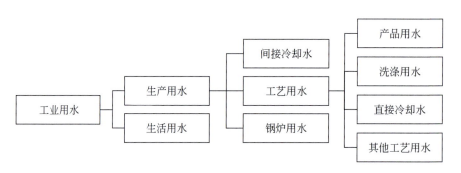

图 2-3　工业用水构成

的新鲜水和物料带入的水。在工业生产过程中，有少部分的水在使用过程中漏损和消耗，大部分水在使用后以废水的形式排放。在排水子系统中，工业排放的废水一部分经从企业排污口直接排入天然水体，一部分经内部循环重复利用，另有一部分排入城市污水管网进入城市污水处理厂经集中处理后排入自然水体，或者进入城市污水处理厂后再进入再生水厂以再生水的形式重复用于工业、农业、生活、景观和生态系统等。

在工业节水减排系统中，工业企业排放的废水中包含各种污染物，并随着工业废水排放进入自然水体。如果通过工业节水减排使得废水排放量减少，则污染物排放量也随之减少，从而减轻污水处理厂的压力，进而减少工业废水排放对自然水体水质的影响。通过内部循环重复利用，可减少取用新鲜水，实现工业用水的节约与污染物的减排（图2-4）。

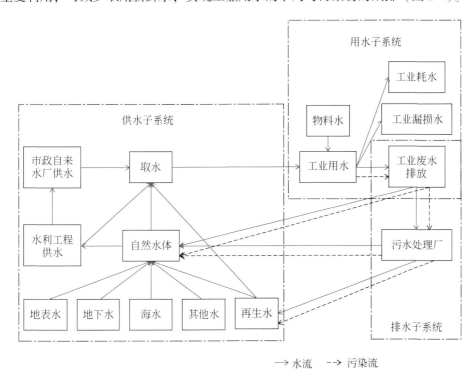

图 2-4 工业水系统节水减排原理

工业水系统节水减排原理。根据物料平衡原理，在工业水系统中，不同用途水量及其污染物排放之间存在定量关系。工业水系统主要变量名称如表2-1所示。

表 2-1 工业水系统主要变量名称

变量	变量名	变量	变量名
Q_1	工业新水取用量（工业取水量）	Q_7	直接排放量
Q_2	工业生产原辅材料带入水量	Q_8	间接排放量
Q_3	工业用水量	Q_9	再生水产生量
Q_4	工业耗水量	Q_{10}	污水处理厂处理后直接排放量
Q_5	工业漏损水量	Q_{11}	用于景观绿化的再生水量
Q_6	工业废水排放量	Q_{12}	市政自来水厂供水量

变量	变量名	变量	变量名
Q_{13}	水利工程供水量	Q_{21}	总耗水量
Q_{14}	自然水体取水量	Q_{22}	其他耗水量
Q_{15}	工业再生水使用量	W_1	工业废水中污染物的量
Q_{16}	来自地表水的工业取水量	W_2	排入市政污水处理厂的污染物的量
Q_{17}	来自地下水的工业取水量	W_3	直接排放的污染物的量
Q_{18}	居民再生水使用量	W_4	污水处理厂出水中污染物的量
Q_{19}	总漏损量	W_5	污水处理厂出水直接排放的污染物的量
Q_{20}	其他漏损量	W_6	污水处理厂处理后再生水中污染物的量

各变量之间的关系可以用如下公式表达:

$$Q_3 = Q_1 + Q_2 = Q_4 + Q_5 + Q_6$$
$$Q_6 = Q_7 + Q_8$$
$$Q_1 = Q_{12} + Q_{13} + Q_{14} + Q_{15} = Q_{16} + Q_{17}$$
$$Q_9 = Q_{11} + Q_{15} + Q_{18}$$
$$Q_{19} = Q_5 + Q_{20}$$
$$Q_{21} = Q_4 + Q_{22}$$
$$W_1 = W_2 + W_3$$
$$W_4 = W_5 + W_6$$

2. 工业水系统水资源–能源–污染之间的耦合关系

工业水–能源–污染排放三个子系统相互联系、相互作用,形成一个耦合系统(图2-5)。其中一个子系统的变化往往会引起其他两个子系统的连锁反应。同时,水资源的供给和使用均需要消耗能源,能源的生产和消费又会增加对水资源的消耗,如冷却过程需要大量的水资源;水资源和能源的开发利用同时伴随着污染物的产生,而污染物的去除又需要消耗水资源和能源。部分污染物可随水资源循环重复利用,进而减少排放。

3. 节水与节能减排的关系

水资源开发、输送、供给、加工和处理过程必然会消耗一定的能源。用于工业的原水类型不同,其生产或获取清洁用水所消耗的能源也不同。一般来说,从河流或湖泊中获取 $1m^3$ 清洁水约需 $0.37kW \cdot h$ 的能源;从地下水中获取 $1m^3$ 清洁水约需 $0.48kW \cdot h$ 的能源;废水处理需要 $0.62 \sim 0.87kW \cdot h/m^3$ 的能源;生产再生水需要 $1.0 \sim 2.5kW \cdot h/m^3$ 的能源,海水淡化需要 $2.58 \sim 8.5kW \cdot h/m^3$ 的能源 (United Nations World Water Assessment Programme, 2014)。

不同用途的水资源需要不同程度的处理,消耗的能源不同。例如,从天然水体中取用

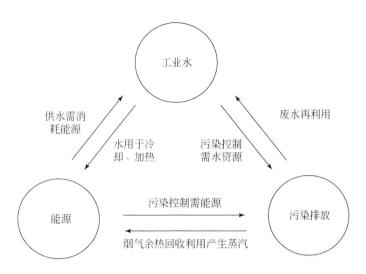

图 2-5　工业水-能源-污染排放之间的耦合关系示意

的水需要进一步处理以后才能够作为饮用水使用，一些工业行业的用水对水质要求较高，需要进行深度处理后才能使用。对于工业废水，处理方法不同，消耗能源也不同。越深度处理，消耗的能源越多。例如，紫外线处理消耗的能量相对较少（0.01 ~ 0.04kW · h/m³），而反渗透（reverse osmosis，RO）处理技术则需要更多的能耗（1.5 ~ 3.5kW · h/m³）（United Nations World Water Assessment Program，2014）。

另外，水质、盐度、输水距离、高差、地下水埋深等也会影响能源消耗量。据 2012 年统计，全球海水淡化厂总运营能力约为 7000 万 m³/d，预计到 2020 年运营能力翻一番，需消耗能源 75.2TW · h/a，约占全球电力消耗的 0.4%（International Renewable Energy Agency，2012）。美国 2011 年公布的数据显示，抽取埋深为 36.5m 的地下水消耗能源约 0.1kW · h/m³，抽取埋深为 122m 的地下水约需消耗能源 0.5kW · h/m³。

因此，节水导致的污染物排放减少需要同时通过节能和减少废水排放量实现（图 2-6）。工业节水一方面减少了供水系统的能源消耗，从而减少污染物排放；另一方面减少了新鲜水的取水量和废水的排放量，从而减少了污染物的排放量。

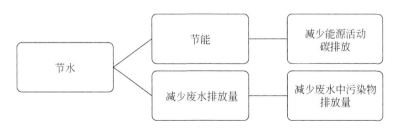

图 2-6　工业节水与节能减排的关系

工业节水同时带来温室气体减排效益，通过节能间接实现。能源生产和能源使用活动是温室气体的重要排放源。根据 2017 年 1 月 12 日中国政府向《联合国气候变化框架公约》（以下简称《公约》）秘书处提交的《中华人民共和国气候变化第一次两年更新报告》，中国 2012 年温室气体排放总量（不包括土地利用变化和林业）为 118.96 亿 t 二氧化碳当量，其中能源活动温室气体排放 93.37 亿 t 二氧化碳当量，能源活动二氧化碳排放 86.88 亿 t。能源活动温室气体排放相当于温室气体排放总量的 78.49%。日本的研究表明，节水设备的广泛应用将会减少日本 1% 的二氧化碳排放量（鲍淑君等，2015）。

工业节水主要通过改进工艺、采用节水技术、加强节水管理实现。首先，采用节水型工艺和技术能够在节水的同时实现减排。例如，许多大型造纸厂在白水处理回用技术中采用多圆盘真空过滤，废水被处理后可回用到其他生产工段，造纸新鲜水用量减少至 67.5%，水重复利用率提高到 83.9%，废水中悬浮物的去除率达到 98.98%。又如，根据水利部发布的《国家成熟适用节水技术推广目录（2019 年）》，分散染料无水连续染色技术适用于纺织品印染行业涤纶织物的染色生产，基本解决了染色生产的高水耗和工业废水问题，每吨织物染色综合水耗 0.5m³，远小于工业和信息化部 2017 版《印染行业规范条件》规定的每吨织物染色综合水耗上限 140m³。

其次，通过加强节水管理也可以实现污染物减排。由于管道老化和管理不严，部分工业企业管网漏损严重，生产过程中普遍存在"跑、冒、滴、漏"现象，造成水资源大量浪费，管网漏损率甚至超过 20%。这些漏失的水可能进入生产环节，造成面源污染或者渗漏到地下污染地下水。因此，加强企业用水管理，加强企业内部管网漏损监测并及时更新补漏，可显著提高企业节水水平，减少废污水排放量。

2.1.3 农业系统节水减排

1. 农业水资源系统构成

农业水资源系统是一个复杂的综合系统，灌溉水价是一个多维度的问题，影响灌溉水价的关键因素主要包括灌溉现状用水量、节水灌溉技术采纳率、种植结构等。众多因素相互作用结合在一起，共同影响灌溉水价，同时灌溉水价变动又反过来影响农民收入、就业、高低耗水作物种植面积、灌溉效率、农田污染物排放量等。可以用系统动力学模型描述水价与其他因素之间的动态非线性反馈关系，以揭示水价的节水减排效益。

农业水资源系统包含 5 个子系统（图 2-7），分别是水费子系统、生产子系统、环境子系统、社会子系统、经济子系统。水费子系统的关键变量是农业水价与灌溉水量，生产子系统的关键变量是生产成本、种植结构，经济子系统的关键变量是生产成本、经济收入，环境子系统的关键变量是污染物氮磷、农药的流失及其环境成本，社会子系统的关键变量是劳动力的供给和需求、就业率等。子系统之间通过水量、成本和效益等相关变量相联系，形成一个复杂的反馈系统。通过种植结构、化肥农药、生产成本、劳动力等中间变量，将不同子系统连接起来，形成水价的经济-社会-环境效应动态模拟系统。

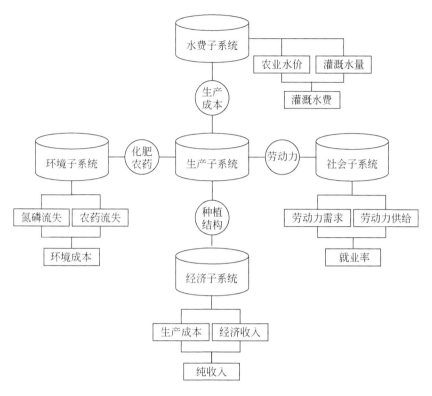

图 2-7　农业水资源系统及其子系统

水费子系统通过农业水价、灌溉水量及其生产成本等变量与另外两个子系统相关联。根据变量的影响路径。生产子系统主要反映农作物的种植与生产，包括农作物结构、产量、生产要素等。农作物产量是关键变量，也是联系灌溉水量和经济收入的主要中间变量。经济子系统主要包括种植业成本和收入，其中成本的关键变量是生产成本、社会成本和环境成本等，用于模拟水价变化导致的直接成本和间接成本，收入主要核算农户从种植业生产中获得的收入。经济子系统与其他子系统通过生产成本、经济收入等中间变量相关联。社会子系统主要包括种植业的劳动力供需、劳动力就业率等。

2. 农业水价的节水减排原理

水资源作为农业生产的重要生产资料，其价格的提高势必会增加作物的生产成本，水费承受的主体是农户，水价提高与农户的收入、就业等相关。在农户以追求收入最大化为目标的前提下，通过降低水费成本去适应水价的提高。为降低水费成本可能采取的响应方式包括：①节水技术。农户选择节水技术，通过可行的节水技术如滴灌与喷灌方法，提高灌溉用水效率，减少用水量，降低水费成本。研究区目前的节水设施投资由政府补贴。②改变种植结构提高收入以抵消水价上涨带来的水费成本增加，一方面将耗水型农作物改为抗旱型农作物，或增加低耗水作物的种植面积降低灌溉用水量，另一方面通过增加市场价格高的作物抵消水费成本的增加。当农户采用第一种方式时，水价才具有节水效应，可见水价提高对灌溉用水产生双向驱动效应，种植结构的变化又会引起与之相关的收入和劳动力的变化等，即水价对种植系统具有多重效应的特点。③降低亩均用水量。在保持现状灌溉方式下减少亩均用水量，通过适合当地的种植方式实现，如由两季耕作模式变为一季耕作模式、旱作雨养、耗水高的作物休耕等，这种方式可能会导致作物产量的减少或收入的降低。

借鉴系统动力学模型，以水价为驱动表述农业水资源系统及其子系统之间的反馈关系，有三个负反馈回路，分别是技术节水反馈回路、种植结构调整节水反馈回路和刚性节水反馈回路（图2-8）。在反馈回路中，"+"表示正反馈，"-"表示负反馈。

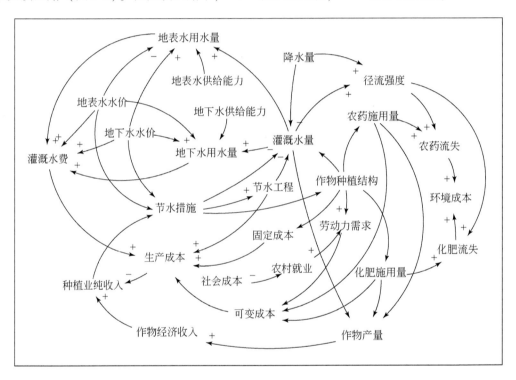

图 2-8　农业水资源系统的反馈关系

（1）在技术节水反馈回路中，灌溉水价提高时，农户将选择通过使用节水技术来实现灌溉水量的下降，最终实现灌溉费用降低，该回路在变量取值上表现为负反馈，具体可表示为：水价（+）—节水措施（+）—灌溉水量（-）。括号内的"+"表示增加效应，"-"表示减少效应。

（2）在种植结构调整节水反馈回路中，农户对灌溉水价上涨的响应方式是改变种植结构，如降低高耗水作物种植面积，提高低耗水作物种植比例，实现灌溉水量的下降，达到灌溉费用降低的目的。该回路具体如下：水价（+）—高耗水作物种植面积（-）—灌溉水量（-）。

（3）在刚性节水反馈回路中，主要考虑节水的极端情形，即农户对灌溉水价上涨的反应是直接降低灌溉水量，该措施是强制降低作物灌溉水量，具体的反馈回路为：水价（+）—作物亩均灌溉用水（-）—灌溉水量（-）。

农业节水带来的污染物减排量与农田灌溉用水量、降水量、污染物流失量等有关（图 2-9），节水带来的农田污染物削减量实际就是由节水量部分产生的农田径流污染物。具体的污染物减排效应采用农田污染物流失模型估算（Franke et al., 2013），具体见2.3.1 节。

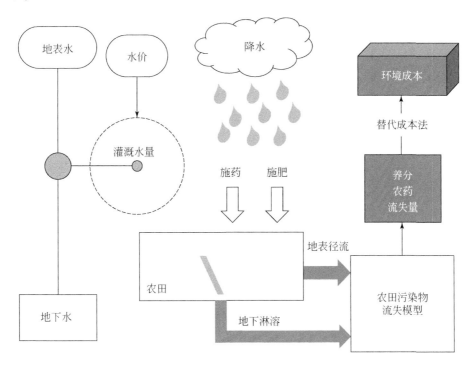

图 2-9　农业水价的环境效应及其节水对污染物的减排示意图

2.2　节水效益评估模型

2.2.1　水价与水资源需求关系

经济学供求理论指出商品的价格是由商品的需求方和供给方共同决定的。当一种商品的需求量大于供给量时，这种商品的价格会上升；反之，当需求量小于其供给量时，商品价格会下降（图 2-10）。实际运行过程中，提高水价的水资源需求管理效果是否明显，价格机制能否成为水资源需求管理的有效政策工具，还要看需求价格弹性系数（E_p）和预期提价空间（$\Delta P/P$）的大小。需求价格弹性系数、预期提价空间和水资源需求管理效果三者之间的对应关系，可用图 2-11 表示。

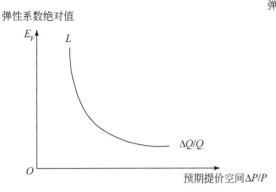

图 2-10　水资源需求管理的价格机制预期效果

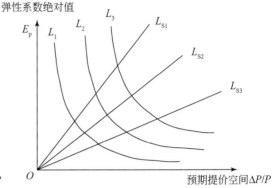

图 2-11　水资源需求管理的价格
机制预期效果扩展线

在图 2-11 中，当需求价格弹性系数 E_p 状态提高到第二种状态及第三种状态时，从原点出发，任意引出交于各需求管理效果扩展线条 L_{S1}、L_{S2}、L_{S3}、L 所反映的就是需求价格弹性系数（E_p）和预期提价空间（$\Delta P/P$）同时同向变动（本研究主要是指提高）对水资源需求量的影响效果。

根据图 2-10 和图 2-11 所揭示的内在关系，有如下几种组合情形。

（1）当水资源的需求价格弹性系数特别小、预期提价空间也特别小时，提高水价在抑制水资源需求量方面的效果不明显，价格机制难以成为水资源需求管理的有效政策工具。

（2）当水资源的需求价格弹性系数较小，预期提价空间较大时，提高水价能够在一定程度上起到对水资源需求量的抑制作用，价格机制虽然可以作为水资源需求管理的政策工具，但是效果有限。

（3）当水资源的需求价格弹性系数特别大时，较低幅度的提价就能够较大幅度地降低水资源需求量，此时，即使预期提价空间比较小，价格机制也可作为水资源需求管理的政策工具。

水资源需求与价格之间的关系呈现阶段性特点（图 2-12），从图 2-12 可以看出，曲线 $ABCD$ 存在两个拐点 B、C，这两个拐点的形成主要是不同的价格弹性系数 E 引起的。曲线 AB 段（$|E|>1$），表明具有很强的弹性。在 A 点，$P=0$，$Q=Q_4$，说明当水资源的价格为零时，水资源的需求量达到一定量 Q_4，$Q \geqslant Q_4$ 表征水资源"取之不尽，用之不竭"的情形，即表示水资源丰富且供给与需求之间没有矛盾的情景。

当 $Q_1 \leqslant Q < Q_4$ 时，水资源供需矛盾开始出现，水资源的供给量小于水资源需求量，这时可以开始利用经济杠杆的调节作用解决水资源的供需矛盾，如果提高水资源价格，即使保持供给量不变了，水资源需求量将减少，供求矛盾得到缓解。水资源价格的增加，会提高人们的节水意识，通过加强水资源管理、改进生产工艺、调整产业结构等手段减少水的需求。当 P 逐渐加大时，节水潜力逐渐增加，节水效果尤其明显，此时水资源价格弹性较大。

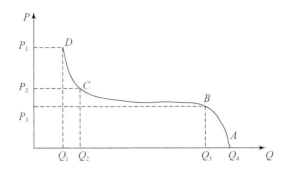

图 2-12 水资源需求（Q）与价格（P）关系示意

其中，B 点是一拐点，此时 $Q=Q_3$，在 $Q_2 \leqslant Q \leqslant Q_3$ 区间内，对应着曲线 BC 段，水资源价格处于弹性阶段，E 的绝对值较大，水资源需求随着水价提高而减少的幅度较大，具有节水潜力，在 $Q=Q_2$ 处，出现拐点 C。在 $Q_3 \leqslant Q \leqslant Q_4$ 区间，对应着曲线 AB 段，在这一阶段水价较低，水价的提高对于水资源需求的抑制作用较弱，E 的绝对值较小，水价对节水的潜力不明显。在 $Q_1 \leqslant Q \leqslant Q_2$ 区间内，对应着曲线 CD 段，水资源需求量随价格变化的幅度较小，意味着依靠提高价格来缓解水资源供需矛盾十分有限。

2.2.2　水资源需求价格函数

通过建立需水量与水价之间的函数关系，对节水潜力进行评估。需求价格弹性系数是指产品（如商品水）市场价格的变动所引起的需求量的相对变动，即需求量的变化率与价格变化率之比（宋承先，1999），即

$$E = \frac{\Delta Q}{Q} \times \frac{P}{\Delta P} \tag{2-1}$$

式中，E 为水需求价格弹性系数；ΔQ 为某一时段水价变动前后用水变化量；Q 为某一时段水价发生变化前的用水量；P 为水价；ΔP 为水价格变化量。按照市场规律，需求量与其价格成反比，E 一般为负值，一般以其绝对值 $|E|$ 表征弹性系数，根据 $|E|$ 的大小将需求弹性分为以下 5 种。

完全无弹性。当 $|E|=0$ 时，表示无论价格如何变动，需求量固定不变，称为完全无弹性。

弱弹性。当 $0<|E|<1$ 时，表示价格的任何变动，只能引起需求量较小程度的变动，称为弱弹性。

单一弹性。当 $|E|=1$ 时，表示价格的任何变动，会引起需求量同等程度的变动，称为单一弹性。

富有弹性。当 $|E|>1$ 时，表示价格的任何变动，都会引起需求量较大程度的变动，称为富有弹性。

完全弹性。当 $|E|=\infty$ 时，表示价格的任何变动，都会引起需求量发生无限的变动，

称为完全弹性。

1. 供求价格模型

供求价格模型认为，水资源为商品，符合公式：

$$Q_2 = Q_1 \left(\frac{P_1}{P_2}\right)^E \tag{2-2}$$

式中，Q_2 为调整价格后的用水量；Q_1 为调整价格前的用水量；P_1 为原水价；P_2 为调整后的水价；E 为水需求价格弹性系数。所谓的弹性是指因变量变化的比例同自变量变化的比例之间的比值关系，用公式表示为

$$E = \frac{\frac{\Delta Y}{Y}}{\frac{\Delta X}{X}} = \frac{\Delta Y}{\Delta X} \times \frac{X}{Y} \tag{2-3}$$

式中，E 为弹性系数；X 为自变量；ΔX 为自变量的变化量；Y 为因变量；ΔY 为因变量的变化量。弹性系数可分为需求价格弹性系数、需求收入弹性系数、需求交叉弹性系数以及供给价格弹性系数等。该模型所使用的是需求价格弹性系数。供求价格模型有其优点，首先，其公式比较简单，数据容易获得；其次，它适应市场经济大环境，人们也容易接受。但是，应该注意到它也存在一定的问题：①水资源量在决定水资源价值方面占有重要地位但不是决定地位，量的多少决定了供需矛盾的尖锐程度，因此仅仅通过水资源量决定水资源价值是不完善的；②水资源的价格与用水功能有着密切关系，该方法没有考虑用水功能；③没有考虑污水排放因素，忽略了生态影响，水资源价格与污水资源价格相比较，只有水资源价格大于污水资源价格时，才有可能想办法改进节约用水措施。因此，供求价格模型尚需进一步完善。

2. 线性模型

线性模型基本形式为

$$Q = \beta_0 + \beta_1 P + \mu \tag{2-4}$$

式中，Q 为现状用水量，m³/亩；β_0 为常数项；P 为现状水价，元/m³；β_1 的估计值为需求价格弹性系数；μ 为随机扰动项。线性模型基本形式简单，但是这也意味着水价变化引起的用水需求变化在每个价格水平上是相同的。事实上，在不同价格水平上，水价变化引起的水需求的变化可能是不同的。从理论上来讲，价格越高，需求量越小，即 $\beta_1<0$，这样线性模型就隐含着一个结论，即当水价上涨到某一价格水平时，灌溉用水需求为 0，水是灌溉必需品，没有任何替代，线性模型不能很好地解释这一难题。

3. 双对数模型

目前大多采用双对数模型建立需水与价格之间的函数关系，其优点是将非线性关系转换为线性关系进行研究，克服直接使用线性模型的缺点。模型中自变量的系数即表示弹性值，有明确的经济含义。其表达式为

$$\ln Q = \beta_0 + \beta_1 \ln P + \mu \tag{2-5}$$

式（2-5）中符号同上。其中，Q 和 P 通过计算得到数值，再参与模型回归分析，β_0、β_1 和 μ 由计量软件回归得到估计值。

2.2.3 节水潜力估算方法

本研究节水潜力指水价提高后对应的用水量与现状灌溉用水量之差

$$\Delta W = W_0 - W_i \tag{2-6}$$

式中，ΔW 为节水潜力，m^3/hm；W_0 为现状用水量，m^3/hm；W_i 为水价提高后的用水量，m^3/hm；i 为不同水价改革方案对应的水价，$i = 1, 2, 3, \cdots, n$。

本节节水潜力估算包括居民生活节水潜力估算、灌溉节水潜力估算、工业节水潜力等。其中，水价提高后的用水量依据建立的研究区的需水价格函数计算。以灌溉用水为例，首先，建立需水价格函数；其次，计算理论水价，作为水价改革方案；再次，将不同水价改革方案确定的水价作为因变量，代入建立的需水价格函数关系式，计算不同水价对应的灌溉用水量；最后，将水价改革方案水价对应的灌溉用水量与现状灌溉用水量相比，得到水价提高的节水潜力。

以农业水价节水潜力为例进行说明。采用双对数模型建立需水价格弹性函数，揭示需水量随水价变动的趋势，并据此计算不同给定水价下的水量，与现状用水量相比，估算节水潜力。由于本研究农业水价针对的是地下水灌区，首先需要计算现状灌溉用水量、现状水价，故提出水价对节水潜力的计算思路（图 2-13）。

（1）估算现状灌溉用水量。调研地区的少数水价改革地区安装了"水电一卡通"计量设施，可以直接获得农户的灌溉水量，但是大部分农户采用的仍然是缴纳电费的形式，需要采用"以电折水"方法计算现状灌溉用水量，其中关键是折算系数，折算系数与井深、扬程、水泵功率等有关。

（2）计算现状水价。与地表水灌区不同，现状水价需要进行计算，根据估算得到的灌溉用水量，以及问卷获得的缴纳的电费，估算现状水价。

（3）计算理想水价。本研究采用剩余价值方法计算得到的水价称为理想水价，一般认为该方法计算的水价是水创造的经济价值，可以作为水价调整的上限。该方法需要的参数是种植投入的各项成本，可从问卷数据获得。

（4）建立灌溉用水需求价格弹性函数。采用双对数模型建立灌溉水需求量与水价之间的弹性函数，参数来源于上述两个步骤计算得到的现状灌溉用水量与现状水价。

（5）灌溉用水需求价格弹性曲线。根据需水价格弹性函数公式，计算不同水价对应的需水量，并绘制灌溉用水需求价格弹性曲线图。曲线范围以现状水价为下限、以理想水价为上限，可以显示需水量随水价变动的变化趋势。

（6）确定合理水价。以灌溉定额为标准，依据弹性函数计算其对应的水价，认为该水价为现阶段合理水价。

（7）水价提升空间与节水潜力。与现状灌溉用水量相比较，计算合理水价情景下的节水潜力，作为现阶段推荐方案，理想水价对应的水量可以视为在现有其他条件不变情况下未来农业灌溉需水量的最低阈值。

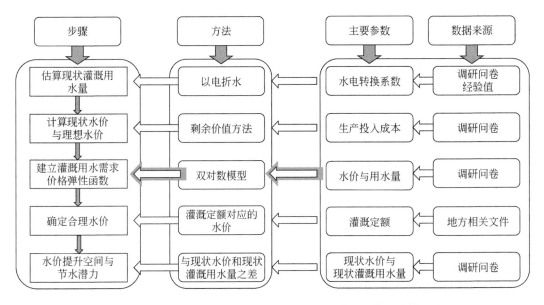

图2-13　地下水灌区灌溉用水需求价格函数及其节水潜力计算思路

2.3　与节水相关的污染物减排计算方法

2.3.1　农业节水减排计算方法

农田污染物流失与农田径流量及其污染物浓度有关，《排放源统计调查产排污核算方法和系数手册》（生态环境部，2021）给出农田污染物流失计算公式

$$CR = BA \times PC \qquad (2-7)$$

式中，CR为农田污染物流失量（kg）；BA为播种面积（hm²）；PC为污染物流失系数（kg/hm²）。其中，污染物流失系数来源于《排放源统计调查产排污核算方法和系数手册》（农业污染源产排污系数手册）（生态环境部，2021）。

节水带来的农田污染物削减量实际就是由节水量部分产生的农田径流污染物，可以用公式表示为

$$WRL = \frac{RW}{IW + PW \times CA \times 10^{-7}} \times PC \times BA \times 10^{-3} \qquad (2-8)$$

式中，WRL为节水带来的污染物减排量（t）；RW为节水量（亿 m³）；IW为农田灌溉用水量（亿 m³）；PW为降水量（mm）；CA为耕地面积（hm²）；PC为污染物流失系数（kg/hm²）；BA为农作物播种面积（hm²）。

如果区分农作物类型，可直接用不同作物的播种面积替换耕地面积。

$$WRL = \frac{RW}{IW + PW \times BA \times 10^{-7}} \times PC \times BA \qquad (2\text{-}9)$$

河北污染物流失系数分别为：氨氮 $0.076kg/hm^2$、总氮 $0.775kg/hm^2$、总磷 $0.067kg/hm^2$。调研地区献县、成安县、南皮县和元氏县的年平均降水量分别为 560mm、560mm、550mm 和 500mm，种植结构以冬小麦和夏玉米为主，其中冬小麦生长期按 10 月至次年 6 月计算，夏玉米按 6～10 月计算。

2.3.2 工业和生活节水减排计算方法

工业污染物排放量的减少不仅源于废水排放量的降低，还与污水处理率的提高、污水处理技术水平及废水排放浓度标准等有关。本研究主要针对工业节水的减排效应，因此应剔除污染物浓度变化的影响，仅考虑因废水排放量减少而带来的减排效益。工业节水减排评估方法用公式表示为

$$\Delta W = W_m - W_i \qquad (2\text{-}10)$$
$$\Delta W_j = \Delta W \times C_{ij} \qquad (2\text{-}11)$$
$$i = 1,\ 2,\ \cdots,\ m;\ j = 1,\ 2,\ \cdots,\ n$$

式中，ΔW 为废水排放量的变化量；W_m 为第 m 年的废水排放量；W_i 为第 i 年的废水排放量；ΔW_j 为废水中 j 污染物排放量的变化量；C_{ij} 为第 i 年 j 污染物的排放浓度；i 为年份；j 为污染物的种类。

居民生活节水的污染物减排计算方法同工业节水的污染物减排计算方法。采用生活节水量与生活污水污染物排放浓度两个参数核定，计算主要污染物 COD、氨氮两种污染物的减排量。主要参数是年节水量、生活污水污染物排放浓度。

2.3.3 再生水减排计算方法

再生水污染物减排根据当年增加的再生水回用量与其再生水污染物浓度的乘积计算，即当年增加的再生水回用量与再生水污染物浓度的乘积，主要参数是年新增再生水量、再生水污染物排放浓度

$$\Delta RW = RW_m - RW_i \qquad (2\text{-}12)$$
$$\Delta RW_j = \Delta RW \times RC_{ij} \qquad (2\text{-}13)$$
$$i = 1,\ 2,\ \cdots,\ m;\ j = 1,\ 2,\ \cdots,\ n$$

式中，ΔRW 为再生水回用量的变化量；RW_m 为第 m 年的再生水回用量；R_W 为第 i 年的再生水回用量；ΔRW_j 为再生水中 j 污染物排放量的变化量；RC_{ij} 为第 i 年 j 污染物的浓度；i 为年份；j 为污染物的种类。

|第 3 章| 水价定价方法

本章从供水者、用水者、市场供需等角度，对水价定价方法进行分类，并对每一类方法进行梳理和总结，比较不同方法的优点、不足以及其适用范围，结合京津冀地区实际以及数据的可获得性，推荐本书采用的定价方法。

3.1 基于供水者角度的定价方法

基于供水者角度的定价方法，重点考虑供水者利益，较少考虑用水者利益，因此，适合于除农业用水之外部门的用水水价制定，是一种较为普遍的定价方法，包括完全成本定价法、平均成本定价法、边际成本定价法、边际机会成本定价法等。

3.1.1 成本定价方法

1. 完全成本定价法

完全成本定价是指以水资源社会循环过程中所发生的所有成本为基础而确定的水价。水资源社会循环指从自然水体取水、输送、净化、分配、使用、污水收集和处理直到最终排入自然水体的整个过程，该过程中发生的所有成本就是完全成本，也称为社会成本或完全社会成本，它是全社会为水资源利用而付出的真实成本。水资源的完全成本由水资源的机会成本、内部成本和外部成本构成，通常被称为资源水价、工程水价和环境水价。机会成本是水资源价值的另一种表述，相当于水资源价值；内部成本包括水文勘探和水质监测成本、水利工程和自来水基础设施的建设和运行维护成本；外部成本是指污水对环境损害的成本。

完全成本定价法充分考虑了供水过程中的全部外部成本，如水资源消耗、水资源在开发过程中造成的环境污染等，体现了城市供水成本的整体性与全面性，有助于实现完全成本回收，提高水行业效率，提高全社会在水资源利用上获得的福利。因此，完全成本水价应该成为我国城市水价进一步改革的方向。目前，水价改革主要依据完全成本定价的思路，不断优化水价结构，如水资源费、水利工程费、自来水处理费和污水处理费构成了完全成本水价。水资源费补偿水资源价值，水利工程费和自来水处理费补偿内部成本，污水处理费补偿污水设施和污水处理的成本，替代补偿外部成本。然而，完全成本的核定较为困难，特别是水资源费，而且存在完全成本制定的水价高与用户承受能力低的矛盾，高水价往往使弱势群体难以承受，为了不损害他们获得生活必需用水的权利，一般还需要采取适当的补贴政策。

完全成本定价法的特点是综合水资源各项成本，需要对资源成本、工程成本、环境成本等分别进行测算，最后加总得到水价，其计算模型为

$$P = C_r + C_p + C_e \tag{3-1}$$

式中，P 为水价（元/m³）；C_r 为资源成本（元/m³）；C_p 为工程成本（元/m³）；C_e 为环境成本（元/m³）。

资源成本有多种不同计算方法，目前尚未统一。一些学者通过能值定价法计算资源成本，该方法基于奥斯特罗姆20世纪80年代提出的能值价值理论，从化学能、重力势能、固体物质溶解能力和废物同化能力四个方面计算水资源包含的能量所对应的太阳能值，然后货币化从而以价格表示这种资源的价值。有学者采用模糊数学定价法评估资源价值，该方法首先确定水资源价值要素 $f = (x_1, x_2, x_3, \cdots, x_n)$，然后对各要素 $x_1, x_2, x_3, \cdots, x_n$ 分别赋以权重 $A = (a, b, c, \cdots, n)$，设定评价向量 $\boldsymbol{R} = $（低，偏低，一般，偏高，高），得到综合评价矩阵，即水资源价值（V）：$V = A \times \boldsymbol{R}$，进而水资源价格 $W_{水价} = $ 水资源价值（V）×价格向量（S）。工程成本按当地具体供水工程的建设、运行维护、折旧等进行计算。环境成本，一般以环境污染防护治理费用作为环境成本。

2. 平均成本定价法

平均成本定价法也叫成本利润法或成本核算法，运用该定价方法的基础在于对供水服务的平均成本的核算。计算公式为

$$P = \frac{C}{Q}(1+r) = \frac{F + \int_0^Q V(Q)\,\mathrm{d}Q}{Q}(1+r) \tag{3-2}$$

式中，P 为水价（元/m³）；C 为总成本（元）；Q 为供水量（m³）；r 为许可收益率或公正报酬率（%）；F 为固定成本（元）；$V(Q)$ 为可变成本（元）。

平均成本定价法步骤如下：首先，对历史数据进行分析，确定供水企业的成本；其次，确定一个合理的利润率，一般取决于社会平均利润率，或者由管理机构制定的公正报酬率。我国供水行业的公正报酬率为4%~6%（沈满洪和陈庆能，2008）；最后，根据不同类型用户实际情况确定其用水服务所需的成本，据此核算出不同类型用户平均成本。

平均成本定价法缺点有两个：一是主观成分较多，且在平均成本分摊过程中，往往需要依赖于具体操作人员的经验。二是根据历史资料确定供水成本，不能反映现在和未来的市场变化。

3. 边际成本定价法

边际成本定价法是根据供水企业的边际成本制定水价，是目前运用比较广泛的一种定价方法。供水企业的边际成本是指企业每增加单位供水量而导致的供水总成本的增加量。计算公式为

$$P = \mathrm{MC} = \frac{\Delta \mathrm{TC}}{\Delta Q} \tag{3-3}$$

式中，P 为水价（元/m³）；MC 为边际成本（通常使用长期边际成本）（元/m³）；ΔTC 为总成本变化值（元/m³）；ΔQ 为水的供水量变化值（m³）。

与平均成本定价法相比，边际成本定价法更重视经济效率的实现。具体到城市供水价格，就是通过价格信号把供水的边际成本信息传递给用户，进而使用户的用水边际收益与系统供水边际成本相匹配，最终实现社会福利最大化和供水企业效率最大化。边际成本包括短期边际成本和长期边际成本，由于短期边际成本是变动的，各利益主体往往更关注长期边际成本。边际成本定价法与平均成本定价法相类似，主要依据在于供水过程中产生的生产成本，包括城市供水的生产成本与供水企业投入的人力、物力等成本，但忽略了水资源价值这一重要因素。

边际成本定价法虽然可以实现资源配置最优化，但由于供水企业的固定成本占总成本比重较大，如果按照边际成本定价，会导致平均成本高于边际成本，从而造成供水企业亏损，甚至导致供水质量下降，进而损害用水者利益。

4. 边际机会成本定价法

边际机会成本（MOC）是对资源开发所产生的客观影响进行定价的模型，它表示由社会所承担的消耗一种自然资源的代价。根据边际机会成本理论，水资源的利用应包括三种成本，一是边际生产成本（marginal production cost，MPC），是指为了获取水资源必须投入的直接费用，包括生产成本、运输成本、管理成本等；二是边际使用成本（marginal using cost，MUC），是指水资源非持续利用造成的未来或后代的收益损失；三是边际外部成本（marginal external cost，MEC），主要指在开发利用水资源时对环境所造成的破坏损失，如水源地的破坏或水污染导致的外部环境成本。当使用者支付的消耗资源的价格 $T<$ MOC 时，会刺激资源的过度利用，当 $T>$ MOC 时，则会抑制资源的合理消费。计算公式为

$$MOC = MPC + MUC + MEC \qquad (3\text{-}4)$$

式中，MOC 为边际机会成本（元/m³）；MPC 为边际生产成本（元/m³）；MUC 为边际使用成本（元/m³）；MEC 为边际外部成本（元/m³）。

边际机会成本定价将资源的使用与环境结合起来，从经济学的角度度量使用资源而付出的环境代价，考虑了资源耗竭和环境损害导致的后代人和他人的利益损失。世界银行政策分析与建议项目"中国：解决水资源短缺——从分析到行动"研究报告（2007）指出，中国应积极推行基于边际机会成本（MOC）的水价改革：商业用水和工业用水，其水价应能保证回收所有的边际机会成本（迪南，2003）。但是，该方法应用于水价测算存在以下缺点。第一，应用困难。由于水资源的不可替代性、降水的不确定性、水资源供求的区域性、水资源用途的多样性，以及水资源利用对自然系统作用的不确定性和动态性，边际使用成本、边际外部成本的计算较为复杂。第二，替代工程选择的多样性。边际使用成本估算过于依赖规划建设的水利工程，而建设计划水利工程有多种方案，使得计算结果随之发生变化。

3.1.2　再生水制水成本定价

再生水是由污水处理后符合一定水质标准的水，来源于再生水厂，因此不同于资源水价的成本计算。再生水作为一种特殊的水资源，其制水的成本主要包括再生水的生产成本和输送成本，生产成本主要包括再生水生产过程中的设备折旧，所耗费的药剂、电力、人工等的投入，以及运营、管理等费用。再生水成本应包含两部分（图3-1）：工程成本和企业税利。工程成本是将污水变成再生水的成本，即再生水制水成本，主要包括工程建设投资费、运行成本。工程建设投资费包括深度处理设施费、管网建设费；运行成本包括动力费、原材料费、修理费、管理费、运输成本费等。

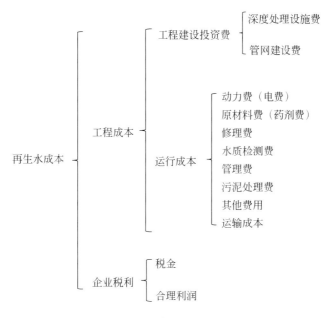

图 3-1　再生水成本水价构成

利润按净资产利润率核定，再生水行业净资产利润率水平按不低于自来水行业净资产利润率核定，平均利润一般不超过6%。在再生水利用的初期阶段，用户对再生水的认识有限，因此为鼓励再生水的利益，往往不考虑再生水企业的利润。税金是指供水企业应缴纳的税金，因为再生水是污水处理企业的产业链条的延伸，再生水价格实行零税率政策。

特别需要指出的是，与自来水成本不同的是，由于再生水厂与用户之间建设的不一致性，在很多情况下因缺乏再生水运输管道，所以在运行费用中还需要考虑运输成本。

不考虑利润的再生水成本定价模型为

$$P_Q = \frac{C + E}{365Q} \tag{3-5}$$

式中，P_Q 为不考虑利润的单位制水成本（元/m³）；C 为再生水工程建设投资的基本折旧费（元/a）；E 为运行管理成本（元/a）；Q 为再生水厂处理规模（万 m³/d）。

建设投资包括再生水设施建设投资和输水管道建设投资，建设投资的基本折旧费通过式（3-6）计算

$$C = (C_1 + C_2) \times \mu \tag{3-6}$$

式中，C_1 为再生水设施建设投资（万元/a）；C_2 为输水管道建设投资（万元/a）；μ 为固定资产平均折旧率（%），一般取值 6% ~ 10%。

运行管理成本包括再生水生产过程中发生的各项费用（E），药剂费、能源消耗费、维修费、人工费、运输费、管理费等（E_i，$i=1，2，3，\cdots，n$），具体表达式为

$$E = \sum_{i=1}^{n} E_i = E_1 + E_2 + E_3 + \cdots + E_n \tag{3-7}$$

如果考虑企业利润，一般取行业的平均利润，则再生水平均成本定价模型为

$$P_{rQ} = P_Q + \frac{(C_1 + C_2) \times r}{365Q} \tag{3-8}$$

式中，P_{rQ} 为再生水的平均成本价格（元/m³）；P_Q 为不考虑利润的单位制水成本（元/m³）；Q 为再生水厂处理规模（万 m³/d）；C_1 为再生水设施建设投资费用（万元/a）；C_2 为输水管道建设投资费用（万元/a）；r 为再生水行业的平均利润率（%），一般取低于6%。根据再生水成本计算达到的再生水水价一般较高，不利于再生水的推广应用。再生水成本定价法需要的参数与数据来源见表 3-1。

表 3-1　再生水成本定价法需要的参数与数据来源

参数		含义	单位/取值	数据来源
Q		再生水厂处理规模	万 m³/d	调研获取
C	C_1	再生水设施建设投资	万元/a	经验值
	C_2	输水管道建设投资费用	万元/a	调研、经验值
E	μ	固定资产平均折旧率	一般取值 6% ~ 10%	经验值
	E_1	用电量、电费单价	kW/h、元/（kW·h）	调研
	E_2	第 i 种药剂（包括混凝剂、助凝剂、消毒剂等）的平均投加量	mg/L	经验值、调研
	$\vdots$	第 i 种药剂的单价	元/kg	经验值、调研
	E_3	大修理费和检修维护费	元/a	调研
	E_4	工资福利、管理和其他费用	元/a	调研
	E_5	运输费用	元/a	调研
r		平均利润率	%	经验值

3.2　基于用水者角度的定价方法

基于用水者角度的水价计算方法，主要考虑用水户的承受能力，一般以用水户的收

入、消费、产值、生产成本等指标为依据，与其水费进行比较，并给出一定的标准值，根据标准值确定水价，统称为水费承受指数方法，其中工业水价承受指数一般用水费占工业产值比例、水费占成本的比例等表示。居民水费支出系数方法，采用水费占居民可支配收入的比例衡量。农业水费承受指数方法选用的指标一般包括水费占农业生产总值的比例、水费占生产成本的比例、水费占农业净收益的比例等。上述每一种指标均有比较公认的判断标准，根据该标准确定合理的水价。

3.2.1 水费承受指数方法

水费承受指数方法基于用水者角度，重点考察用水者的承受能力，未考虑供水成本以及水资源创造的经济价值。

1. 居民水费支出系数方法

居民水费支出系数（R）是指城镇、农村居民生活水费与居民可支配收入的比值，该指标反映水费支出与人们可支配收入间的比值关系，是在综合考虑国民经济发展水平下，居民用于水费支出的比例，反映收入、用水量及水价的关系

$$R = (P \times Q)/I \tag{3-9}$$

式中，R 为居民水费承受指数（量纲为 1）；P 为水价（元/m³）；Q 为用水量（m³/a）；I 为居民可支配收入（元/a）。

一般认为当水费支出占家庭收入比例为 1% 时，对居民节水行为的心理影响程度不大，居民一般都能接受；比例为 2% 时，对居民节水的心理有一定影响，居民开始关注用水量；比例为 3% 时，居民会比较重视用水并开始节约用水；比例为 5% 及以上时，对居民节水行为的心理影响大。

目前，居民生活水价主要关注居民承受能力，从居民收入或消费角度，使得水价满足居民承受能力的同时，能够对居民节水行为产生影响。

由于我国实行居民阶梯水价，所以计算时需要考虑不同阶梯用水量以及用水人群的特点，在不同的水价阶梯设置不同的水费支出系数标准。

2. 农户水费承受指数方法

水作为农业生产活动中的重要投入要素，其获取成本的高低影响着农业生产成本及利润，进而影响到农民的承受能力。农户水费承受指数方法是一种基于农户角度测算农民灌溉水费经济承受能力的方法。该方法可以了解与灌溉水费直接相关的农户农业生产经营活动，尤其是成本构成及利润情况，具有简单实用特点。一般采用水费支出占农业生产成本、产值、收益等的比例为指标，通过测算农业年水费占农业收入、农业产值、农业净收益的比例，并与标准相比较，作为计算农业水价的依据

$$P_n = (S_i \times D_i)/Q_E \tag{3-10}$$

式中，P_n 为农户水费承受指数计算水价（元/m³）；S_i 为表征农户水费承受指数的相关指

标，如生产成本、农业产值等（元/hm²）；i 为指标的个数，$i=1$，2，…，n；D_i 为水费承受指数的标准（%）；Q_E 为灌溉用水量（m³/hm²）。

该方法的关键是水费承受指数衡量指标的标准范围。其因研究地区不同而表现出较大差异，世界银行对各国水费在农业生产中的比例进行综合分析，以水费占净效益的比例分析农民的承受力，认为该比例在 25%～40% 时农民可以承受。我国学者研究结果对上述指标的标准范围如下：灌溉水费占农业生产成本的比例为 0～20%、灌溉水费占农业生产产值的比例为 5%～15%、灌溉水费占灌溉增产效益的比例为 30%～40%、灌溉水费占净收益的比例为 10%～20%（王西琴等，2016）。《农业水价综合改革试点培训讲义》（2014年）给出的标准上限为：农业产值 10%、农业生产成本 15%、农业净收益 13%。承受能力很大程度上取决于当地经济发展水平，在经济水平较低且水资源短缺的地区，依据该方法制定的水价过低，不利于提高水利用效率。

3. 工业水价承受指数

工业水价承受指数是指水费占工业产值的比例、水费占成本的比例等。

工业水价承受指数计算公式为

$$\eta = \frac{C}{Y} \times 100\% = \frac{PW}{Y} \times 100\% \tag{3-11}$$

如果已知工业水价承受指数，则工业企业可承受水价为

$$P = \frac{\eta}{W/Y} = \frac{\eta \cdot Y}{W} \tag{3-12}$$

式中，η 为工业水价承受指数；C 为工业企业每年缴纳的水费（元/a）；Y 为工业企业年产值（亿元/a）；P 为工业水价（元/m³）；W 为工业企业取水量（m³/a）。

可见，工业水价承受指数与万元产值取水量密切相关，用水效率越高，万元工业产值取水量越低，工业水价承受指数越低。不同地区、不同行业、不同经济发展阶段以及不同节水技术水平下，万元产值取水量差异很大，因此，应因地制宜地选取适当的工业水价承受指数来计算工业企业可承受水价。

已有研究主要依据万元工业产值用水量和水价相结合计算工业水价承受指数，在计算工业企业可承受水价时，不同研究采用了不同的工业水价承受指数。根据世界银行和一些国际贷款机构的研究，当水费支出占工业企业生产总值的 3% 时，将引起工业企业对用水量的重视；达到 6.5% 时，将引起企业对节水的重视。《水利建设项目经济评价规范》（SL 72—2013）提出，工业企业的用水成本占工业产值的比例为 2%～5% 时，在用户的可以接受的范围。可见，已有研究中采用的水价承受指数在 1%～6.5%，多数研究者认为工业用水成本应控制在工业产值的 1.5% 之内。可根据研究区具体的经济发展水平、企业的性质、万元工业产值用水量等确定标准范围。

3.2.2 支付意愿方法

意愿调查法又称意愿调查价值评估法（Contingent Valuation Method，CVM），是一种基

于调查的评估非市场物品或服务价值的方法，利用调查问卷获得相关物品价值，询问被调查者对所评估物品的支付意愿（willingness to pay，WTP）。主要有支付意愿法和选择实验法。

1. 支付意愿法

支付意愿法能够从非货币化的环境资源数量或质量的变化中获得个人对货币的偏好。条件价值评估需先设定假设的情况或情景，然后对利益相关群体样本进行访谈，并要求个体针对环境数量或质量的增加或减少说明其最大支付意愿或最低接受补偿愿望，以此获得人们对环境资源改变的平均意愿定价，然后在整个人口中进行推测，以获得环境资源的总支付意愿或价值。例如，通过问卷方式，询问农户对于水价提高的意愿和对于提高灌溉水保证率而愿意多支付的水价，以问卷获得数据为依据，确定灌溉水价。

条件价值评估法的优势在于可以评估资源的非使用价值，且操作可行性高。但由于该方法应用过程中存在假设偏差、信息偏差、设计偏差、嵌入效应等诸多问题，此方法的有效性和可靠性存在较大争议。

2. 选择试验法

选择试验法基于价值特征理论和随机效用模型，假设受访者具有完全的辨别能力，将环境产品或者资源特征按不同级别进行组合，设计成场景提供给受访者，然后由受访者陈述他们的偏好，依此揭示影响选择的因素，估计环境产品或者资源的属性价值。

选择试验法可以估计任何环境资源的经济价值，并可用于估计非使用价值以及使用价值。选择试验法不仅能够估计环境资源整体的价值，而且能够估计其属性的隐含价值，以及同时改变多个属性时的隐含排名和价值（Hanley et al.，1998）。选择试验法相对于条件价值评估法的优点是受访者更关注选择而不必分心于支付。但该方法的局限是在选择试验法中策略偏差被最小化，因为资源的价格已经在选择中进行了定义，不允许受访者为资源制定一个值。与条件价值评估法类似，该方法对非使用价值的评估的可靠性也受到质疑。

3.3 基于市场角度的定价方法

基于市场角度的定价方法关注的是市场规律与变化，侧重于供水者与需水者两者之间的供需关系，强调水资源在生产过程中创造的经济价值，并随市场供需关系发生变化，呈现动态变化的特点。

3.3.1 生产函数法

生产函数法是直接使用市场价格来确定环境和资源价值的一种评估方法，生产函数法主要包括 C-D 生产函数、超越对数函数、广义二次型函数等。生产函数法的基本原理就是从效用价值论的角度出发，在技术条件不变的情况下，假定其他投入不变，每增加一单位的水资源的投入，对总的边际产出带来的变化量的增加，即为水资源所创造的经济价值。同其他投入类似，水经济价值等于它对产出市场价值的影响，因此生产函数反映的是在既定的生产技术条件下，投入和产出之间的数量关系。如果技术条件改变，必然会产生新的生产函数。其核心是经济学中的边际效益概念，即一个市场中的经济实体为追求最大的利润，多次进行扩大生产，每一次投资所产生的效益与上一次投资产生的效益之间都会有一个差，这个差就是边际效益，也就是在其他情况不变的条件下，增加一单位要素投入给生产带来的产值增量。具体到水的边际效益，则是指在其他情况不变的条件下，增加一单位水，给生产带来产值的增量。

C-D 生产函数是反映投入与产出之间平衡关系的生产函数，由美国数学家 Cobb 和经济学家 Douglas 于 20 世纪 30 年代共同提出，该函数可定量分析生产过程中投入的生产要素或某种组合同其产出量之间的依存关系，因而在资源经济领域得到了广泛的应用。考虑技术进步的生产函数可表示为

$$Q = A_0(1 + \lambda)^t K^\alpha L^\beta W^\gamma \tag{3-13}$$

将上式对数线性化，即得到

$$\ln Q = \ln A_0 + t\ln(1 + \lambda) + \alpha\ln K + \beta\ln L + \gamma\ln W \tag{3-14}$$

式中，Q 为 GDP 生产总值（亿元）；A_0 为常数；λ 为技术进步系数；t 为年份序列（$t=1$，2，3，…，n）；K 为固定资产投资（亿元）；L 为劳动力投入（亿元）；W 为总用水量（m^3/元）；α 为固定资产投资弹性系数；β 为劳动力弹性系数；γ 为用水弹性系数。

利用 GDP 生产总值对总用水量求偏导数就可以确定 GDP 用水边际效益

$$X_w = \frac{\partial Q}{\partial W} = \gamma\frac{Q}{W} \tag{3-15}$$

式中，X_w 为用水边际效益（元/m^3）；Q 为 GDP 生产总值（亿元）；γ 为用水弹性系数；W 为总用水量（m^3）。

以 C-D 生产函数为例，计算农业生产的水资源纯收益，表达式为

$$Y = cK^\alpha R^\beta M^\gamma \tag{3-16}$$

式中，Y 为总产值（亿元）；c 为常数；K 为其他资本投入（亿元）；α 为其他资本的产出弹性系数；R 为水资源投入量（m^3）；β 为水资源投入的产出弹性系数；M 为劳动力投入（元）；γ 为劳动力投入的产出弹性系数。

对函数式取对数，转化为对数线性函数

$$\ln Y = \ln c + \alpha\ln K + \beta\ln R + \gamma\ln M \tag{3-17}$$

用最小二乘法对参数进行估计，根据边际均衡理论，当其他生产要素比例保持不变时，每增加一个单位的水资源所引起的总收入的增加，即农业水资源对生产产出的贡献，其在数值上相当于农业水资源纯收益。水资源的边际收益可用下式表示

$$dY/dR = \beta Y/R \tag{3-18}$$

3.3.2 剩余价值法

剩余价值法（RVM）的基本原理是假定在竞争市场，对于除水以外的所有生产投入，

生产总值等于所有投入的机会成本（Young，2005）。RVM 法的核心思想是：当除水以外的所有投入要素都获得了同其机会成本相匹配的价格时，总产出价值的剩余部分可以归于水资源投入要素，由此在获取农户生产的投入产出数据基础上，可以测算水资源的经济价值。一般来说，该方法使用时一般基于以下三个假设：第一，完全理性的生产者是追求利润最大化的；第二，非水投入的机会成本由它们的市场价格给定；第三，产出总价值可能依据边际生产力被分配到了每一单位的投入当中。RVM 法是在完全竞争市场的基本假设条件下应用的，通过计算一单位土地上的总产出，减去其他非水投入的成本，如化肥投入、农药投入、机械投入、劳动力投入等，从而分离出水资源的经济产出总量，进而得到每单位水资源经济价值的平均成本。

RVM 法计算水资源经济价值的基本公式为

$$Y = f(X_M, X_H, X_K, X_L, Q_W, X_C, X_E)$$

$$RV_W = \frac{(Y \cdot P_Y) - [(P_M \cdot X_M) + (P_H \cdot X_H) + (P_K \cdot X_K) + (P_L \cdot X_L) + C + E]}{Q_W}$$

$$(3-19)$$

式中，RV_W 为水的边际价值（元/m³）；$Y \cdot P_Y$ 为产出的总价值（元）；X 和 P 为所有其他要素的投入量和价格（t/hm²，元/t）；Q_W 为用水量（m³）。

构建农业生产投入产出函数的一般表达式

$$Y = f(M_s, M_f, M_h, M_m, M_l, M_{ld}, M_w) \tag{3-20}$$

式中，Y 为种植业总产出（kg/亩）；M_s 为种子投入量（kg/亩）；M_f 为化肥投入量（kg/亩）；M_h 为农药投入量（kg/亩）；M_m 为机械投入量（元/亩）；M_l 为劳动投入量（工日/亩）；M_{ld} 为土地投入量（标准化为 1 亩）；M_w 为单位面积灌溉水量（m³/亩）。

如果假定技术因素不变，根据生产总值计算方法，上式可以转换为

$$Y \times P_y = (P_s \times M_s) + (P_f \times M_f) + (P_h \times M_h) + (P_m \times M_m)$$
$$+ (P_l \times M_l) + (P_{ld} \times M_{ld}) + (RV_w \times M_w) \tag{3-21}$$

式中，P_y 为产出作物的市场价格；$Y \times P_y$ 为单位面积的总产值；i 为不同要素投入，根据假设，投入要素 M_i 的边际价值用市场价格 P_i 表示。因此，$P_i \times M_i$ 为投入要素 M_i 的机会成本。由于水资源作为一种准公共物品，其市场价格无法直接得到，以 RV_w 表示其边际价值 P_w，此时，总产值$(Y \times P_y)$ 扣除各项非水成本投入$(\sum_i P_i M_i)$后得到的值$(Y \times P_y - \sum_i P_i M_i)$，可视为农业生产中单位面积的水经济价值$(RV_w \times M_w)$

$$RV_w \times M_w = (Y \times P_y) - [(P_s \times M_s) + (P_f \times M_f) + (P_h \times M_h)$$
$$+ (P_m \times M_m) + (P_l \times M_l) + (P_{ld} \times M_{ld})] \tag{3-22}$$

因此，得到水的经济价值 RV_w 计算公式为

$$RV_w = \frac{Y \times P_y - \sum_i P_i M_i}{M_w} \tag{3-23}$$

RVM 法优点在于可以用于评估无法从市场获得合理定价的要素的价值，但在实际运用过程中还存在两个方面的局限性：第一，当本应分配给其他投入的回报被分配到水时会

出现水价被高估的情况（Young，2005），这也可能会发生在由于数据的限制使得任何投入（可变或固定成本）被略去的情况；第二，从该方法的计算原理来看，变量的选择关注单一变量，忽略了要素之间的关联性。RVM 法既能避免生产函数法中函数设定的误差，也能克服选择试验法中农户主观认知偏差的影响，近年来在国际上得到了广泛的应用。RVM 法适用于水资源为关键生产要素的农业水价研究（王西琴等，2020b）。

3.3.3　再生水企业自主定价法

再生水企业自主定价法，即再生水生产企业在综合考虑市场需求及其供水成本之后确定最优价格的定价方法，是市场定价的一种形式。考虑再生水作为自来水替代品以及无需垄断管制的特点，基于成本与需求综合考虑的再生水自主定价模型（段涛，2014）。自主定价的基本思路是：给定现行自来水价，确定用户对再生水的保留价格，分别计算在各种水价下对用户供水的收入和成本、供水总利润，找出总利润最大时的再生水价格，该价格即为再生水自主定价的最优价格。

具体步骤如下。

（1）计算再生水总需求量。若第 k 个潜在用户对再生水的保留价格不小于该再生水价，则该用户使用再生水，将该用户的需求量计入再生水的累计需求量；若其保留价格小于该再生水价，则该用户选择不使用再生水，故其需求量不计入。由该累加过程得到有 n 个潜在用户时的总需求量。

（2）计算供水企业的总利润。若第 k 个潜在用户使用再生水，且供水企业供水的收入不小于供水成本，则将对该用户的供水量计入有 k 个用户的累计供水量 q_k，对该用户的供水利润计入供水总利润；反之，则不向该用户供水，故不计入供水总利润。由该累加过程得到有 n 个潜在用户时的供水总利润。

（3）确定最优水价。取一定范围内的若干个再生水价，分别计算上述潜在用户对应的供水利润。总的供水利润为最大时的再生水价为再生水自主定价的价格。

针对不同的用户类别，设定居民生活用水、工业用水、商业用水以及特种行业用水等不同的价格标准。将上述用户类别依次标记为第 1 类，第 2 类，…，第 m 类，则再生水价格标准亦可按上述用户类别逐一求算，第 1 类，第 2 类，…，第 m 类用户的最优再生水价为 P_{11}，P_{12}，…，P_{1m}。

由于再生水的特点，企业自主定价需要有以下假设。

假设 1：水质无差异。再生水用于市政、工业冷却、生活杂用等方面时，用户认为其与自来水相比是无差异的，即不考虑用户对再生水颜色、气味、盐分等方面的偏好以及使用再生水的心理作用。

假设 2：专用性投资的永久性假设。用户在选择使用再生水时，需由用户自己承担一定的专用性投资费用（设备、管线、转换成本等），假设该专用性投资为无限寿命的永久性投资。

用户使用再生水与自来水的费用的计算公式为

$$PC_1 = S_0 + P_1 Q / i \qquad (3\text{-}24)$$

$$PC_2 = P_2 Q / i \qquad (3\text{-}25)$$

式中，PC_1 为用户使用再生水的费用（元）；S_0 为用户使用再生水需要承担的专用性投资费用（元）；P_1 为再生水价格（元/m³）；Q 为由再生水替代的自来水的年需求量（m³）；i 为折现率（%）；PC_2 为用户使用自来水的费用（元）；P_2 为自来水价格（元/m³）。

（1）计算用户愿意支付的价格。如果使用再生水的费用小于使用自来水的费用，即仅当 $PC_1 \leqslant PC_2$ 时，该用户才有使用再生水的意向。由 $PC_1 \leqslant PC_2$ 可以得到再生水保留价格（愿意支付的最大价格），公式为

$$P_1 \leqslant P_2 - i S_0 / Q \qquad (3\text{-}26)$$

假设再生水潜在用户有 n 个，其可由再生水替代的年用水需求量分别为 Q_1，Q_2，…，Q_n，且有相同的自来水价格和折现率。则对于第 k 名用户愿意使用再生水

$$P_1 \leqslant P_2 - i S_{0k} / Q_k \qquad (3\text{-}27)$$

$$P_{1k} = P_2 - i S_{0k} / Q_k \qquad (3\text{-}28)$$

式中，S_{0k} 为用户 k 使用再生水需要承担的专用性投资费用；P_{1k} 为用户 k 对再生水的保留价格（愿意支付的最大价格）。这里忽略因使用再生水节约成本所造成的需求量 Q_k 的变动。

（2）计算再生水供水成本。设某再生水工程有 n 个潜在用户，对于用户 k（$k = 1$，2，…，n），其使用再生水时需自己承担的专用性投资费用为 S_{0k}，其可由再生水替代的年用水需求量为 Q_k；再生水生产企业为该用户供水的成本为

$$TC_k = r F_k + c Q_k \qquad (3\text{-}29)$$

式中，TC_k 为供水成本（元）；r 为折旧率（%）；F_k 为用户 k 供水所需的管线、设备等固定投资（元）；$r F_k$ 为固定投资的年折旧额（元）；c 为再生水的单位深度处理成本（元/m³）；Q_k 为第 k 个用户的可由再生水替代的年用水需求量（m³）。

（3）计算利润。根据企业获得的再生水水费、投资成本、再生水制水成本，计算供水企业利润，公式为

$$\pi_k = P_1 Q_k - r F_k - c Q_k \qquad P_1 > P_{1k} \text{ 时取 } 0 \qquad (3\text{-}30)$$

式中，P_1 为再生水价格（元/m³）；Q_k 为用户 k 的可由再生水替代的年用水需求量（m³）；$r F_k$ 为固定投资的年折旧额（元）；c 为再生水的单位深度处理成本（元/m³）。

（4）确定最优再生水价。选择企业利润最大的用户对应的再生水保留价格，作为再生水最优价格。

上述确定方法是不考虑水质差异的自主定价方法，需要的参数有：再生水替代自来水量、用户使用再生水所需专用性设备费用、实际执行的自来水水价和再生水水价、再生水企业生产再生水的专用投资，以及再生水制水单价。如果考虑水质差异，则需要知道再生水水质评分和水质偏好。企业自主定价方法需要参数与数据来源见表 3-2。

表 3-2　企业自主定价方法需要参数与数据来源

参数	含义	单位	数据来源
P_1	再生水价格	元/m³	经验数据、实地调研

参数	含义	单位	数据来源
P_2	自来水价格	元/m³	统计数据、官方网站
S_{0k}	用户 k 使用再生水需要承担的专用性投资费用	元	调研
Q_k	用户 k 的可用再生水替代的年用水需求量	m³	调研
i	折现率	%	经验值，一般取10%
r	折旧率	%	经验值，一般取5%～6%
F_k	用户 k 供水所需的管线、设备等固定投资	元	调研
c	再生水的单位深度处理成本	元/m³	经验值，调研
ΔS	水质差异	—	$\Delta S = S_2$（自来水质量）$-S_1$（再生水质量）
θ	用户对水质偏好	—	调研

注：只有当考虑水质差异时，才需要水质差异 ΔS 和用户对水质偏好 θ 这两个参数

3.4 考虑供需方的再生水合作博弈定价方法

再生水生产方（简称供水方）与再生水使用方（简称用户）不仅表现为一种供需关系，同时也体现了两者之间的合作关系，供水方通过向用户提供再生水获得利益，用水方使用再生水代替自来水节省了水费，获得了利益。基于合作博弈方法确定再生水水价，是将再生水供水方与用户看作是一种合作关系。沙普利值是合作博弈中最典型的一种分派方式解，它以局中人在合作博弈中的边际效益的平均值作为分配依据，沙普利值等于在各种可能的联盟次序下，参与者对联盟的边际贡献之和除以各种可能的联盟组合。这种分配方式能够实现帕累托最优、对称性和可加性。采用沙普利值进行利益分配的具体表述如下

$$\varphi_i(v) = \sum_{(S \subseteq N)} \frac{(|S|-1)!\,(n-|S|)!}{n!} [v(S) - V(S - \{i\})] \tag{3-31}$$

式中，$\varphi_i(v)$ 为联盟某成员 i 所应分得的利益；n 为参与合作的用户；$v(S)$ 为联盟 S 的总收益；$|S|$ 为联盟 S 中的成员数；$[v(S)-V(S-\{i\})]$ 为联盟 S 中的某个成员 i 对联盟的贡献利益。

采用沙普利值得出供水方与用户的利益分配表达式，并由此推导出再生水合理定价的计算公式。建立供水方与用户利益模型。

假定用（M, 1, 2, 3, …, n）表示供水方与用户的联盟，其中 M 代表供水方，1，2，3，…，n 代表参与合作的用户，M 所获得利益可以用式（3-32）表示

$$l_M = (d - c) \sum_{i=1}^{n} x_i \tag{3-32}$$

式中，l_M 为供水方（M）所获得利益（元）；d 为再生水定价（元/m³）；c 为再生水成本（元/m³）；x_i 为用户 i 的日用水量（m³）。用户 i 所获得的利益可以用式（3-33）表示

$$l_i = (p - d)x_i \tag{3-33}$$

式中，l_i 为用户 i 所获得的利益（元）；p 为用户 i 以前所用水的水价，即自来水水价（元 /m³）。

在再生水既定成本下，通过合作博弈定价模型求解再生水价，由供水方和用户使用再生水得到的利益求得

$$\varphi_i(V) = \frac{1}{2}(p - c)x_i = l_i = (p - d)x_i$$

$$\varphi_M = \frac{1}{2}(p - c)\sum_{i=1}^{n} x_i = l_M = (d - c)\sum_{i=1}^{n} x_i \tag{3-34}$$

式中，φ_i 为用户 i 的沙普利值；p 为自来水水价（元/m³）；c 为再生水成本（元/m³），x_i 为用户 i 的日用水量（m³）；l_i 为用户 i 所获得利益（元）；d 为再生水水价（元/m³）；φ_M 为供水方的沙普利值；l_M 为供水方 M 所获得利益（元）。

根据上述分析，再生水的合理定价应该使供水方 M 所获得的利益 l_M 与供水方的沙普利值 φ_M 相等、用户 i 所获得的利益 l_i 与用户的沙普利值 φ_i 相等。

由 $l_M = (d - c)\sum_{i=1}^{n} x_i = \varphi_M$ 解得

$$l_i = (p - d)x_i = \varphi_i$$

$$d = \frac{p + c}{2} \tag{3-35}$$

式中，l_M 为供水方 M 所获得利益（元）；l_i 为用户 i 所获得利益（元）；p 为用户以前所用水的水价，即自来水水价（元/m³）；c 为再生水成本（元/m³）；d 为再生水水价（元/m³）；合作博弈定价方法需要的参数及其数据来源见表3-3。

表 3-3 合作博弈定价方法需要的参数及其数据来源

参数	含义	单位	数据来源
p	自来水水价	元/m³	统计数据、官方网站
c	再生水成本	元/m³	经验数据、调研数据

3.5　其他方法

3.5.1　比价关系方法

比价关系指在商品和商品、货币与货币之间存在的一种价格比例关系，水价的比价关系主要是指将水作为一种商品供给时，不同类型供用水价格的比例关系，再生水作为自来水的替代品，两者之间存在着必然的比价关系，比价关系是否合理是影响两者之间竞争利用关系的重要因素。再生水与自来水之间的比价关系可以表示为

$$P_a = \eta \times P_o \qquad (3\text{-}36)$$

式中，P_a 为再生水价格（元/m³）；η 为比价系数；P_o 为自来水价格（元/m³）。

再生水利用初期阶段，比价系数相对较低，随着再生水水质的不断提高和对再生水认识的提高，比价关系随之升高，且根据再生水水质、再生水用水户不同，比价系数有所差异。从实践看，我国当前再生水价格介于自来水价格的 20%～50%，发达国家的比价关系相对较高，达到 80%～90%。如果想提高对再生水利用和目标客户的政策引导，就需要拉开再生水与自来水价格的差距。

比价关系由消费自来水带来的效用和管网成本决定，假设两个生产厂商均为理性经济人，追求利润最大化，对其利润函数求导可以解得厂商最优决策的自来水和再生水的市场均衡价格，运用 Hotelling 线性模型建立再生水与自来水之间的比价关系模型，得出自来水价格和再生水价格的定价，表示为式（3-36）（韩思茹，2015）

$$P_A^* = \frac{1}{3}\big[\,1 + (1 - \gamma)u + t + 2(1 - \beta)C_{管}\,\big]$$

$$P_B^* = \frac{1}{3}\big[\,2 - (1 - \gamma)u - t + (1 - \beta)C_{管}\,\big] \qquad (3\text{-}37)$$

式中，P_A^* 为自来水价格（元/m³）；P_B^* 为再生水价格（元/m³）；γ 为替代系数；t 为消费者对水质的主观偏好系数；u 为水资源的客观功用；β 为输水管网共用度；$C_{管}$ 为管网成本（元）。

当再生水进入市场与自来水进行竞争并达到均衡时，再生水的价格取决于以下因素：①替代系数 γ 越大，再生水的价格越高；γ 越小，再生水的价格越低。②消费者对水质的主观偏好系数 t 越大，再生水的价格越低；t 越小，再生水的价格越高。③水资源的客观功用 u 越大，再生水价格越低，此结论建立在 $0 \leq \gamma < 1$ 的基础上。④输水管网共用度 β 越大，再生水价格越低；β 越小，再生水价格越高。⑤管网成本 $C_{管}$ 越大，再生水的价格越高；$C_{管}$ 越小，再生水的价格越低。

针对用水户对再生水水质偏好问题，假设两种极端前提条件：①用水户对水质的主观偏好系数为 1，即消费者认为自来水和再生水的水质相同；②用水户对水质的主观偏好系数为 0，即消费者认为自来水和再生水的水质完全不同。上述两种前提下的再生水管网和自来水管网完全不可共用，即 $\beta = 0$。

上述前提下，假设两种情景。

第一种情景。替代系数 $\gamma = 1$。在可以使用再生水的用水消费中，如洗车、景观用水等，再生水完全和自来水没有区别，可知在可使用再生水的领域，再生水与自来水具有完全的替代性。消费者对水质的主观偏好系数 $t = 1$。此时，自来水和再生水价格之比可以表示为

$$\frac{p_A}{p_B} = \frac{\dfrac{1}{3}(1 + 1 + 2C_{管})}{\dfrac{1}{3}(2 - 1 + C_{管})} = \frac{2}{1} \qquad (3\text{-}38)$$

公式中符号同前。在再生水与自来水完全可替代的领域，再生水价格是自来水价格的

一半，只有这样才能促进再生水的利用。

第二种情景。替代系数 $\gamma = 0$，再生水完全不能由自来水替代，其他前提假设相同，此时，自来水和再生水价格之比为

$$\frac{p_A}{p_B} = \frac{\frac{1}{3}(2 + u + 2C_{管})}{\frac{1}{3}(1 - u + C_{管})} = \frac{2(1 + C_{管}) + u}{1 + C_{管} - u} \tag{3-39}$$

公式中符号同前。再生水价格与自来水价格的比价关系由水资源的客观功用和管网成本决定。水资源的客观功用越大，再生水价格越低。如果不考虑管网成本，假定 $C_{管} = 0$，且水资源的客观功用 $u = 0$，则再生水价格是自来水价格的 1/2。

第一种情景下，自来水与再生水完全替代，再生水价为自来水的 1/2；在第二种情景下，如果假定 $C_{管} = 0$ 且水资源的客观功用 $u = 0$，则再生水价格是自来水价格的 1/2。然而，上述两种极端情况在现实中并不存在，自来水与再生水不能完全替代，且消费水资源的客观功用不会为零，可见，从再生水与自来水的产品差异化竞争价格来看，再生水价不应高于自来水价的 1/2。

再生水作为替代水源，其价格不可能超过其所替代的自来水，在再生水利用初期，受再生水利用规模限制，再生水的单位供水成本较高。为了促使用户使用再生水，再生水价格相对较低，可能暂时还达不到供水成本，这时需要政府公共财政进行补贴。再生水利用初期，再生水价格上限建议为自来水的 20%~30%。这一时期由于再生水利用量较少，需要政府进行一定程度的补贴。随着再生水替代比例提高，单位生产成本会降低，此时再生水价格空间上限可以在 30% 自来水价格的基础上提高。当再生水使用得到全社会认可，再生水生产形成规模时，再生水价格与自来水价格逐渐靠近，高于自来水价格的 50%。

再生水与自来水的比价关系是动态变化的。当再生水利用达到一定规模和覆盖范围时，市场机制作用逐渐显现，政府补贴等行为逐步弱化，再生水与自来水的比价关系将会逐渐缩小。

3.5.2 多目标规划法

目标规划是数学规划中的一种方法，分为单目标规划和多目标规划，用来解决在 N 个目标下如何最大限度地发挥现有资源等问题。运用多目标优化模型，首先需要确定优化目标、约束条件，然后构建优化模型，接着选择适当的优化方法对优化模型进行求解，得出可行的方案集，最后通过对比分析，选择最优的优化方案。灌溉水经济价值的核算使用多目标规划法相比于生产函数法和剩余价值方法来说，可以实现对多个约束条件下不同情景的灌溉水价的计算，因此在针对经济、社会、环境等多方面内容进行研究时，多目标规划法具有优势。

多目标规划法在进行水资源经济价值计算时，通过设定数学模型，并加入多个目标的约束条件，利用拉格朗日等求解方法，找出对应目标下的最优用水量或最优水价。因此，通过使用多目标规划法，可以在不同情景下分析水价与水量之间的弹性关系、水价与收入

的弹性关系等，通过该方法可以得到不同水价对应的水量需求，从而找到弹性拐点，确定合理的水价调整范围，也可以得到不同水价对应的农户收入，从而得到收入可接受条件下的水价。同时，可以设定不同情景，得到不同变化条件情景下的合理的水价调整范围。这是多目标规划法相较于其他水价计算方法最突出的优点之一，现有文献在进行情景研究设计时，可能会涉及以下几个方面的内容，通过设计用水效率、供水保障程度、农产品价格、用水结构变化等，设计单一情景或者组合情景。其中，用水效率采用灌溉技术表征，如喷灌、滴灌占比，或采用灌溉水利用系数表征，分别以现状灌溉技术、现状水利用系数为基础，设计上述两种情况的变化范围。分别设计不同水文年、不同季节的供水保障程度，确定供水保障程度的范围。采用地表水与地下水比例表征供（用）水结构的变化，以及两者的合理比例范围。同时，可以选择和确定研究区主要农作物，依据现状价格设计主要农作物价格的变化幅度，从而得到不同农作物的水价，这对于分类制定农业水价具有实际可操作性。

3.6 方法的优缺点比较

3.6.1 农业水价定价方法比较

农业水价定价方法包括完全成本定价方法、农户承受指数方法、生产函数方法、多目标规划方法、RVM 方法、支付意愿调查方法等，上述方法各有其优点和不足（表 3-4）。完全成本定价方法充分考虑了水资源的资源价值和环境价值，但在实际应用中缺乏环境成本的有效计算方法，常以当地污水处理费用作为环境成本，忽视水资源生态成本。农户承受指数方法操作性较高，比例系数通过参照可获得性高，但难以实现对节水行为有效激励，随着农户灌溉用水效率提高，该方法将导致单位用水成本提高。

表 3-4 农业水价计算方法比较

方法	基本原理	优点	缺点
完全成本定价方法	以资源进入人类社会产生的经济、生态完全成本作为定价依据，完全成本具体包括资源成本、工程成本、环境成本	相较于工程成本定价方法，完全成本定价方法充分考虑了水资源的资源价值和环境价值	缺乏环境成本的有效计算方法，常以污水处理费用作为环境成本
农户承受指数方法	以农户承受能力作为定价依据，分别以用水成本占农业生产总支出比例、用水成本占农业生产总收入比例进行定价	该方法操作性较高，比例系数通过参照可获得性高	难以实现对节水行为的有效激励，随着农户灌溉用水效率提高，该方法将导致单位用水成本提高
生产函数方法	生产函数方法通过构建各生产要素同产出的函数关系，进而从经济效益中分离水资源要素带来的纯收益，并将其作为定价依据	生产函数方法测算单一要素的生产贡献具有系统的理论和方法应用，且较容易操作，数据可获得性高	受既定函数类型限制，具有不适应性

续表

方法	基本原理	优点	缺点
多目标规划方法	该方法利用数学规划工具，确定优化目标、约束条件求解不同情景下最优水价	可以实现对多个约束条件下不同情景的灌溉水价的计算，在需要综合考虑经济、社会、环境等的研究中，多目标规划法具有一定的优势	需要确定明确的政策目标以及复杂的约束条件，测算结果缺乏精确性
RVM 方法	计算单位土地上的总产出，减去其他非水投入的成本，从而可以剥离出水资源的经济产出总量，进而得到单位水资源经济价值	实用性强，适用于水资源作为主要投入要素的行业	当本应分配给其他投入的回报被分配给水时会出现水价被高估的情况，因此对数据质量要求较高
支付意愿法	通过假定情景获取个人对资源的支付意愿偏好，以获得环境资源的总支付意愿或价格	考虑了主观支付意愿	容易造成计算结果偏差偏低

生产函数方法应用较为广泛，因为它允许规划者识别优化一个水市场内买方和卖方的总福利的价格。但是其假设条件及应用过于严格，限制了该方法的使用，也有学者认为该方法并不适合用于估计水的经济价值，一方面是因为存在负的水资源经济输出，违背了模型假设，另一方面即使水资源的经济产出弹性为正，但是由于节水技术的贡献和用水结构的优化未能包含在函数模型中，该方法往往低估了水的经济价值。

多目标规划方法可以实现对多个约束条件下不同情景的灌溉水价的计算，需要确定明确的政策目标以及复杂的约束条件，同时由于模型使用宏观数据，测算结果精确性相对较低。近年来国际上主流计算水资源经济价值的各方法都面临着相应的挑战，存在着不同程度的问题。随着数据可获得性的提高，一些定价模型在我国开始逐渐得到应用，尽管水资源经济价值计算公认最科学的方法是基于对市场行为者的研究与调查，但是在我国由于市场失灵的存在，水由政府统一提供，该方法难以适用于农业领域，尤其是小农领域的研究。

RVM 方法的出现为农业用水经济价值计算开拓了新的思路，目前国内研究还停留在对这一方法理论概念的介绍上，实践应用较少。

支付意愿调查的条件价值评估方法可解决非使用价值以及各属性的隐含价值难以估计的问题，更多地考虑了利益相关群体的主观支付意愿。但是该方法存在假设偏差、信息偏差、设计偏差等，水费作为农户生产成本的投入，农户给出的水价支付意愿往往偏低。

3.6.2 工业水价定价方法比较

工业水价定价方法包括平均成本定价方法、边际成本定价方法、边际机会成本定价方法、完全成本定价方法、工业水价承受指数方法等（表 3-5）。平均成本定价方法是目前我国使用最广泛，也是消费者比较容易接受的城市供水定价方法。另外，平均成本定价方法的有效性受信息充分程度的影响，信息不完全性可能会导致供水企业不能选择成本最小化的最佳技术，从而导致低效率。与平均成本定价方法相比，边际成本定价方法更重视经济效率的实现。

表 3-5　工业水价定价方法比较

方法	基本原理	优点	缺点
平均成本定价方法	供水企业供水的平均成本	应用最广泛，消费者较易接受	①主观成分过大，且在平均成本分摊过程中，往往需要依赖于操作人员的经验；②根据历史资料确定供水成本，不能反映现在和将来的市场变化
边际成本定价方法	供水企业供水的边际成本	更重视经济效率的实现	①主要依据供水过程中产生的生产成本，忽略了水资源价值；②会导致平均成本高于边际成本，从而造成供水企业长期亏损
边际机会成本方法	边际机会成本表示由社会所承担的水资源消耗的费用，包括边际生产成本、边际使用成本和边际外部成本	考虑到资源使用所付出的环境代价以及后人或者受害者的利益	①应用困难；②替代选择多样性
完全成本定价方法	以资源进入人类社会产生的经济、生态完全成本作为定价依据，完全成本具体包括资源成本、工程成本、环境成本	相较于工程成本定价方法，完全成本定价方法充分考虑了水资源的资源价值和环境价值	缺乏环境成本的有效计算方法，常以污水处理费用作为环境成本
工业水费承受指数方法	水费占工业产值的比例，并结合万元工业产值用水量综合确定	考虑工业企业（行业）的水费承受能力	未体现供水成本

边际成本定价方法在经济学理论上是确定经济价值的首选，但是由于现实中的市场，特别是水市场，并不是一个完全竞争市场，且水资源具有较大的外部性，因此该方法的前提假设很难满足。

工业水价承受指数方法，从用水者角度出发，将水费与工业产值进行对比，以一定的标准与万元工业产值用水量为约束，确定工业水价。优点是考虑了用水企业（行业）的水费承受能力，缺点是未体现供水成本。

3.6.3　再生水定价方法比较

再生水定价方法目前没有达成一致，基于学者角度探讨的方法包括成本定价方法、比价关系方法、再生水企业自主定价方法、合作博弈定价方法等，不同方法需要参数不同，有其一定的适用范围（表 3-6）。基于成本定价确定再生水价格，方法相对简单，具有直观和实用的特点，容易被再生水企业接受，也是再生水定价中最常用的一种定价方法。然而，由于再生水制水的成本相差较大，由政府制定统一价格时，由于成本的差异而带来一定的难度，同时，由于各企业关于再生水生产成本信息需要调研获得，部分成本难以准确量化，对成本的估计往往只能是粗略估算。

表3-6　再生水定价方法比较及其适用性

方法	优点	缺点	适用范围
成本定价方法	简单、易于操作	需要投资、运行、管理等费用，不利于统一定价	再生水定价的基础，适用于再生水利用的后期阶段
比价关系方法	体现了再生水与自来水的替代关系	考虑用户对水质的偏好	适合于再生水利用的前期阶段，当自来水的价格高于再生水制水成本时，不适合
再生水企业自主定价方法	考虑市场的需求，体现再生水利用的供需动态变化，鼓励企业降低成本，减少政府补贴	参数较多，如再生水需求量、制水成本等	适用于再生水使用的前期阶段，适用于工业再生水用户
合作博弈定价方法	考虑自来水与再生水的竞争关系、供需双方利益，参数较少	需要再生水制水成本	适合再生水利用的前期阶段
支付意愿方法	反映用户的经济和心理承受能力	不是一种精确的方法，受到被调查者的态度、心理状况以及调查者的水平、调查技术等因素的制约，调查的结果往往与实际有较大偏差	作为再生水利用前期阶段定价的参考

成本定价方法关注再生水企业的利益，忽视了再生水为自来水替代品这一本质属性，即用户的需求因素，因此，在再生水使用的初级阶段实施比较困难，水价也往往超出用户承受能力。此外，成本定价存在的一大问题就是通常缺乏经济效率，如果将全部成本分配到价格中，生产企业就会缺乏最大程度上降低全部成本的动力。因此，它可能不选择最适宜的工艺技术，或者不选择有效率的产出水平。由于再生水的制水成本相差较大，故在由政府制定统一价格时，往往会引起争议。

比价关系方法简单，需要参数少，目前是我国普遍采用的方法。由于城市再生水的主要用途是替代自来水，所以在确定再生水的价格时应当以自来水的价格为参照，考虑再生水与自来水之间应有一个合理的差价，政府有关部门按照自来水价的一定比例作为再生水价格。这种定价方式考虑了再生水与自来水之间的替代关系，有利于再生水的推广，尤其是在部分城市的特种行业，再生水因具有价格优势而得到应用。

再生水企业自主定价方法是由再生水企业以自来水价格为基础，在综合考虑需求与成本的基础上做出的最优定价，可作为再生水定价的一种实用方法。再生水自主定价强调市场调研的重要作用，并要求根据对市场信息的准确把握来科学地制定价格及生产运营计划，这无疑增加了定价工作中调查获取信息的工作量。但是，目前国内的低利润公用事业企业往往将更多的注意力集中于如何得到政府补贴上，而忽视在现有条件下如何获得最大利润这一问题。

当再生水生产企业自主定价时，政府可通过补贴与税收政策的灵活变动，来调控企业的利润率，使其保持在合理的范围之内。由于自主定价能使再生水企业在现有需求状况与自来水价的条件下获得尽可能大的利润，因此政府在财力有限的情况下，需要向企业提供的补贴相对较小，这符合目前我国的国情。但在水价上涨到一定程度时，政府有必要采取一定程度的价格管制，直至完全政府管制定价。因此，自主定价一般只适用于再生水回用的前期阶段，此时再生水需求较小，人们对其认识与接受程度有限，同时自来水价格较低，而提供再生水的服务成本又相对较高。

合作博弈定价方法从供需双方利益分配角度出发，充分考虑了自来水与再生水之间的竞争关系。需要的参数是再生水制水成本、自来水水价，再生水成本的差异限制了合作博弈定价方法计算结果的精确性。

综上，成本定价方法具有简单、易于操作的优点，但是其参数涉及投资、运行、管理等费用，不利于统一定价，适合于景观环境用水的定价、再生水利用的后期阶段。比价关系方法体现了再生水与自来水的替代关系，但是需要考虑用户对水质的偏好，适合于再生水利用的前期阶段。再生水企业自主定价方法考虑了市场需求、供需变化的特点，但是需要的参数较多，适合于再生水使用的前期阶段，适用工业再生水用户。合作博弈定价方法考虑了再生水与自来水的竞争关系，参数较少，但是需要再生水制水成本等参数，适合于工业用再生水。支付意愿方法反映用户的承受能力，但是往往受调查结果的影响与实际偏差较大，可以作为再生水利用前期阶段的定价方法。

3.7 京津冀地区水价核算方法

京津冀地区水价核定包括工业水价、农业水价、居民用水水价、再生水水价等，根据计算方法的特点及其数据可获得性，采用成本定价方法计算再生水水价，采用水费承受指数方法计算工业水价、农业水价、居民用水水价等，采用 RVM 法计算农业水价，采用支付意愿调查方法计算农业水价、工业用再生水水价，采用合作博弈定价方法、比价关系方法计算再生水水价。具体见表 3-7。

表 3-7　京津冀地区采用的水价核算方法

方法	应用情况	具体描述
成本定价方法	再生水水价	采用成本定价方法计算北京、天津再生水水价
水费承受指数方法	工业水价 农业水价 居民生活用水水价	采用水费支出系数方法计算北京、天津居民生活水价，通过采用工业水费占生产产值比例的水费承受指数计算工业水价，通过采用农业生产总值、农业生产成本、农业净收益三个指标的水费承受指数计算河北调研地区农业水价
RVM 方法	农业水价	计算河北地下水调研地区农业水价
支付意愿调查方法	农业水价 工业用再生水水价	计算河北调研地区农业水价、天津滨海新区工业用再生水水价
比价关系方法	再生水水价	计算北京、天津再生水水价
合作博弈定价方法	再生水水价	计算北京、天津再生水水价

第4章 | 再生水利用与定价理论框架

本章对再生水利用的依据进行总结和分析，界定再生水概念，给出再生水的内涵及其特点，论述再生水利用的四个阶段，对再生水利用途径进行分类，对再生水定价的影响因素进行论证，提出再生水定价的原则与定价程序。

4.1 再生水利用的依据

为解决日趋严重的缺水问题，许多国家和地区把再生水列为"城市第二水源"。我国对再生水的研究和利用起步较晚，20世纪80年代末，我国北方城市出现"水危机"后，污水再生利用的相关研究开始受到重视。2002年《中华人民共和国水法》提出污水处理再利用，第二十三条："地方各级人民政府应当结合本地区水资源的实际情况，按照地表水与地下水统一调度开发、开源与节流相结合、节流优先和污水处理再利用的原则，合理组织开发、综合利用水资源"。该条款明确提出了水资源综合开发利用应考虑再生水利用。第二十四条规定："在水资源短缺的地区，国家鼓励对雨水和微咸水的收集、开发、利用和对海水的利用、淡化"。第五十二条规定："城市人民政府应当因地制宜采取有效措施，推广节水型生活用水器具，降低城市供水管网漏失率，提高生活用水效率；加强城市污水集中处理，鼓励使用再生水，提高污水再生利用率"。《中华人民共和国循环经济促进法》(2018年)，第二十七条规定："国家鼓励和支持使用再生水。在有条件使用再生水的地区，限制或者禁止将自来水作为城市道路清扫、城市绿化和景观用水使用"。

我国《国家中长期科学和技术发展规划纲要(2006—2020年)》提出，重点研究开发污水、雨洪资源化利用技术和海水预处理技术。《水污染防治行动计划》("水十条")指出加强非常规水源的开发利用是水资源短缺现状下的必然之举。

2019年，国家发展和改革委员会、水利部印发的《国家节水行动方案》提出，支持企业开展节水技术改造及再生水回用改造，重点企业要定期开展水平衡测试、用水审计及水效对标。提升再生水利用水平，鼓励构建城镇良性水循环系统。洗车、高尔夫球场、人工滑雪场等特种行业积极推广循环用水技术、设备与工艺，优先利用再生水、雨水等非常规水源。《关于推进污水资源化利用的指导意见》(发改环资〔2021〕13号)指出到2025年，全国污水收集效能显著提升，县城及城市污水处理能力基本满足当地经济社会发展需要，水环境敏感地区污水处理基本实现提标升级；全国地级及以上缺水城市再生水利用率达到25%以上，京津冀地区达到35%以上。

天津市水务局于2020年9月30日颁布了《天津市再生水利用管理办法》，其中第十九条规定："使用再生水的用户必须按照规定缴纳再生水水费"。中共北京市委生态文明建设委员会印发的《北京市节水行动实施方案》（2020年10月）指出，"洗车、高尔夫球场等积极推广循环用水技术、设备与工艺，优先利用再生水、雨水等非常规水源""加大园林绿化非常规水利用。加大再生水、雨洪水、河湖水利用的推广力度，加强集雨型绿地建设，研究利用绿地、林地等地下空间建设雨水、再生水灌溉储水池的可行性，园林绿化用水逐步退出自来水及地下水灌溉"。再生水利用能促进多个利益相关者共同参与到城市再生水和供水系统的规划中，并形成科学合理的可持续城市水污水资源化系统，成为新时期解决国家水资源短缺、改善水生态环境的战略性举措。

4.2 再生水概念与特点

4.2.1 概念

美国环保局制定的《污水再生利用指南》对再生水（Water Reuse）的定义为"市政污水通过各种处理工艺使其满足特定的水标准，可以被有益利用的水"。

我国《城市污水再生利用工业用水水质标准》（GB/T 19923–2005）、《城市污水再生利用景观环境用水水质》（GB/T 18921–2019），对再生水的定义为：城市污水经适当再生工艺处理后，达到一定水质标准，满足某种使用功能要求，可以进行有益使用的水。

《城镇污水再生利用工程设计规范》（GB 50335—2016）给出的定义为：污水再生是对污水采用物理、化学、生物等方法进行净化，使水质达到利用要求的过程。

《天津市再生水利用管理办法》（天津市水务局，2020年9月30日颁布），对再生水的定义：是指污水经再生工艺处理后达到不同水质标准，满足相应使用功能，可以进行使用的非饮用水，包括污水处理厂达标再生水和深处理再生水。该定义明确区别了不同深度处理的再生水。

综上，本书对再生水的定义为：再生水指污水经过处理后达到不同水质标准，满足不同用途，可以再次使用的水。

再生水按处理工艺和质量的不同，可以分为一级、二级、三级再生水，不同等级的再生水可以满足不同用途用户的需求。

4.2.2 特点

再生水作为一种替代水源，与天然的地表水资源相比，具有稳定可靠、就地可取的优点，不受降水、地理位置等自然条件的限制。与天然水资源相比，再生水的主要缺点是水质问题。天然水资源的水质通常不经处理就能满足不同的用水部门，而再生水是经深度处理后达到一定水质标准的水，其颜色、气味、盐度等均是影响用户使用的因素。因此，为了使再生水能够用于不同的用途，其必须符合用水部门对水质的技术标准、环境和卫生质量要求。

再生水的特点表现在以下几个方面。

1. 提供稳定可靠水资源

再生水直接回用相当于提供新的水源，其最大的特点是不存在水权争议，不受季节性和年际变化等气候条件的影响，它的"水量"不仅在年内相对稳定，而且在年际稳定，是稳定可靠的水源。从而为农业灌溉、城市绿化等用水提供可靠稳定的水资源，特别是对于我国干旱、半干旱地区而言，再生水的利用可以解决农作物生长需水与降水反季节性问题。

2. 有利于水生态系统服务功能的恢复与提高

受人类干扰的河流、湖泊等天然水系，其存留的水已经不是天然的水资源，而是由天然水资源与经济社会系统的回归水组成的混合体，再生水是经过深度处理达到一定水质标准的水源，可用于生态系统的补水，如再生水回归河流生态系统，可以增加环境流量，特别是在干旱季节，可以使天然河道水量增加、流速增快，减少水的停留时间，从而减少藻类暴发的可能性，提高水体净化的功能，恢复和提高河流生态系统服务功能。

3. 多次重复利用，补充水资源

再生水作为水资源综合管理的一部分，可以多年蓄水，多次重复利用。通过减少或消除废水直排、增加河道流量等，以补充干涸的河流。再生水排放到河道缺水地区，可以减少上下游之间水量、水质的冲突问题，上游增加的再生水将流入下游，用于河岸景观、公园的灌溉、农作物的灌溉以及其他用途，在一定程度上缓解水资源短缺问题，补充水源。

4. 用于农业灌溉，减少对营养物的需求

利用再生水灌溉可以减少农业生产对营养物的需求，这是因为再生水水体中的养分和有机物可以替代农田施肥，同时达到节水和减少化肥施用的双重功效。以色列农业用再生水价格为 0.240 ~ 0.310 美元/m³，施用再生水灌溉可以节省的化肥量为 0.05 ~ 0.07 美元/m³（Haruvy，1998）。

5. 不符合标准再生水可能导致环境问题

使用不符合标准的再生水灌溉可能导致土壤生态系统退化、水体富营养化，再生水喷灌导致空气中微生物数量增加等问题。

综上，再生水同时具有正面和负面的特点，其中最突出的优点是水源稳定，负面的影响主要来源于水质，因此，再生水水质必须达到用户标准的要求。

4.3 再生水利用概况

4.3.1 再生水利用的四个阶段

再生水水源是社会经济系统水循环后的污水经过深度处理的水,对再生水的认识和利用随着水资源的短缺,以及污水处理技术水平的提升而不断提高和发展变化。纵观污水资源综合利用历程,大致可以划分为以下四个阶段。

第一阶段,原始阶段。这一阶段的污水未被人类重复利用。人类对水资源的开发利用程度低,社会经济系统排放到河流的废水及其污染物未引起水质的变化,即排入自然水体的污染物未超过水环境容量,水体通过对污染物的稀释、净化等作用,使得自然系统保持良性水循环,水体未被污染,未受污染的河水最终流入大海。

第二阶段,传统废水处理阶段。相比第一阶段,人类对水资源的开发利用程度逐渐提高,从未受污染的河段抽取河水用于城市用水,废水排放量、污染物浓度提高,如果直接将废水及其污染物排入自然水体就会引起水质的变化,即排入自然水体的污染物超过水环境容量。因此,废水需要经过初步处理后再排入河段,以缓解污染的严重程度。然而,一方面处理后的污染物浓度超过河流水质目标的浓度,另一方面随着时间的推移,污染物不断累积,最终导致自然水体被污染,导致被污染的河水流入海洋。

第三阶段,废水重复利用阶段。随着水资源稀缺性问题的出现,人类开始认识到水资源重复利用可以减少对新鲜水量的需求,从而缓解水资源的供需矛盾。因此,对于经济社会系统的废水,不仅仅是通过处理后直接排入自然水体,而是有两种去向,一部分废水经处理后重复利用,即用于城市的水经过废水处理后,继续保留在社会经济系统重复利用,如用于工业内部回用或者城市杂用等,另一部分直接排入自然水体最终流入海洋。

第四阶段,再生水利用阶段。从自然水体抽取水用于城市用水,经过污水处理厂深度处理或者再生水厂处理后,达到一定的水质标准,大部分被城市系统再利用,如用于城市杂用、城市景观与绿化、工业冷却水等,少部分作为生态补水进入自然水体如河流、湖泊、湿地等,这部分混合后的河水一部分用于沿岸农业灌溉,一部分用于补充干涸河段,最终排入海洋。

可见,人类对水资源的利用在经历了原始阶段、传统废水处理阶段、废水重复利用阶段后,才进入再生水利用阶段。再生水利用阶段关注的重点是如何提高再生水的利用率,而利用率的提高与国家激励政策、水资源稀缺程度、再生水的定价、再生水水质、使用者对再生水的认知等有关。缺水是公众接受将再生水用于相关用途的决定性因素,再生水水质是决定再生水用于不同用途的关键。因此,政府制定相关的政策或者奖励制度,以及分类、分质、合理的再生水水价政策等,均有利于再生水的利用。

4.3.2 国际再生水利用

近年来，世界上多个国家都逐渐制定了与再生水利用有关的政策，欧盟委员会发布欧洲水回用法规［Regulation（EU）2020/741］首次将再生水最低要求写进了欧洲法规。美国、日本、以色列等国的再生水利用时间较早且技术比较成熟，再生水水质标准要求高，并且已经广泛应用于城市景观、农业、工业等。其中，美国、以色列的再生水多用于农业灌溉，日本再生水多用于城市景观、河道等（Angelakisa and Bontouxc，2001）。随着上述国家关于再生水利用的相关政策的颁布，再生水的利用不断得到重视，并在城市景观、农业灌溉、工业、地下水回灌、特殊行业等用水方面发挥着积极的作用（表4-1）。

表4-1 国外再生水利用情况

国家	再生水使用途径	再生水开始使用的时间	特点
美国	农业和城市绿地灌溉	20世纪60年代	各州自行制定再生水回用标准
日本	城市景观、河道、工业用水、融雪和卫生间	20世纪70年代	普遍采用饮用水系统和再生水系统的双管供水系统
以色列	农业灌溉、地下水回灌等	20世纪50年代	再生水利用率高，国家补贴再生水用于农业灌溉
澳大利亚	农业灌溉、河湖景观水体补充、公共设施等	2000年	再生水利用已成为可持续水政策的关键组成部分
葡萄牙	果园、葡萄园和高尔夫球场灌溉	1990年	再生水看作干旱年潜在的灌溉水资源
西班牙	高尔夫球场灌溉、农业灌溉、地下水补给、河流流量增加	—	再生水利用与水资源规划相结合

1. 以色列

以色列降水量少，水资源匮乏，60%地区属于干旱或半干旱气候。因此，以色列对再生水的利用较早。1953年，以色列制定了污水回用标准，将污水回用作为重要的内容纳入水政策管理。1972年之后，以色列将再生水利用作为国家一项重要的政策，开始较大规模地利用再生水，再生水的利用量从1985年的1.1亿 m³增加到2012年4.2亿 m³，2020年以色列再生水利用量达到6亿 m³，污水回用率达到70%以上，污水回用量占水资源供应量的20%，污水再生利用使全国95%的人口受益。以色列再生水主要应用于农业灌溉、地下水回灌等方面。目前，以色列几乎全部的生活污水和72%的城市污水得到了回用。以色列全国有200多个污水回用工程，规模最小的为27m³/d，最大的为20万 m³/d，其中42%的再生水用于农业灌溉、30%用于地下水回灌，其余用于工业及市政建设等。以色列政府对再生水用于农业灌溉实施补贴政策，如对再生水运输、蓄水及提高水质方面给予资金补贴。

2. 美国

美国从 20 世纪 60 年代开始对污水进行利用，60 年代之后对污水回用工程设施进行大规模兴建，提高了污水处理能力，并对相应的工艺技术进行研究，提高污水处理水质，推进污水再生利用。根据美国环保局调查，1990 年美国再生水利用量为 $3.6 \times 10^6 \, \text{m}^3/\text{d}$，到 2000 年再生水利用量达到 $1.84 \times 10^7 \, \text{m}^3/\text{d}$，10 年的时间再生水的生产能力增加了 4 倍之多。1992 年美国环保局颁布《污水再生利用指南》，其内容包括污水处理技术、水质、用途、融资、公众参与等，为美国再生水的利用提供指导。之后 26 个州颁布了再生水利用的相关政策，这些州主要集中在人口密集地区。为加强再生水利用，上述各州制定了适用于本区域的标准条例，15 个州颁布了相应的再生水利用指南与规范，并出台相应的再生水标准，并且根据再生水利用的不同用途，制定不同的再生水水质标准。美国再生水主要用于农业和绿地灌溉等。对美国公众的再生水使用进行了第二次全国调查的结果表明，美国超过 70% 的受访者支持使用再生水，并认为再生水适合用于草坪、菜园浇水等，58% 的受访者支持使用居民家庭非饮用水（Glick et al.，2019）。

3. 日本

随着经济和工业的迅速发展，日本对水资源的需求急剧增加，水资源短缺逐渐加重，为缓解水资源压力，日本对再生水利用高度重视，于 20 世纪 70 年代开始利用再生水，20 世纪 80 年代，东京利用再生水恢复了河流水环境，1985～1996 年利用再生水恢复了 150 多条城市河道的景观功能，市区河道污染严重的局面得到了根本性的扭转。截至 2007 年，日本再生水厂数量共计 464 座，再生水利用量达到 20 284 万 m^3/a，主要用于城市景观、河道、工业用水、融雪和卫生间等。日本再生水利用模式主要有单独循环模式、地区循环模式、广域循环模式 3 种模式。处理工艺主要是二级出水+快速砂滤+氯消毒，根据不同用途以及地域差异，在此基础上添加臭氧、生物膜、活性氮等其他处理工艺，保证再生水水质达到不同用途的标准要求。

4. 澳大利亚

澳大利亚再生水利用已成为可持续水政策的关键组成部分，2000 年悉尼奥运会启用城市水回用方案，该方案采用超滤技术进行深度的水处理，再生水不仅用于悉尼奥林匹克公园的居民区、商业区和运动场地，而且用于农业灌溉、河湖景观水体补充等。昆士兰州政府（2004）、西澳大利亚州政府（2003 年）、维多利亚州政府（2002 年）等均出台了水循环利用目标的相关政策，旨在促进再生水的利用。目前，澳大利亚再生水重点关注的是居民非饮用水的使用，包括通过新住宅区的双水源配置，有利于再生水用于冲厕、浇花和洗车等，以及用于公共区域景观用水。澳大利亚居民使用再生水用于园区绿化，占再生水用水量的 50% 以上（Coghlan and Higgs，2003）。

5. 其他国家

英国利用再生水补充河流水量，以维持河流流量和保护生态系统，特别是在南部和东部地区，此外，英国将再生水用于高尔夫球场草地的维护，以及城市公园、商业洗车、工业冷却水等。

瑞典再生水主要用于农业灌溉，农民使用低于自来水水价的再生水，降低了灌溉成本，增加了收入。

法国长期以来利用再生水灌溉农作物，其是城市污水处理后再利用的重要途径。20世纪90年代初，污水回用得到提高，主要是由于集约化农业的发展，特别是法国西南部和巴黎地区，以及严重干旱造成的地下水位下降，使得再生水利用不断得到重视。1991年，法国发布了《作物和绿地灌溉废水处理后再利用卫生指南》，再生水的用途扩展到园艺作物、果园水果、谷类作物、树木种植园和森林、草原、花园和高尔夫球场等。

葡萄牙将再生水看作一种潜在的灌溉水资源，再生水可以满足干旱年份灌溉用水的10%左右。再生水其他用途包括果园、葡萄园和高尔夫球场灌溉等。

西班牙公布了一项新的国家水资源计划，该计划有利于将处理后的废水重新用于灌溉。西班牙再生水用于不同的用途：高尔夫球场灌溉、农业灌溉、地下水补给（特别是防止海水入侵沿海含水层）和河流流量增加。

4.3.3 我国再生水利用现状

我国自20世纪80年代以来，随着人口数量和城市规模的不断增加，以及各部门用水竞争矛盾的日益激化，城市污水集中处理、再生水的处理和循环利用逐渐得到重视。"六五"计划期间（1981~1985年），青岛、大连进行再生水使用试点，这是较早的对再生水使用的尝试。根据青岛的试验结果，大连开始对废水进行重复利用。1985年，在水污染防治的背景下，北方地区，如天津、泰安、西安和太原等地开始废水再处理后的利用。与此同时，国家重点研发计划的三个项目涉及污水使用以及污水回用技术，这些项目促进了我国污水回用技术的发展。然而，由于公众对再生水的接受程度低，全国污水回用的大环境尚未形成，再生水利用未得到重视，在国家和地方水资源管理规划中，再生水没有作为水资源配置的内容。

2000年以来，为满足城市日益增长的用水需求，许多城市开始建立和发展城市污水回用系统，政策逐渐向再生水领域倾斜，同时，对再生水的相关研究也逐渐展开，从而促进了再生水的使用。石家庄、西安、深圳、青岛等严重缺水的地区，开始利用再生水对景观环境用水进行不同程度的补充。例如，石家庄桥西污水厂将再生水排入民心河西线和沿线的公园，高峰用水量约1万 m^3/d；西安北石桥污水再生利用工程为公园湖泊和绿化提供用水，湖水更换一次约节约30万 m^3 自来水；北京经过多年探索和建设，排水和再生水处理利用初步形成体系；天津纪庄子再生水厂作为全国污水回用的试点项目，于2002年底建成并投入运营，标志着天津污水再生利用开始进入实质性的利用阶段。随着国家再生水利用相关政策的出台，再生水已经成为水资源管理中长期的重要战略，各城市宜因地制宜地规划再生水回用。

再生水主要用于城市杂用、环境用水和工业用水，很少用于农田灌溉。2016年我国再生水利用量为 52.99 亿 m³，其中景观环境（包括用于娱乐性景观环境、观赏性景观环境、湿地环境等）32.56 亿 m³、工业（包括冷却、洗涤、锅炉和工艺产品用水等）14.31 亿 m³、农林牧业 2.48 亿 m³、城市非饮用（包括园林绿化、冲厕、街道清扫、消防、车辆冲洗、建筑施工等）3.23 亿 m³、地下水源补充 0.41 亿 m³，所占比例分别为 61.45%、27.01%、4.67%、6.10%、0.77%。全国再生水利用量从 2010 年的 2.76×10^9 m³ 增加到 2018 年的 7.35×10^9 m³，再生水利用尤其在缺水地区具有很大的发展空间。

4.4 再生水利用途径分类

如前文所述，再生水可用于不同的用途，各个国家根据其自身特点表现出一定的差异。综合现有再生水利用特点，本书将再生水利用分为两大类，然后在此基础上进一步划分具体的用途。按照大类划分：第一类用于自然生态系统，如地表水、地下水的生态补水，以及景观环境用水等，这一类再生水的利用路径是回归自然系统，并参与自然水循环过程，最终汇入大海（表 4-2）。其中，①地表生态系统补水。补充河流、湖泊、自然湿地的用水，包括修复河流、自然湿地、野生动物保护区、河岸栖息地等的生态补水。②地下水补水。通过地下水回灌，用于地下水源补给、防止海水入侵、防治地面沉降等。③景观环境用水。景观环境用水进一步划分为观赏性景观环境用水、娱乐性景观用水和湿地用水。

表 4-2 再生水用途分类

序号	分类	范围	示例
1	生态补水	河流、湖泊	修复河流、自然湿地、野生动物保护区、河岸栖息地等的用水
		地下水	地下水回补
2	景观环境用水	娱乐性景观用水	不设娱乐设施的景观河道、景观湖泊、观赏性景观用水
		观赏性景观用水	设有娱乐设施的景观河道、景观湖泊、娱乐性景观用水
		湿地用水	人工湿地
3	城市杂用水	市政用水	道路清扫、消防、城市绿化、消防、公共绿地
		杂用水	车辆冲洗、建筑施工、公共建筑与住宅小区绿化、居民住宅的冲洗厕所用水等
4	工业用水	直接用水	冷却用水、洗涤用水
		间接用水	锅炉补给水、工艺用水、产品用水
5	农业用水	种植业	农业灌溉用水
		其他	林业、牧业、渔业

第二类用于经济社会系统，具体包括工业用水、城市杂用水、农业灌溉用水等，这些再生水参与人工水循环过程，在经济社会系统内部重复利用。其中，①工业用水，包括工业冷

却用水、洗涤用水、锅炉用水、工艺用水、产品用水等；②城市杂用水，包括车辆冲洗、城市绿化、道路清扫、建筑施工等用水；③用于农业用水，包括农业灌溉用水、林业、牧业、渔业用水等。

4.4.1　用于自然生态系统

1. 生态补水

再生水作为生态补水进入天然水系统，以修复河流、自然湿地、野生动物保护区、河岸栖息地等为目标，调节栖息地以保护珍稀、濒危物种，使生态系统功能恢复到一定程度。同时，改善水体的水质，增加自然系统水量，扩大水环境容量，增强净化能力。作为地下水的补充防止地面沉降，将水从地面输送到地下含水层中，与地下水一起作为新的水源开发利用。依据当地的水文地质、地形、水文和土地利用情况等条件，选择合适的地下水回灌地点和方法。地下水回灌对再生水水质要求较高，需严格控制污染物质指标的限值。

2. 景观环境用水

再生水用于景观环境用水，是根据缺水城市对于水环境的需要而发展起来的一种再生水利用的方式，景观水体包括人工湖泊、景观池塘、人工小溪、城市河段、人工湿地等。

观赏性景观环境用水是指人体非直接接触的景观环境用水，包括不设娱乐设施的景观河道、景观湖泊及其他观赏性景观用水，可全部或部分由再生水补给；娱乐性景观环境用水是指人体非全身性接触的景观环境用水，包括设有娱乐设施的景观河道、景观湖泊及其他娱乐性景观用水，可全部或部分由再生水补给；湿地用水主要用于恢复自然湿地、营造人工湿地，确保再生水利用项目的文化景观功能。

再生水回用于景观水体，首先要在感官上给人舒适的感觉，水体清澈、透明度高，不出现浑浊、富营养化以及黑臭现象；其次要考虑对人体及生态环境可能造成的影响，不能含有对皮肤有害的物质；再次要考虑再生水的颜色、气味等，再生水水质达到景观用水的水质标准。

4.4.2　用于经济社会系统

1. 城市杂用水

随着城市发展和人民生活水平不断提高，家庭卫生设备不断升级，绿化面积不断增加，使城市绿化用水、冲厕用水、道路清扫用水、车辆清洗用水、建筑施工用水、消防用水等城市非饮用水水量增加，加剧了城市水资源供需矛盾。城市非饮用水水量相对较大、水质要求相对较低，再生水回用于城市非饮用水可以替代大量的优质水，符合城市"优质优用，低质低用"的用水原则，对于开发第二水源缓解缺水城市水资源供需矛盾、促进城市可持续发展具有重要意义。

2. 工业用水

长期以来我国大部分工业企业以饮用水作为工业冷却水，与城市生活用水等存在竞争关系，再生水用于工业，不仅可以缓解工业用水的不足，还能改善城市用水紧张和短缺的状况。根据工业生产的特点，工业用再生水可分为直接用水和间接用水，前者水质要求主要考虑防腐和防垢的问题，目前工业用再生水主要行业是对水质要求较低的工业冷却用水。再生水用于工业的水质标准分为两大类：一类是冷却用水和洗涤用水，水质达标后可以直接使用；另一类是锅炉补给水、工艺用水与产品用水。在现有的再生水处理工艺条件下，再生水用于冷却用水和洗涤用水已有大量的应用实践。在工业用水中，循环冷却水可占到总用水量的 60%～80%。因此，将再生水用于工业循环冷却水可以为企业提供更加廉价、可靠且安全的水源，降低工业企业的用水成本。

3. 农业用水

再生水在满足灌溉水质标准的情况下可用于农业灌溉，再生水中含有的氮、磷等营养元素可为作物提供肥料，从而减少对其他化肥等肥料的依赖，减少化肥的使用以及化肥污染。因此，再生水用于农业可以同时兼顾节水减排以及减少化肥施用量的功效。目前在农业用水中，再生水大多用于种植业灌溉，其次用于林业、牧业、渔业以及农村牲畜饮水等。

4.5 再生水定价影响因素

城市污水经净化处理转化为再生水并应用于不同用水部门，具有商品水的特点，然而，正如前文所述，再生水是经过处理后达到一定标准的水，因此，对再生水价格的制定，一方面可以参考自来水定价，考虑其生产成本，另一方面还应综合考虑再生水本身的特点、不同的用户等因素。其定价的主要影响因素主要有以下几个方面。

1. 自来水价

再生水作为自来水的替代品，其价格与自来水价有密切的关系，自来水价格越高，再生水与自来水的价格差越大，再生水价格越有优势，用户对再生水的需求量越大。反之，如果自来水价格较低，为了获得市场，增加需求，再生水价格要更低，使得再生水利润空间随之降低。因此，再生水水价随自来水价格的变化而呈现动态特征。

2. 供求关系

任何商品的价格都受到供求关系的影响，再生水价格的高低同样受再生水产品供求平衡状况的制约。再生水资源作为一种特殊的商品，价格的波动遵循一般价值规律的变化特征，其价格由再生水价值决定，并受到再生水供求关系的影响，围绕价值上下波动。在再生水市场，再生水的供给量大于再生水的需求量时，再生水的价格就会下降；反之，当再生水的供给量小于再生水的需求量时，再生水的价格会随之提高；当再生水价格发生波动时，会引起再生水供需状况发生变动，在彼此互相影响下，再生水供需关系逐渐趋于缓和，且再生水的价格和价值也逐渐趋于一致。

3. 用户的支付意愿与能力

再生水资源能否得到大规模的推广以及再生水市场能否发展壮大，主要取决于再生水资源是否有足够的用户支持，再生水价格制定是否合理在很大程度上决定了用户是否使用再生水资源。因此，基于用水户角度，再生水水价的制定需要重视用户对再生水水价的承受能力，包括用水户对于不同再生水水质的承受能力，区别制定分水质再生水水价。

4. 再生水水质

不同用途对于再生水水质标准的要求不同，不同标准的再生水的处理成本有所差异，再生水水质标准的要求越高，制水成本越高，再生水价格随之增加。因此，再生水水价受水质标准的影响。

5. 政策因素

供水事业普遍具有公益性，政府为城市供水事业支付大量的财政补贴，实行供水国家补贴政策。如果政府对再生水工程采用鼓励和扶持政策，就会直接降低再生水的供水成本，使得再生水在价格上更具有竞争优势。在水资源匮乏的局面下，再生水资源的开发利用不仅有效地缓解了我国水资源短缺的局面，同时也促进了我国污水回收事业的发展，这都是再生水的正外部性的体现。合理的再生水价格也应该能够很好地反映其外部效果，会促使再生水的外部效果向内部转化，向内部转化的途径有多种方式，但对于准公共商品而言，准公共商品的外部性问题很难通过市场机制进行调节，因此，政府参与很重要。如果再生水企业的制水成本高于用户的心理接受能力和经济承受能力，政府可以给予适当的财政补贴，促进再生水利用。

按照我国《中华人民共和国价格法》，对于公益性、垄断性较强的城市污水再生事业，由于密切关系社会、环境整体质量和群众切身利益，政府必须对其价格进行调控和监管，而通过市场资本取得的特许经营权则不包含定价权，但享有定价建议权。同时，不同区域发展水平、污水再生利用情况各不相同，必须正确处理政府监管权限，将适当的权限赋予地方政府，由地方政府根据实际情况对建议定价的适用范围、价格水平，按照规定的权限和程序进行调查、调整。1998 年国家计划委员会和建设部颁布出台《城市供水价格管理办法》后，水价调整审批权已经由中央政府下放到地方政府，同时建立了听证会制度，充分重视公众参与，管制部门通过价格听证会，可以掌握公众对再生水的支付意愿，并更有效地实现对相关部门收费行为的监督。

4.6　再生水价格制定原则与思路

4.6.1　制定原则

制定再生水价格，应综合考虑再生水系统和整个水价体系两个方面。再生水价格的制定应符合我国现行水价确定的基本原则。在制定再生水价格时应体现区域性、行业差别化、水质差别化等特点，遵循因地制宜、分水质、分用水户的原则。

1. 成本回收和合理利润原则

保证再生水工程建设投资及生产成本的回收，以保证企业投入产出平衡。利润的驱动是行业发展必不可少的因素，因为行业要想发展，除了满足现行生产发展的需要，还要有足够的资本积累保证企业的扩大再生产。因此，需遵循成本回收和合理利润原则。

2. 用户承受能力原则

承受能力包括心理承受能力和经济承受能力。经济承受能力受到社会经济发展水平的制约，如果再生水的价格高于用户的承受程度，用户就会放弃使用再生水。企业在保证利润的同时，还要考虑用户的承受能力。经济承受能力也会影响心理承受能力，此外心理承受能力还受到再生水水质的影响。对水质的顾虑也降低了人们对水价的心理承受能力。因此，再生水水价制定需特别重视用户的承受能力，特别是在再生水利用的初级阶段，用户承受能力是需要重点考虑的内容。

3. 区域差异定价原则

再生水供给具有很强的区域性，即使在同一地区，由于再生水厂与用户之间的距离差异，再生水的成本并不一致，同时各区域的经济发展水平、水资源短缺等的差异，决定了再生水价格制定需要遵循区域差异定价原则。

4. 分质定价原则

由于再生水工程本身具有特殊性，其工艺、规模、再生水水源、出水水质等因素有所不同，如一级 RO（reverse osmosis，反渗透）和二级 RO 的水质、生产成本差异明显，不同水质的再生水适合于不同的用水户或者生产环节，因此，制定再生水分质水价是必须遵循的原则。

5. 根据用水户特点定价原则

如 4.4 节所述，再生水用于不同的用水部门，这些用水部门对再生水水质的要求差异较大，且再生水被使用后产生的经济效益和环境效益有较大的差异，因此，根据用水户特点确定再生水水价，以提高再生水的利用率。

4.6.2 定价思路与技术路线

目前我国再生水定价尚未形成统一的定价体系，相关的理论与方法尚未成熟，大多是政府宏观指导，参考自来水水价进行定价，再生水水价地区差异明显。在总结已有研究基础上，针对再生水的特点，以及再生水在不同地区的用途差异，从理论角度提出本研究再生水定价的定价思路与理论框架。再生水定价技术路线如图 4-1 所示。

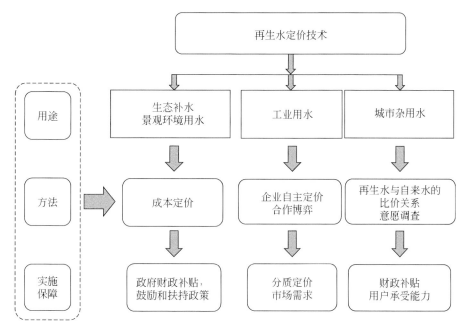

图 4-1 再生水定价技术路线

（1）界定再生水内涵，并给出再生水的特点。

（2）再生水用途的分类，根据自然生态系统和经济社会系统分为两大类，在此基础上进一步划分，为分类定价提供基础。

（3）归纳总结再生水定价方法，总结其优点与不足，并给出适用范围和条件，为再生水研究提供方法指导。

（4）选择方法。根据再生水不同用途、再生水用水户的特点，以及参数的可获取性，选择合适的计算方法，并给出不同计算方法的主要参数，以及参数的数据来源。

（5）计算再生水水价，得到不同用途的再生水水价。

（6）提出保障措施。从政府补贴、市场需求、支付意愿和承受能力等角度，提出再生水激励机制和政策建议，以保障再生水水价的实施。

不同用途再生水定价方法及其需要的主要参数。

（1）城市杂用再生水水价。

城市杂用再生水水价采用比价关系确定，需要的参数：现状自来水水价、现状再生水水价、支付意愿等。

（2）工业再生水水价。

工业再生水水价采用企业自主定价或者合作博弈方法定价。需要的参数：再生水厂投资成本、运行管理成本、再生水厂利润、使用再生水企业再生水现状水价、企业成本、收益、水资源税在成本中占比、再生水在企业中占比、工业再生水供需关系等，并需要综合考虑市场对再生水的供需关系。

（3）生态补水或景观环境用水再生水水价。

生态补水或景观环境用再生水采用成本定价方法，需要的参数：再生水厂生产再生水成本、景观再生水使用地区距离再生水厂的距离、再生水水质、景观再生水水质等。由于生态补水或者景观环境用再生水属于公共用水，需要通过政府财政补贴予以保障。

4.7 定价程序

再生水定价必须从实际出发，以现状再生水水价、现状自来水水价为基础，根据使用途径及其特点，综合考虑污水处理运营主体的利益、同行业的相关情况、用户支付意愿等。再生水定价涉及主体包括再生水生产者、再生水用户、价格主管部门等，因此，需要综合考虑各方利益，分析再生水水价的合理性和可行性，明确实施过程中存在的制约因素，以保障再生水的实施（图4-2）。

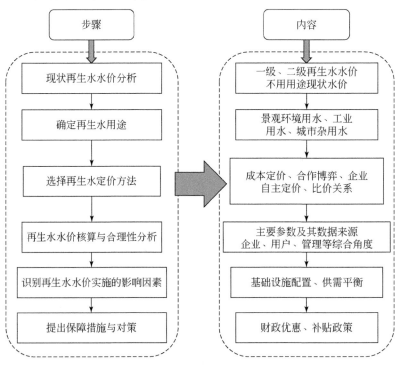

图4-2 再生水水价制定程序

1. 现状再生水水价分析

对现状再生水水价进行调研和评估，并与现状自来水水价进行对比分析，确定再生水与自来水的比价关系，对再生水水价进行评估，包括一级、二级再生水水价，以及不同用途再生水水价的分析。

2. 确定再生水用途

分析研究区水资源特点、供用水结构，以及再生水利用现状，在此基础上，判断现状与未来再生水用水大户，确定再生水用水途径，以及再生水用水户的特点，为选择定量核算方法提供基础。

3. 选择再生水定价方法

根据再生水用途及其特点，依据数据可获得性等，选择适用于不同用途的再生水的计算方法，并给出计算方法的原理、所需要的参数以及数据来源。

4. 再生水水价核算与合理性分析

采用已经选择的定价方法，对再生水水价进行计算，确定再生水定价方案，并与现状再生水水价进行对比，从再生水生产企业、用水户、政府管理等角度，综合分析再生水水价的合理性和可行性。

5. 识别再生水水价实施的影响因素

基于再生水配置、再生水管理等，对再生水水价实施的影响因素进行分析，揭示关键的制约因素，并将其作为再生水制定考虑的因素。

6. 提出保障措施与对策

针对再生水水价实施的影响因素，分别从再生水生产基础设施建设、再生水与自来水价格体系、再生水使用的优惠政策、再生水补贴等角度，提出相应保障措施与改进对策，以保障再生水在实际中的实施和应用。

4.8 京津冀地区再生水研究思路

依据上述理论方法与技术路线，开展实践应用研究，以京津冀地区的北京、天津为例，结合北京、天津再生水利用的特征，重点对景观环境用水、工业用水、城市杂用水等的再生水水价进行研究（图 4-3）。针对上述再生水用途，依据 3.7 节选择的定价方法，分别选用成本定价、合作博弈、再生水与自来水的比价关系等方法，对再生水水价进行计算。以天津滨海新区工业再生水为例，采用意愿调查法、比价关系与工业水费承受指数相结合的方法，确定一级 RO 和二级 RO 等不同水质的再生水水价。

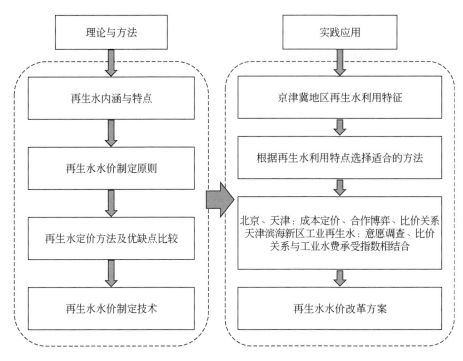

图 4-3　京津地区再生水研究思路与内容

　　将计算获得的再生水水价与现状再生水水价相比较，分析再生水水价的合理性和可行性，给出再生水水价改革方案，并分析再生水水价改革存在的主要障碍因素，提出保障措施与政策建议。

|第 5 章| 京津冀地区居民生活水价改革方案与政策建议

本章分析京津冀地区现状城市居民用水量以及现状水价，计算现状居民生活水水费支出系数，基于阶梯用水量标准与水费支出系数等指标，设计四种水价改革情景，给出四种情景的水价改革方案，建立居民用水需求价格函数，计算水价改革方案节水减排量，提出水价改革的保障措施与政策建议。

5.1　居民水价改革依据

5.1.1　改革依据

1998 年《城市供水价格管理办法》做出了将递增型阶梯水价作为城市居民生活水价（以下简称居民水价）改革的重要政策选择。2000 年 10 月，国家发展计划委员会与水利部、建设部印发了《关于改革水价促进节约用水的指导意见》，提出"适时推进阶梯式水价和两部制水价制度，促进节约用水"。2002 年 4 月，国家发展计划委员会、财政部、建设部、水利部、国家环保总局等联合发出了《关于进一步推进城市供水价格改革工作的通知》，强调"全国各省辖市以上城市应当创造条件在 2003 年底以前对城市居民生活用水实行阶梯式计量水价，其他城市也要争取在 2005 年底之前实行"。2013 年 12 月，国家发展和改革委员会、住房和城乡建设部联合发出了《关于加快建立完善城镇居民用水阶梯价格制度的指导意见》，提出到 2015 年底前所有设市城市原则上要全面实行居民阶梯水价制度，水价阶梯设置应不少于三级。

2015 年 10 月国务院发布了《推进价格机制改革的若干意见》（中发〔2015〕28 号），进一步提出了要坚持市场决定，放管结合，改革创新，稳步推进的原则，创新公用事业和公益性服务价格管理，区分基本和非基本需求。2017 年国家发展和改革委员会颁布了《关于全面深化价格机制改革的意见》（发改价格〔2017〕1941 号），提出要进一步理顺城市供水价格，到 2020 年基本建立以"准许成本+合理收益"为核心的政府定价制度，成为深化城市供水价格改革的基础和方向。2018 年，国家发展和改革委员会提出了《关于创新和完善促进绿色发展价格机制的意见》，旨在建立充分反映供水成本、激励提升供水质量的价格形成和动态调整机制，给水价改革带来机遇。2019 年国家发展和改革委员会和水利部联合印发的《国家节水行动方案》强调了体制机制改革，包括全面深化水价改革等核心要素。

在此背景下，北京、天津、河北分别出台相关文件，以保障水价改革在实践中的推行。北京市人民政府发布的《关于全面推进节水型社会建设的意见》（京政发〔2016〕7号）指出，充分发挥经济杠杆促进作用，严格执行非居民用水超定额、超计划累进加价政策和特殊行业用水水价政策，全面落实居民用水阶梯水价政策，研究调整水资源费征收标准。天津市人民政府发布的《关于印发天津市水污染防治工作方案的通知》（津政发〔2015〕37号）指出，加快推进水价改革，积极落实《国家发展改革委住房城乡建设部关于加快建立完善城镇居民用水阶梯价格制度的指导意见》（发改价格〔2013〕2676号），2015年11月1日起，全面实行居民阶梯水价制度。2014年，河北省发展和改革委员会、河北省住房和城乡建设厅关于印发《河北省加快建立完善城镇居民用水阶梯水价制度的实施意见》（以下简称《意见》）的通知，提出阶梯水量设置三级，第一阶梯水量基数保障居民基本生活用水；第二阶梯水量基数体现改善和提高居民生活质量的合理用水；超出第二阶梯水量的部分为第三阶梯水量基数，且第一、二、三阶梯水价级差按 1：1.5：3 的比例制定。根据此《意见》，第二、三阶梯水价直接通过水价级差关系确定。《意见》明确提出阶梯水量设置三阶，第一阶梯基础水量每户每月用水量不超过 10m³；第二阶梯基础水量每户每月用水量不超过 15m³；超过第二阶梯水量的部分为第三阶梯用水。这些政策性文件成为水价改革的依据，也为水价改革指明了方向。

5.1.2 改革特点

在上述文件的指导下，我国结束了长期以来以单一水价为主的居民水价，从2014年开始全面实施居民生活用水阶梯水价，阶梯用水量分为三级标准，全国各省（自治区、直辖市）根据经济发展水平、居民收入、水资源条件等，制定不同的阶梯水量标准。纵观我国居民生活水价改革历程，其呈现以下几个特点。

1. 从单一水价到阶梯水价

我国在实施阶梯水价之前经历了长期的单一水价的历史过程。单一水价模式，是指用水量的消费支出与水价格成正比，采用固定的单位水价来计算水费，以及对于每一单位的用水采用相同单价进行收费，是我国采用时间最长的定价方式。虽然单一水价对居民的用水行为产生一定抑制作用，但是也表现出其局限，单一水价的不足表现为如果水价因水资源短缺等原因上升，则对于低收入人群的福利造成损失，从而产生不公平现象。单一水价未能实现水价对节水的杠杆作用，不利于节水激励行为。

2014年，我国开始实施居民用水阶梯水价，将用水量划分为两档标准、三个阶梯水价，不同地区阶梯用水量标准不同，收费方式为阶梯计量收费。阶梯水价在制约居民用水节水行为的同时，在一定程度保证用水福利在高收入人群和低收入人群之间的公平性。《国家发展改革委住房城乡建设部关于加快建立完善城镇居民用水阶梯价格制度的指导意见》对于阶梯水价设计的原则是：①保障基本需求。区分基本需求和非基本需求，保持居民基本生活用水价格相对稳定；对非基本用水需求，价格要反映水资源稀缺程度。②促进公平负担。居民生活用水价格总体上要逐步反映供水成本，并兼顾不同收入居民的承受能力，多用水多负担。③坚持因地制宜。根据各地水资源禀赋状况、经济社会发展水平、居民生活用水习惯等因素，制定符合实际、确保实效的居民阶梯水价制度。

2. 单一水费到多元水费构成

我国现行的水价体系由水资源费、水利工程供水费、城市供水费、污水处理费四个部分构成。水资源费是目前供水生产成本中以货币形式衡量天然水资源价值的表现方式，实际上并没有完全真实、客观地反映出天然水资源的价值。水利工程供水费是将天然水引到城市供水工程的费用，我国城市化的发展和水资源分布不均的国情使得就近水源无法满足城市的需求量，一些地区需要通过水利工程进行跨区域调水，增加了水利工程费用。城市供水费是指城市自来水供水工程对水进行净化并输送到用水户的费用。污水处理费是对居民用水的排水处理费用，污水处理费早期征收仅针对工业企业，1996 年发布的《中华人民共和国水污染防治法》为所有用户征收污水处理费提供了法律依据。2013 年国家发展和改革委员会制定了《关于制定和调整污水处理收费标准等有关问题的通知》，明确提出，到 2016 年要求设市居民的污水处理费标准不低于 0.5 元/t，非居民不低于 1.4 元/t。至此，我国城市供水的水费构成由过去的单一水费转变为多元水费，由水资源费、水利工程供水费、城市供水费、污水处理费等多元水费构成。

5.2 城市居民用水量

5.2.1 北京

随着城市人口数量的增加，北京居民用水量呈现逐渐上升趋势。2010 年北京居民总用水量约为 10.76 亿 m³，2018 年居民总用水量增加到 13.50 亿 m³，增长 25.46%。在总用水量中，城市居民用水量占比由 2000 年的 32% 增加到 2018 年的 47%，成为用水大户。按照《城市居民生活用水量标准》（GB/T 50331—2002），我国城市居民日人均生活用水量节约型为 0.109m³，折算为年人均生活用水量为 39.77m³，由表 5-1 可以看出，2013 ~ 2018 年，北京居民年人均用水量皆高于国家节约型用水量标准，高出范围介于 23.41 ~ 32.76m³（表 5-1）。

表 5-1 北京居民生活用水与国家节约型用水标准比较

年份	生活用水 /亿 t	用水人口 /万人	日人均生活用水量 /L	年人均生活用水量 /m³ （A）	节约型用水标准 /m³ （B）	差值=A−B /m³
2013	13.11	1825.10	196.85	71.85	39.77	32.08
2014	12.72	1859.00	187.52	68.44	39.77	28.67
2015	12.60	1877.70	183.81	67.09	39.77	27.32

续表

年份	生活用水 /亿t	用水人口 /万人	日人均生活用水量 /L	年人均生活用水量 /m³ (A)	节约型用水标准 /m³ (B)	差值=A-B /m³
2016	13.20	2088.45	173.10	63.18	39.77	23.41
2017	12.88	1876.60	188.01	68.62	39.77	28.85
2018	13.50	1863.40	198.70	72.53	39.77	32.76

注：生活用水、用水人口和人均日生活用水量数据来源于2013～2018年《中国统计年鉴》

　　按照我国阶梯用水量标准的制定原则，居民用水阶梯水价基本方案为：第一阶梯用水量原则上按覆盖80%居民家庭用户的月均用水量确定，保障居民基本生活用水需求，第三阶梯用水量原则上按覆盖95%居民家庭用户的月均用水量确定，体现改善和提高居民生活质量的合理用水需求，第一、二、三阶梯水价按不低于1∶1.5∶3的比例。如果按照北京平均每户家庭人口数2.56人（《中国人口和就业统计年鉴（2018）》计算，结果显示，户均年生活用水量没有超过第一阶梯用水量标准（表5-2、图5-1），说明现行第一阶梯用水量标准较高，难以起到节约用水的目标。随着二孩政策实施，以及北京家庭雇佣住家保姆或者父母住家帮助照顾小孩的实际情况，如果按照户均人口3人或4人衡量，3人/户超过第一阶梯用水量25.86m³，4人/户超过第一阶梯用水量94.48m³，超过第二阶梯用水量14.48m³。因此，未来制定居民水价政策应该考虑户均人数以及阶梯水量的标准。

表5-2　北京市2018年居民生活用水与阶梯用水标准比较　　　　（单位：m³）

家庭人数	户均年生活用水量	第一阶梯用水量	第二阶梯用水量	超过第一阶梯 用水量	超过第二阶梯 用水量
2.56人/户	175.67	180	260	0	0
3人/户	205.86	180	260	25.86	0
4人/户	274.48	180	260	94.48	14.48

注：北京户均年生活用水量根据2013～2018年人均年生活用水量均值乘以人口数获得

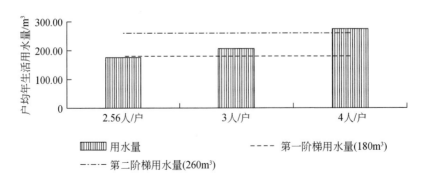

图5-1　2018年北京城市居民生活用水量与第一、二阶梯用水量标准差额

5.2.2　天津

2013 ~ 2018 年天津居民人均年生活用水量介于 36.79 ~ 53.25m³，未达到国家节约型用水标准 39.77m³，两者差值呈现波动性特点，介于 1.84 ~ 13.48m³（表 5-3）。

表 5-3　天津城市居民生活用水量与节约型用水标准比较

年份	生活用水 /亿 m³	用水人口 /万人	人均日生活用水量 /L	人均年生活用水量 /m³（A）	节约型用水标准 /m³（B）	差值=A−B /m³
2013	3.45	663.7	142.3	51.94	39.77	12.17
2014	3.57	786.5	124.3	45.37	39.77	5.60
2015	3.82	875.2	119.6	43.65	39.77	3.88
2016	3.91	940.1	114.0	41.61	39.77	1.84
2017	4.51	846.9	145.9	53.25	39.77	13.48
2018	4.72	1296.8	100.4	36.79	39.77	2.98

注：天津生活用水、用水人口和人均日生活用水量数据摘自 2013 ~ 2018 年《中国统计年鉴》

如果按照天津平均每户家庭人口数 2.70 人（《中国人口和就业统计年鉴（2018）》计算，户均年生活用水量未超过第一阶梯用水量标准（表 5-4、图 5-2），说明现行一阶阶梯用水量标准较低，难以起到节约用水的目标。按照一户三口人计算，亦未超出第一阶梯用水量（180m³）；按照一户四口人计算，超出第一阶用水量标准 1.76m³，未超出第二阶梯用水量标准（240m³）。可见，现状第一阶梯用水量标准制定较高，不足以对大部分人群发挥水价对节水的杠杆作用。

表 5-4　天津城市居民现状生活用水量与第一、二阶梯用水量标准差额　　（单位：m³）

天津	户均年生活用水量	现行第一阶梯用水量	现行第二阶梯用水量	超过第一阶梯用水量	超过第二阶梯用水量
2.70 人/户	122.688	180	240	0	0
3 人/户	136.32	180	240	0	0
4 人/户	181.76	180	240	1.76	0

注：户均年生活用水量根据 2013 ~ 2018 年人均年生活用水量均值乘以人口数获得

5.2.3　河北主要城市

2016 年河北 11 个城市中 8 个城市的人均年生活用水量未达到国家节约型用水标准，仅邯郸、邢台、保定等 3 个城市的人均年生活用水量达到节约型用水标准（表 5-5）。

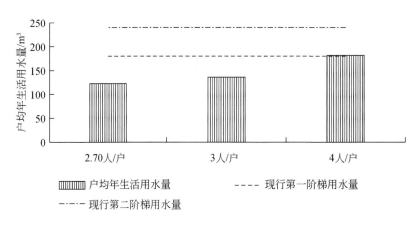

图 5-2　天津城市居民生活用水量与第一、二阶梯用水量标准差额

表 5-5　2012～2016 年河北主要城市居民生活用水量

城市	2016 年		2015 年		2014 年		2013 年		2012 年	
	城市用水人口/万人	城市人均年生活用水量/m³	城市用水人口/万人	城市人均年生活用水量/m³	城市用水人口/万人	城市人均年生活用水量/m³	城市用水人口/万人	城市人均年生活用水量/m³	城市用水人口/万人	城市人均年生活用水量/m³
石家庄	283.64	61.29	299.87	53.74	277.75	50.02	251.29	50.95	251.01	46.33
唐山	197.98	60.57	197.69	50.02	197.49	48.13	197.48	62.25	197.42	66.8
秦皇岛	111.17	66.83	108.00	45.08	97.66	50.98	96.23	68.34	95.39	69.86
邯郸	185.24	36.91	375.81	42.88	372.21	39.61	374.14	34.34	156.25	44.58
邢台	95.39	38.47	94.24	17.51	93.76	20.67	91.7	34.33	89.75	19.09
保定	155.38	24.1	188.96	34.73	121.3	36.64	122.71	41.44	121.13	41.69
张家口	100.1	57.55	89.5	30.14	88	30.65	87.6	30.5	86.8	30.78
承德	57.37	39.97	56.92	37.13	55.36	37.19	54.58	44.31	54.16	51.98
沧州	59.33	44.99	58.00	44.41	56.3	42.42	54.73	38.24	61.35	31.74
廊坊	56.2	96.62	54.00	50.49	53.2	59.25	52.5	55.12	52.2	57.94
衡水	59.63	50.96	36.43	50.99	36.62	36.12	36.62	31.69	36.04	31.69

注：数据来源于《中国城市建设统计年鉴》。其中，2012～2015 年城市人均年生活用水量为日生活用水量×365 天计算，2016 年城市居民生活用水量来源于《2016 河北水资源公报》

2007～2016 年，唐山居民生活用水量下降幅度较大，石家庄、邯郸居民生活用水量上升幅度较大，均呈现先上升后下降再上升的特征；保定总体也呈现出上升趋势，秦皇岛居民生活用水量在 2007～2016 年波动较大，2014 年达到高峰 5980 万 m³/a，2016 年回落至3855 万 m³/a。张家口、承德、沧州、廊坊、衡水、邢台 6 个城市居民生活用水量保持平

稳，没有出现较大幅度的波动（图5-3）。

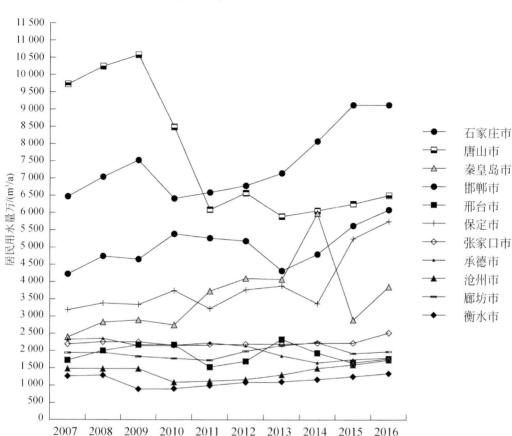

图5-3　河北省主要城市居民生活用水量变化趋势

比较实际生活用水量与阶梯水量（图5-4），按照每户3人计算，仅邯郸、邢台、保定和张家口户均年生活用水量未超过第一阶梯用水量（120m³），其余7个主要城市均超过第一阶梯用水量。其中，秦皇岛和廊坊超过了第二阶梯用水量（180m³）。若按一户4口人计算，仅邢台户均年生活用水量没有超过第一阶梯用水量，其余10个主要城市均超过第一阶梯用水量（120m³）。其中，石家庄、唐山、秦皇岛和廊坊超过了第二阶梯用水量（180m³）。

2016年河北11个城市用水量达到国家节约型标准的仅有4个，分别是邯郸、邢台、保定、张家口，说明节水意识亟待提高，水价对节水的调节作用有待加强（表5-6、图5-5）。

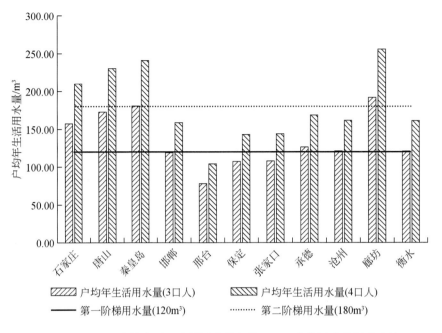

图 5-4　河北 11 个城市居民生活用水量与第一、二阶梯用水量标准比较

表 5-6　2016 年河北 11 个城市居民生活现状用水量与节约型用水标准比较

[单位：m³/（a·户）]

地区	现状用水量		超用水量					
			超国家节约型水量		超第一阶梯用水量		超第二阶梯用水量	
	3 人/户	4 人/户	3 人/户	4 人/户	3 人/户	4 人/户	3 人/户	4 人/户
石家庄	157.40	209.86	38.09	50.78	37.40	89.86	0	29.86
唐山	172.67	230.22	53.36	71.14	52.67	110.22	0	50.22
秦皇岛	180.66	240.88	61.35	81.80	60.66	120.88	0.66	60.88
邯郸	118.99	158.66	0	0	0	38.66	0	0
邢台	78.03	104.04	0	0	0	0	0	0
保定	107.16	142.88	0	0	0	22.88	0	0
张家口	107.77	143.70	0	0	0	23.70	0	0
承德	126.35	168.47	7.04	9.39	6.35	48.47	0	0
沧州	121.08	161.44	1.77	2.36	1.08	41.44	0	0
廊坊	191.65	255.54	72.34	96.46	71.65	135.54	11.65	75.54
衡水	120.88	161.17	1.57	2.09	0.88	41.17	0	0

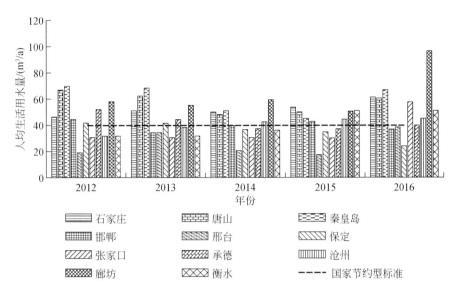

图 5-5　河北 11 个城市人均生活用水量与国家节约型标准用水量比较

5.3　城市居民生活用水水价

5.3.1　北京居民水价

北京居民生活用水水价（以下简称居民水价）执行 2014 年制定水价，2014 年开始水价未再进行调整。其中，自来水与自备井的阶梯用水量标准相同，第一阶梯、第二阶梯和第三阶梯用水量分别为 0～180m³、181～260m³ 和 260m³ 以上，自来水与自备井三个阶梯水价分别为 5 元/m³、7 元/m³、9 元/m³。其中，自来水的水费构成与自备井的水费构成有所差异，前者水资源费为 1.57 元/m³，低于后者的 2.61 元/m³，体现了地下水资源价值的稀缺性（表 5-7）。

表 5-7　2018 年北京城市居民与非居民水价及其构成

供水类型	阶梯	户年用水量/m³	水价 /（元/m³）	构成/（元/m³）		
				水费	水资源费	污水处理费
自来水	一阶	0～180（含）	5	2.07	1.57	1.36
	二阶	181～260（含）	7	4.07		
	三阶	260 以上	9	6.07		

供水类型	阶梯	户年用水量/m³	水价 /（元/m³）	构成/（元/m³）		
				水费	水资源费	污水处理费
自备井	一阶	0～180（含）	5	1.03		
	二阶	181～260（含）	7	3.03	2.61	1.36
	三阶	260 以上	9	5.03		

资料来源：北京市水务局.《关于北京市居民用水实行阶梯水价的通知》

北京市居民水价自 1949 年以来，进行了多次调整（表 5-8），其中 1996 年之后提高幅度较大，水价由 1996 年之前的不到 0.3 元/m³ 调整到 1996 年 0.5 元/m³，1998 年调到 0.7 元/m³，1999 增加到 1.3 元/m³，2001 年增加到 2.0 元/m³，2009 年之后调整幅度增大，调整到 4.0 元/m³，2014 年 5 月开始一阶水价提高到 5 元/m³，未再进行调整。

表 5-8　北京市居民水价调整历程　　　　　　　　　（单位：元/m³）

年份	居民水价	年份	居民水价
1952～1966 年	0.18	2000 年	1.6
1967～1991 年	0.12	2001 年	2.0
1992～1995 年	0.30	2002 年	2.5
1996 年	0.5	2003～2008 年	2.9
1997 年	0.5	2009～2013 年	4.0
1998 年	0.7	2014 年	4.67
1999 年	1.3	2015 年至今	5.0（一阶水价）

注：2014 年 5 月 1 日起北京市城市居民生活用水水价由 4 元/m³ 提高到 5 元/m³。故表中 2014 年水价取平均值：4.67 元/m³，2015 年水价为 5.0 元/m³

纵观北京水价调整历程，其呈现出以下几个特点：①调整周期逐渐缩短，近期调整周期基本维持在 5 年左右。1992 年以前，水价调整周期较长，1952～1966 年执行同一水价为 0.18 元/m³，1967～1991 年执行水价为 0.12 元/m³，24 年水价未进行调整，直到 1992 年调整为 0.3 元/m³，1992 年之后调整周期缩短，1992～1995 年执行同一水价，1996 年调整为 0.5 元/m³，之后每隔一年调整一次，直到 2002 年调整为 2.5 元/m³，之后调整周期固定为每 5 年调整一次。2003～2008 年为 2.5 元/m³，2009～2013 年为 4.0 元/m³，2014 年调整为 4.67 元/m³，2015 年调整为 5 元/m³。②水价调整的幅度逐渐增加，1952～1996 年水价增加了 1.8 倍，1996～2015 年水价增加了 9 倍。③水价由过去的单一水价转变为阶梯水价，超过阶梯用水量标准执行更高水价。④水价由水资源费、水费、污水处理费构成，以自来水为例，水费在一阶、二阶、三阶水价中分别为 2.07 元/m³、4.07 元/m³、6.07 元/m³，从而导致水资源费、污水处理费在三阶水价中占比出现逐渐下降的趋势，其中一阶水价构成中，水费、水资源费以及污水处理费占比分别为 41.4%、31.4%、27.2%，二阶水价中，三者占比分别为 58.2%、22.4%、19.4%，三阶水价中，三者占比分别为 67.5%、17.4%、15.1%，特别是水资源费下降幅度较大，未能体现水资源的稀缺性。

5.3.2 天津居民水价

天津 2014 年开始实施阶梯水价，一阶、二阶、三阶水价分别为 4.90 元/m³、6.20 元/m³、8.00 元/m³（表 5-9）。工业、行政事业、经营服务用水水价为 7.9 元/m³，特种行业用水水价为 22.3 元/m³。其中，水资源费、污水处理费在不同阶梯水价中均为 1.39 元/m³、0.9 元/m³，但是，水费在一阶、二阶、三阶水价中分别为 2.61 元/m³、3.91 元/m³、5.71 元/m³，从而导致水资源费、污水处理费在水价中占比出现逐渐下降的趋势，其中水资源费在一阶、二阶、三阶水价中的占比分别为 28.37%、22.42%、17.38%，污水处理费占比分别为 18.37%、14.52%、11.25%，特别是水资源费在二阶、三阶水价中占比分别比在一阶水价中占比下降了 5.95%、10.99%，使得水资源价值在二阶、三阶水价中体现不够。

表 5-9 2018 年天津城市居民水价及其构成

用户类别	阶梯	户年用水量/m³	水价 / （元/m³）	构成/（元/m³）		
				水费	水资源费	污水处理费
居民	一阶	0 ~ 180（含）	4.90	2.61	1.39	0.9
	二阶	181 ~ 240（含）	6.20	3.91		
	三阶	240 以上	8.00	5.71		
工业、行政事业、经营服务用水		—	7.9	—	—	—
特种行业用水			22.3			

数据来源：《市发展改革委关于我市居民用水实行阶梯水价的通知》（津发改价管〔2015〕986 号）、《市发展改革委市财政局市水务局关于降低非居民自来水价格的通知》（津发改价管〔2017〕646 号）

天津居民一阶、二阶、三阶水价按不低于 1∶1.5∶3 的比例。一阶、二阶、三阶的用水量标准分别为 0 ~ 180m³、181 ~ 240m³、240m³ 以上。

从 1996 年开始，天津先后对自来水价格进行了 13 次调整（表 5-10），居民水价由 1996 年以前的 0.40 元/m³ 提高到 2014 年 4.90 元 m³（一阶水价）。天津居民水价调整呈现以下几个特点：①1996 年开始居民水价调整的周期短，大部分是一年或者两年调整一次，1996 ~ 2014 年，水价调整 12 次，大多是每隔一年调整一次。②调整的幅度较小，由 1996 年的 0.65 元/m³ 调整到 2014 年的 4.90 元/m³，增加了 6.54 倍。③水价调整幅度随着时间的推移逐渐增大，由最初的增幅 0.2 元/m³ 提高到 0.5 元/m³。④水价调整的周期随着时间的推移逐渐增加，由最初的一年调整一次，转变为两年调整一次，2014 年开始未对水价进行调整。

表5-10　天津居民水价调整历程　　　　　　　（单位：元/m³）

年份	居民水价	年份	居民水价
1996 年以前	0.40	2002 年	2.60
1996 年	0.65	2003 年	2.90
1997 年	0.78	2005 年	3.40
1998 年	0.98	2007 年	3.40
1999 年	1.40	2008 ~ 2009 年	3.90
2000 年	1.80	2010 ~ 2013 年	4.40
2001 年	2.20	2014 年至今	4.90（一阶水价）

5.3.3　河北主要城市居民水价

　　河北主要城市居民水价在 2015 年实施阶梯水价之后进行了不同程度的调整，有些城市进行了三次调整，如廊坊、邯郸、保定，如有些城市进行了两次调整，如邢台、唐山，进行一次调整的包括石家庄、承德、秦皇岛、张家口、沧州和衡水。11 个城市一阶水价范围为 4.30 ~ 5.80 元/m³，二阶水价范围为 6.05 ~ 8.20 元/m³，三阶水价范围为 11.00 ~ 15.50 元/m³（表5-11）。一阶水价除石家庄、承德、秦皇岛、张家口等 4 个城市外，其余城市一阶水价均等于或高于北京市一阶水价 5.0 元/m³，二阶水价除石家庄、唐山、承德、秦皇岛、张家口等 5 个城市外，其余城市均高于北京市 7.0 元/m³，三阶水价均高于北京市三阶水价 9.0 元/m³，体现了河北省水资源稀缺性的特征，以及通过水价杠杠作用达到节水的目标。

表5-11　河北主要城市阶梯水价变化情况　　　　　（单位：元/m³）

城市	阶梯	起始实施时间	水价	水价起始实施时间	水价	水价起始实施时间	水价	水价起始实施时间	水价
石家庄	一阶	2015 年	2.50	2018 年	4.74	—			
	二阶		3.75		6.74				
	三阶		7.50		11.66				
廊坊	一阶	2015 年	—	2017 年 7 月 1 日	4.29	2018 年 7 月 1 日	4.87	2019 年 7 月 1 日	5.40
	二阶		—		5.36		6.63		7.425
	三阶		—		9.77		11.91		13.50
唐山	一阶	2015 年	3.75	2018 年 8 月 1 日	4.70	2019 年 3 月 1 日	5.00	—	
	二阶		4.90		6.30		6.75		
	三阶		8.20		11.10		12.00		

城市	阶梯	起始实施时间	水价	水价起始实施时间	水价	水价起始实施时间	水价	水价起始实施时间	水价
邯郸	一阶	2015 年	3.75	2017 年 6 月 1 日	4.22	2018 年 6 月 1 日	4.78	2019 年 6 月 1 日	5.46
	二阶		4.92		5.83		6.67		7.69
	三阶		8.45		10.66		12.34		14.38
保定	一阶	2015 年	3.55	2017 年 7 月 1 日	4.25	2018 年 7 月 1 日	4.83	2019 年 7 月 1 日	5.53
	二阶		4.66		5.90		6.77		7.82
	三阶		7.99		10.85		12.59		14.69
承德	一阶	2015 年	3.55	2018 年 12 月	4.30	—	—	—	—
	二阶		4.93		6.05				
	三阶		9.05		11.30				
秦皇岛	一阶	2015 年	3.60	2018 年 3 月 1 日	4.70	—	—	—	—
	二阶		4.90		6.56				
	三阶		8.80		12.10				
邢台	一阶	2015 年	3.60	2018 年 1 月 1 日	4.73	2019 年 1 月 1 日	5.41	—	—
	二阶		4.78		6.62		7.44		
	三阶		8.30		12.29		13.53		
张家口	一阶	2015 年	3.40	2018 年 4 月 15 日	4.70	—	—	—	—
	二阶		4.62		6.27				
	三阶		8.30		11.00				
沧州	一阶	2015 年	4.00	2018 年 4 月 15 日	5.80	—	—	—	—
	二阶		5.58		8.20				
	三阶		10.32		15.50				
衡水	一阶	2015 年	—	2019 年 1 月 1 日	5.41	—	—	—	—
	二阶		—		7.44				
	三阶		—		13.53				

注：一阶水量 120m³（含）、二阶水量 121～180m³（含）、三阶水量 180m³ 以上。数据来源于相关文件、政府网站等

与北京、天津阶梯用水量标准相比，河北居民阶梯用水量标准较低（表 5-12），其中一阶用水量标准低于上述 2 个城市 60m³，二阶用水量标准低于北京 60～80m³，低于天津 60m³，三阶水量分别低于北京、天津 80m³、60m³，阶梯用水量标准低有利于发挥水价对节水的激励作用。

表 5-12　北京、天津和河北主要城市三阶用水量标准　　　　　（单位：m³）

城市	一阶水量	二阶水量	三阶水量
北京	0～180（含）	181～260（含）	260 以上

城市	一阶水量	二阶水量	三阶水量
天津	0~180（含）	181~240（含）	240 以上
河北 11 个主要城市	0~120（含）	121~180（含）	180 以上

5.3.4　居民水价比较

京津冀地区居民生活用水阶梯水价具有一定差异（图 5-6），以北京、天津和石家庄为例进行比较。第一阶梯水价差别较小，北京、天津和石家庄水价分别为 5 元/m³、4.9 元/m³ 和 4.74 元/m³；北京的第二阶梯水价略高于天津和石家庄，三个城市的二阶水价分别为 7 元/m³、6.2 元/m³ 和 6.74 元/m³，三个城市的水价逐渐拉开距离；第三阶梯的水价，则呈现石家庄最高，北京次之，天津最低，其中石家庄第三阶梯的水价为 11.66 元/m³，北京为 9.00 元/m³、天津为 8.00 元/m³。从水价的构成比例来看，石家庄三阶水价之间的比例差距最大，为 1∶1.42∶2.46，北京次之，比例为 1∶1.4∶1.8，天津三级阶梯水价之间的比例最小，为 1∶1.27∶1.63。上述三个城市均未达到国家发展和改革委员会、住房和城乡建设部在 2014 年联合下发的指导意见，即第一、二、三阶梯水价比例 1∶1.5∶3 的比例要求。在水费构成中，北京污水处理费为 1.36 元/m³，天津污水处理费为 0.9 元/m³，河北省污水处理费为 0.95 元/m³。

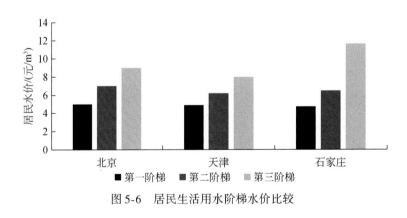

图 5-6　居民生活用水阶梯水价比较

全国居民水价差异较大，部分城市居民水价一阶水价范围在 2.0~4.0 元/m³；二阶水价介于 3.0~5.0 元/m³；三阶水价差异大于第一、二阶水价，在 4.0~10.0 元/m³ 均有分布（图 5-7~图 5-9）。由此可知，北京、天津和河北主要城市的居民水价均高于全国其他城市。

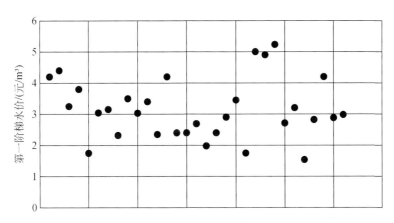

图 5-7 我国部分城市居民生活用水第一阶梯水价分布
横坐标代表典型城市

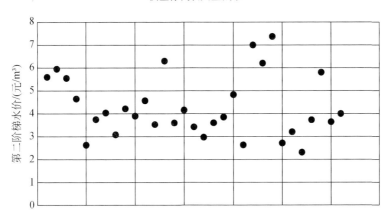

图 5-8 我国部分城市居民生活用水第二阶梯水价分布
横坐标代表典型城市

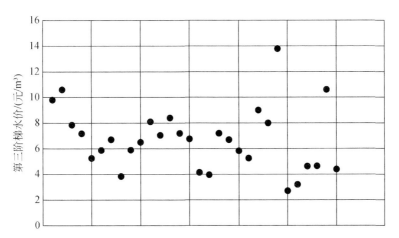

图 5-9 我国部分城市居民生活用水第三阶梯水价分布
横坐标代表典型城市

5.4 居民生活用水水费支出系数

5.4.1 北京

从北京居民生活用水水费支出系数变化趋势看（表5-13、图5-10），1996～2018年水费支出系数呈现出先上升后下降的趋势，2004年水费支出系数达最高值，其中1999～2009年水费支出系数大于1%的标准。自2010年以来，水费支出系数均低于1%，2010～2018年实际水费支出系数与1%标准之间的差距不断拉大，到2018年实际水费支出系数仅为0.55%。同期居民人均可支配收入年增长率为53.4%，明显高于水价增长的速度，说明水价对节水的杠杆作用没有得到发挥，水价有提升空间。

表5-13 北京居民生活用水水费支出系数

年份	人均年生活用水量/m³	水价/（元/m³）	水费支出/元	人均可支配收入/元	水费支出系数/%
1996年	97.77	0.5	48.88	6 886	0.71
1997年	101.45	0.5	50.72	7 813	0.65
1998年	102.87	0.7	72.01	8 472	0.85
1999年	96.13	1.3	124.96	9 183	1.36
2000年	90.81	1.6	145.30	10 350	1.40
2001年	94.90	2	189.80	11 578	1.64
2002年	86.51	2.5	216.26	12 464	1.74
2003年	90.52	2.9	262.51	13 883	1.89
2004年	82.78	3.7	306.29	15 638	1.96
2005年	55.81	3.7	206.49	17 653	1.17
2006年	56.47	3.7	208.92	19 978	1.05
2007年	60.88	3.7	225.26	21 989	1.02
2008年	68.34	3.7	252.84	24 725	1.02
2009年	70.12	4	280.47	26 738	1.05
2010年	63.85	4	255.38	29 073	0.88
2011年	63.01	4	252.03	32 903	0.77
2012年	62.70	4	250.81	36 469	0.69
2013年	71.85	4	287.40	40 321	0.71
2014年	68.44	4.67	319.64	43 910	0.73
2015年	67.09	5	335.45	52 859	0.63
2016年	63.18	5	315.91	57 275	0.55

续表

年份	人均年生活用水量 /m³	水价/（元/m³）	水费支出/元	人均可支配收入 /元	水费支出系数/%
2017 年	68.62	5	343.10	62 406.3	0.55
2018 年	68.62	5	343.10	62 361	0.55

注：2014 年 5 月 1 日起北京城市居民生活用水水价由 4 元/m³ 变为 5 元/m³，故表中 2014 年水价取平均值：（4×4＋5×8）/12≈4.67 元/m³

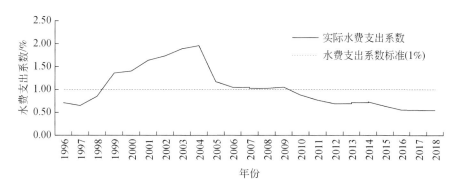

图 5-10　北京居民生活用水水费支出系数与水费支出系数标准比较

5.4.2　天津

从天津居民生活用水水费支出系数变化趋势看（表 5-14、图 5-11），1996～2018 年水费支出系数呈现出先上升后下降趋势，2002 年水费支出系数达最高值，为 1.35%，其中 2000～2006 年水费支出系数大于 1% 的标准，自 2007 年以来，水费支出系数均低于 1%，2007～2018 年实际水费支出系数与 1% 标准之间的差距不断拉大，到 2018 年实际水费支出系数仅为 0.66%。由此看出，水价的增速明显低于居民收入的增速，这种情况从 2007 年就开始显现，说明水价未能起到节水的作用，具有提升空间。

表 5-14　天津居民生活用水水费支出系数

年份	水价/（元/m³）	人均年生活用水量 /m³	水费支出/元	人均可支配收入 /元	水费支出系数 /%
1996 年	0.65	46.75	30.39	5 967.71	0.51
1997 年	0.78	49.50	38.61	6 608.56	0.58
1998 年	0.98	52.80	51.74	7 110.54	0.73
1999 年	1.4	53.70	75.18	7 649.83	0.98
2000 年	1.8	48.11	86.59	8 140.55	1.06
2001 年	2.2	53.66	118.04	8 958.70	1.32

年份	水价/（元/m³）	人均年生活用水量/m³	水费支出/元	人均可支配收入/元	水费支出系数/%
2002 年	2.6	48.55	126.22	9 337.54	1.35
2003 年	2.9	47.82	138.66	10 312.91	1.34
2004 年	2.9	45.59	132.21	11 467.16	1.15
2005 年	3.4	45.11	153.39	1 2638.55	1.21
2006 年	3.4	47.61	161.86	14 283.09	1.13
2007 年	3.4	44.68	151.90	16 357.35	0.93
2008 年	3.9	47.19	184.06	19 423.00	0.95
2009 年	3.9	48.62	189.61	21 402.01	0.89
2010 年	4.4	48.19	212.06	24 292.60	0.87
2011 年	4.4	47.01	206.85	26 920.86	0.77
2012 年	4.4	48.95	215.40	29 626.00	0.73
2013 年	4.4	51.95	228.60	32 658.00	0.70
2014 年	4.4	45.38	199.67	31 506.00	0.63
2015 年	4.9	43.65	213.87	34 101.00	0.63
2016 年	4.9	41.61	203.89	37 110.00	0.55
2017 年	4.9	53.26	260.96	40 278.00	0.65
2018 年	4.9	53.26	260.96	39 506.00	0.66

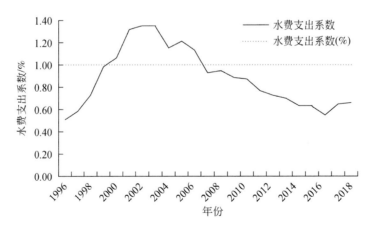

图 5-11　天津居民生活用水水费支出系数与水费支出系数标准比较

5.4.3　河北主要城市

2016 年河北 11 个城市居民生活用水水费支出系数均小于 1%（表5-15），介于 0.33% ~ 0.79%，2012 年 ~ 2016 年水费支出系数表现出差异，其中石家庄市水费支出系数变化不大，水费支出系数呈现下降趋势的有 5 个城市，分别为唐山、秦皇岛、邯郸、保定、承德等市，下降幅度介于 0.24 ~ 0.44，水费支出系数呈现增加趋势的是有 5 个城市，分别是邢台、张家口、沧州、廊坊、衡水等市，增加的幅度为 0.02% ~ 0.21%，其中仅秦皇岛市在 2012 年、2013 年出现大于 1% 的情况，分别为 1.14% 和 1.20%，其余城市在 2012 ~ 2016 年水费支出系数均小于 1%，说明水价有提升空间。

表5-15　河北 11 个城市居民生活用水水费支出系数

| 城市 | 2016 年 | | 2015 年 | | 2014 年 | | 2013 年 | | 2012 年 | | 水费支出系数变化 |
	人均水费支出/元	水费支出系数/%	人均水费支出/元	水费支出系数/%	人均水费支出/元	水费支出系数/%	人均水费支出/元	水费支出系数/%	人均水费支出/元	水费支出系数/%	2012 ~ 2016 年
石家庄	202.26	0.66	177.34	0.63	165.08	0.64	168.12	0.70	152.89	0.66	0
唐山	202.91	0.60	167.55	0.54	161.24	0.56	208.55	0.78	223.79	0.92	-0.32
秦皇岛	240.59	0.79	162.31	0.58	183.51	0.70	246.03	1.20	251.5	1.14	-0.35
邯郸	131.03	0.49	152.24	0.62	140.61	0.62	121.9	0.51	158.25	0.73	-0.24
邢台	138.49	0.58	63.02	0.29	74.4	0.37	123.58	0.68	68.71	0.37	0.21
保定	84.35	0.33	121.55	0.51	128.24	0.59	145.03	0.68	145.93	0.77	-0.44
张家口	138.12	0.53	72.33	0.30	73.56	0.34	73.21	0.36	73.88	0.40	0.13
承德	107.92	0.43	100.25	0.44	100.41	0.48	119.65	0.63	140.35	0.75	-0.32
沧州	179.96	0.63	177.62	0.67	169.67	0.70	152.98	0.69	126.98	0.61	0.02
廊坊	246.38	0.71	128.74	0.40	151.1	0.51	140.56	0.52	147.75	0.59	0.12
衡水	137.59	0.58	137.68	0.64	97.53	0.50	85.56	0.48	85.57	0.46	0.12

注：人均水费支出=城市居民生活用水价格×人均年生活用水量。其中，水价摘自中国水网，人均年生活用水量来自中国经济与社会发展统计数据库。人均可支配收入摘自 2013 ~ 2017 年《河北经济年鉴》

综上，依据水费支出系数衡量，京津冀地区城市居民生活用水水费支出系数偏低，未达到 1% 标准，现行水价对居民用水行为的影响较小，未起到节水的积极作用，需要提高居民水价。

5.5　城市居民水价改革方案

5.5.1　情景方案设计

　　城市居民水价改革与用水量、居民收入等有关，根据前文分析，必须首先确定阶梯用水量标准，其次确定居民水费支出系数标准，综合上述两个指标，并以现状水价与现状用水量为基础，给出水价提升空间。设计4种水价改革情景方案，分别以阶梯水量标准和居民水费支出系数1%标准为依据进行设计。

　　（1）根据国家发展和改革委员会、住房和城乡建设部2014年出台的《关于加快建立完善城镇居民用水阶梯价格制度的指导意见》，在制定阶梯水价的各分段用水量时，应按照覆盖80%的居民家庭用户平均用水量确定一阶水量（Q_1），第二阶梯水量原则上按覆盖95%的用户设定（Q_2），且一、二、三阶水价比例为1：1.5：3。以2004～2018年北京城市居民用水量为依据，按照上述方法即用水量覆盖率为依据，确定的一阶、二阶用水量标准分别为215m³/（a·户）、272m³/（a·户）。

　　（2）根据两阶段方法，用水量排序前20%的最大值为第一阶用水量标准（Q_1），排序后20%的最小值为三阶用水量标准（Q_2）。以2004～2018北京市城市居民用水量为依据，按照用水量的大小排序，确定一、二、三阶阶梯的水量，分别为0～180m³/（a·户）、181～210m³/（a·户）、210m³/（a·户）。

　　（3）依据前文分析，北京居民用水量存在未超出第一阶梯用水量标准的情况，故根据现状阶梯用水量标准，在现状阶梯用水量标准基础上分别降低10%，一阶、二阶、三阶用水量标准设定分别为0～162m³/（a·户）、162～234/（a·户）、234m³/（a·户）以上。

　　（4）根据前文分析，现状人均用水量超出节约型标准，故设定在维持现状阶梯用水量标准的基础上，人均用水量按照国家节水型标准计算。

　　（5）水费支出系数（R）是基于用水户角度衡量水价及其节水的重要指标。当$R=1\%$时，居民对于水价一般都能接受，并开始关心用水量；当$R=2\%$时，将引起居民对用水的重视，居民开始注意节约用水；当$R=3\%$时，将对居民用水产生较大的影响。水费支出系数均按照1%标准设计，由此得到4种居民水价改革情景方案（表5-16），依次作为水价改革的依据，并分别计算4种改革情景方案下的居民水价。

表5-16　城市居民水价改革情景方案

情景方案	内容描述
方案1	按照80%、95%用户实际用水量确定阶梯水量，户均用水量依据实际用水，水费支出系数1%
方案2	按照实际用水量的两阶段方法（前20%、后20%）确定阶梯水量，户均用水量依据实际用水，水费支出系数1%

情景方案	内容描述
方案 3	在现状阶梯用水量标准基础上，一阶、二阶、三阶水量标准分别降低10%，水费支出系数1%
方案 4	维持现状阶梯水量标准，户均用水量依据国家节水型标准，水费支出系数1%

5.5.2　居民用水需求价格弹性函数

居民用水需求与价格之间存在一定的关系，两者之间一般用幂函数表示

$$W = KP^{E_1} \tag{5-1}$$

式中，W 为价格为 P 时的用水量（m^3）；K 为常数；P 为水价（元/m^3）；E_1 为价格弹性系数。

在式（5-1）基础上，考虑居民收入水平变化的影响，修正为式（5-2）

$$W = KP^{E_1}I^{E_2} \tag{5-2}$$

式中，I 为人均可支配收入（元）；E_2 为收入弹性系数，其他变量同前。

该函数称为双对数模型，是目前采用较为普遍的模型。该模型的主要参数是收入和水价，由于物价水平、通货膨胀等因素，在具体计算过程中，需要对上述参数进行修正。本研究根据上述模型建立北京和天津的居民需水量与水价之间的函数关系。

北京居民生活用水需求价格函数的建立，以1996年为基准年，其他年份用零售物价指数加以修正。以修正后的1996~2018年北京居民人均生活用水量、水价、人均居民收入数据为依据，采用式（5-2）进行拟合，得到北京居民生活用水需求与水价的函数表达式为

$$\ln Q = 5.335 - 0.166\ln P - 0.124\ln I \tag{5-3}$$

价格弹性系数为-0.166，即水价上升10%，用水量下降16.6%。

$p=0.019<0.05$，多元线性回归模型 F 统计量为22.949，对应的 $p<0.001$，$R^2=0.670$，说明拟合效果较好。

天津居民生活用水需求价格函数的建立，以2000年作为基准年，其他年份的水价用零售物价指数来修正。以修正后的2000~2018年天津居民人均生活用水量、水价、人均居民收入数据为依据，采用式（5-2）模型进行拟合，得到天津居民生活用水需求与水价的函数表达式为

$$\ln Q = 3.300 - 0.138\ln P + 0.086\ln I \tag{5-4}$$

结果显示，天津居民生活用水需求价格弹性系数为-0.138，即水价提高10%，用水量将下降13.8%。

世界银行需水调查组（1993年）认为城市公共供水居民生活用水价格弹性系数范围在-0.3~-0.1，已有研究结果的价格弹性系数在-0.33~-0.10（表5-17），本研究得到的北京、天津的价格弹性系数分别为-0.17、-0.14，在上述范围之内。

表 5-17 已有居民需水价格弹性系数

范围（文献）	价格弹性系数
哈尔滨（魏丽丽，2008）	−0.11
青岛（于泽一和朱俊宇，2015）	−0.13
北京（王英，2003）	−0.16
全国（沈大军等，1999）	0.33
全国（姚高丽，2017）	−0.32
南京（尹建丽和袁汝华，2005）	−0.29
上海（张立尖等，2018）	−0.16±0.016
沈阳（董凤丽和韩洪云，2006）	−0.15
世界银行需水调查组（1993 年）	−0.3 ~ −0.1
本研究结果	−0.17 ~ −0.14

5.5.3 北京水价改革方案及其节水减排

以上述 4 种情景方案为依据，计算不同情景方案下北京居民水价，结果显示，北京方案 1 的一阶、二阶、三阶水价提升幅度分别为 3.69 元/m³、6.03 元/m³、17.06 元/m³，方案 2 水价提升幅度为 5.25 元/m³、8.38 元/m³、21.75 元/m³，方案 3 水价提升幅度 7.60 元/m³、11.90 元/m³、28.80 元/m³，方案 4 水价提升幅度为 10.69 元/m³、16.54 元/m³、38.08 元/m³（表 5-18）。

表 5-18 北京不同情景方案下居民水价改革方案

情景方案	情景方案描述	阶梯水量 /［m³/（a·户）］		现状水价 /（元/m³）	水费支出系数计算水价/（元/m³）	水价提升幅度 /（元/m³）
方案 1	根据 80%、95% 用户用水量概率确定阶梯水量	一阶	0 ~ 215	5	8.69	3.69
		二阶	215 ~ 272	7	13.03	6.03
		三阶	272 以上	9	26.06	17.06
方案 2	根据 Q_1（前 20%）、Q_2（后 20%）确定阶梯水量	一阶	0 ~ 180	5	10.25	5.25
		二阶	181 ~ 210	7	15.38	8.38
		三阶	210 以上	9	30.75	21.75
方案 3	在现状阶梯用水量标准基础上降低 10%	一阶	0 ~ 162	5	12.60	7.60
		二阶	163 ~ 234	7	18.90	11.90
		三阶	234 以上	9	37.80	28.80
方案 4	按照国家节水型标准用水量计算水价	一阶	0 ~ 180	5	15.69	10.69
		二阶	181 ~ 260	7	23.54	16.54
		三阶	260 以上	9	47.08	38.08

注：①按照 3 人计算户均用水量，阶梯用水量标准取整数；②水费支出系数（R）取 1% 标准的计算结果

根据北京居民生活用水需求与水价的函数[式 (5-3)],计算不同水价改革方案下居民用水量,采用 2.3.2 节提出的节水减排计算方法[式 (2-9)、式 (2-10)],计算上述不同方案下的节水潜力、污染物减排量。以一阶阶梯水价为例,4 种方案下节水潜力分别为 16.19m³/(a·人)、16.86m³/(a·人)、17.68m³/(a·人)、18.54m³/(a·人)。2018 年北京常住人口 2154.2 万人,城镇人口占总人口 86.5%,由此计算因为水价提高居民生活用水的年节水潜力介于 2.60 亿 ~ 2.97 亿 m³。2018 年北京生活污染物 COD、氨氮的排放量分别为 50 002t、3535t,生活用水量 18.7 亿 m³,据此计算由于节水而减少的污染物排放量,4 种方案下 COD 减排量介于 6946.76 ~ 7935.34t/a,氨氮减排量为 489.76 ~ 559.46t/a。节水潜力、污染物减排量从大到小的排序依次为方案 4、方案 3、方案 2、方案 1(表 5-19)。

表 5-19 北京市居民水价改革方案及其节水潜力与污染物减排量

方案	调整后一阶水价 /元	调整水价后用水量 /[m³/(a·人)]	节水潜力 /[m³/(a·人)]	年节水潜力 /亿 m³	污染物减排量/(t/a)	
					COD	氨氮
方案 1	8.69	32.43	16.19	2.60	6946.76	489.76
方案 2	10.25	31.76	16.86	2.70	7213.94	508.60
方案 3	12.60	30.94	17.68	2.83	7561.28	533.09
方案 4	15.69	30.08	18.54	2.97	7935.34	559.46

综合考虑居民用水行为的实际、水价提升的可接受程度及节水潜力等因素,推荐方案 1 为北京近期水价改革方案,该方案遵循实际用水量,考虑大多数人群的用水行为,推荐方案 2 为远期水价改革方案。

北京近期一阶水价提高到 8.69 元/m³,即在水价提升 3.69 元/m³ 的情况下,年节水潜力可达到 2.60 亿 m³,COD、氨氮减排量分别为 6946.76t/a、489.76t/a;远期:水价在现有基础上提高到 10.25 元/m³,即在水价提升 5.25 元/m³ 的情况下,节水可达 2.70 亿 m³,COD、氨氮减排量分别为 7213.94t/a、608.60t/a。

5.5.4 天津水价改革方案及其节水减排

根据 4 种情景方案,计算天津不同方案下的居民水价,结果显示,天津方案 1 的一阶、二阶、三阶水价提升幅度分别为 3.33 元/m³、6.14 元/m³、16.68 元/m³,方案 2 水价提升幅度分别为 4.12 元/m³、7.32 元/m³、19.05 元/m³,方案 3 水价提升幅度分别为 2.42 元/m³、4.77 元/m³、13.95 元/m³,方案 4 水价提升幅度分别为 5.23 元/m³、8.99 元/m³、22.38 元/m³(表 5-20)。水价提升幅度由大到小依次为方案 4、方案 2、方案 1、方案 3。

根据天津居民需水价的函数[式 (5-5)],计算不同水价改革方案下的用水量,在此基础上,根据 2.2.3 节的节水潜力计算公式[式 (2-5)],计算相应的节水潜力介于 3.54 ~ 6.55m³/(a·人),2018 年天津市常住人口 1559.6 万人,城镇人口占总人口的比例为

83.15%，据此计算年节水潜力为 0.46 亿~0.85 亿 m³（表 5-21）。

表 5-20　天津不同情景方案下居民水价改革方案

情景方案	情景方案描述	阶梯水量 /[m³(a·户)]		现状水价/(元/m³) (2019 年)	水费支出系数 计算水价/(元/m³)	水价提升幅度 /(元/m³)
方案 1	根据 80%、95% 用户用水量概率确定阶梯水量	一阶	0~147	4.9	8.23	3.33
		二阶	148~160	6.2	12.34	6.14
		三阶	160 以上	8.0	24.68	16.68
方案 2	根据 Q_1（前 20%）、Q_2（后 20%）确定阶梯水量	一阶	0~134	4.9	9.02	4.12
		二阶	135~147	6.2	13.52	7.32
		三阶	147 以上	8.0	27.05	19.05
方案 3	在现状阶梯用水量标准基础上降低 10%	一阶	0~162	4.9	7.32	2.42
		二阶	163~216	6.2	10.97	4.77
		三阶	216 以上	8.0	21.95	13.95
方案 4	按照国家节水型标准用水量计算水价	一阶	0~180	4.9	10.13	5.23
		二阶	181~240	6.2	15.19	8.99
		三阶	240 以上	8.0	30.38	22.38

注：①按照每户 3 人计算，户均用水量取整数；②水费支出系数（R）取 1% 标准的计算结果

2018 年天津市 COD、氨氮排放量分别为 11.03 万 t、2.55 万 t，依据 2.3.2 节的节水减排计算公式［式（2-9）、式（2-10）］，计算节水的污染物减排量。结果显示，COD 减排量介于 1755.77~3244.37t/a，氨氮减排量介于 123.79~228.74t/a（表 5-21），节水潜力排序从大到小为方案 4、方案 2、方案 1、方案 3，污染物减排量从大到小依次为方案 4、方案 2、方案 1、方案 3。

表 5-21　天津市不同情景方案居民水价提升后节水潜力与污染物减排量

方案	调整后一阶 水价/元	调整水价后用水量 /[m³/(a·人)]	节水潜力 /[m³/(a·人)]	年节水潜力 /亿 m³	污染物减排量/(t/a)	
					COD	氨氮
方案 1	8.23	41	4.55	0.59	2251.97	158.77
方案 2	9.02	40	5.55	0.72	2748.17	193.75
方案 3	7.32	39	3.54	0.46	1755.77	123.79
方案 4	10.13	42	6.55	0.85	3244.37	228.74

综合考虑，推荐方案 1 为天津近期水价改革方案，方案 2 为远期水价改革方案。

天津近期：水价提高到 8.23 元/m³，水价提升 3.33 元/m³，节水量 0.59 亿 m³/a，污染物 COD、氨氮减排量分别为 2251.97 t/a、158.77 t/a。天津远期：水价提高到 9.02 元/m³，水价提升 4.12 元/m³，节水量 0.72 亿 m³/a，污染物 COD、氨氮减排量分别为 2748.17 t/a、193.75 t/a。

5.5.5 河北主要城市水价改革方案及其节水潜力

采用 5.5.1 节情景方案，分别计算 4 种情景方案下河北 11 个主要城市的居民水价，结果列入表 5-22，与现状水价相比得到水价改革方案。根据各城市实际用水量和节水型标准之间的差值，并参考北京、天津实际用水量与节约型标准之差，选择相近城市的居民需水价格弹性函数作为节水潜力计算的依据。若实际用水量与节水标准差值较大，则选择北京市价格弹性系数–0.166 计算，若差值介于北京和天津之间，则选择天津的价格弹性系数–0.138 计算，若差值较小或者为负，则选择全国平均价格弹性系数计算。根据上述原则和差值计算结果，石家庄、唐山采用天津价格弹性系数，沧州采用北京的价格弹性系数，其余城市采用全国平均价格弹性系数–0.32（表 5-22）。根据上述分析，计算 4 种情景水价改革方案下的节水潜力。由表 5-22 可以看出，水价提高均有有利于抑制居民生活用水的积极作用，不同地区的节水潜力差异较大，以方案 1 为例，11 个城市年节水潜力介于 0.03 亿 ~1.12 亿 m³，年节水潜力排在前三位的城市分别为沧州、石家庄、唐山，分别为 1.12 亿 m³、1.11 亿 m³、0.75 亿 m³。

表 5-22　河北主要城市居民生活水价改革方案与节水潜力

城市	情景方案	现状水价/(元/m³)	计算水价/(元/m³)	水价提升幅度/(元/m³)	现状用水量/[m³/(a·人)]	水价提升后用水量/[m³/(a·人)]	节水潜力/[m³/(a·人)]	年节水潜力/亿 m³
石家庄	方案 1	4.74	6.70	1.96	52.47	35.95	16.52	1.11
	方案 2	4.74	8.26	3.52	52.47	34.66	17.81	1.19
	方案 3	4.74	9.88	5.14	52.47	33.58	18.89	1.27
	方案 4	4.74	8.94	4.20	52.47	34.18	18.29	1.23
唐山	方案 1	5.00	5.66	0.66	57.56	42.15	15.41	0.75
	方案 2	5.00	7.28	2.28	57.56	35.36	22.20	1.08
	方案 3	5.00	10.12	5.12	57.56	23.96	33.60	1.64
	方案 4	5.00	9.16	4.16	57.56	31.22	26.34	1.28
秦皇岛	方案 1	4.70	5.18	0.48	60.22	37.20	23.02	0.41
	方案 2	4.70	7.25	2.55	60.22	35.72	24.50	0.44
	方案 3	4.70	9.83	5.13	60.22	34.42	25.80	0.46
	方案 4	4.70	8.90	4.20	60.22	34.84	25.38	0.46
邯郸	方案 1	5.46	6.98	1.52	39.66	38.29	7.10	0.37
	方案 2	5.46	7.98	2.52	39.66	35.70	9.91	0.52
	方案 3	5.46	8.65	3.19	39.66	34.76	11.78	0.62
	方案 4	5.46	7.83	2.37	39.66	36.10	9.47	0.50

续表

城市	情景方案	现状水价/(元/m³)	计算水价/(元/m³)	水价提升幅度/(元/m³)	现状用水量/[m³/(a·人)]	水价提升后用水量/[m³/(a·人)]	节水潜力/[m³/(a·人)]	年节水潜力/亿 m³
邢台	方案1	5.41	5.99	0.58	26.01	17.19	2.19	0.16
	方案2	5.41	15.01	9.60	26.01	8.38	17.87	1.31
	方案3	5.41	7.96	2.55	26.01	16.14	5.61	0.41
	方案4	5.41	7.20	1.79	26.01	16.01	4.30	0.32
保定	方案1	5.53	7.26	1.73	35.72	33.48	3.54	0.21
	方案2	5.53	9.70	4.17	35.72	29.37	8.53	0.51
	方案3	5.53	8.41	2.88	35.72	32.45	5.89	0.35
	方案4	5.53	7.61	2.08	35.72	32.89	4.26	0.25
张家口	方案1	4.71	8.33	3.62	35.92	18.60	18.70	0.46
	方案2	4.71	10.23	5.52	35.92	13.81	25.52	0.63
	方案3	4.71	8.66	3.95	35.92	18.35	19.89	0.49
	方案4	4.71	7.84	3.13	35.92	19.84	16.93	0.42
承德	方案1	4.30	4.55	0.25	42.12	36.03	4.01	0.07
	方案2	4.30	7.95	3.65	42.12	26.45	16.93	0.31
	方案3	4.30	8.21	3.91	42.12	26.40	17.93	0.32
	方案4	4.30	7.43	3.13	42.12	27.90	14.97	0.27
廊坊	方案1	5.40	6.82	1.42	40.36	47.29	5.12	0.14
	方案2	5.40	8.18	2.78	40.36	35.65	8.67	0.24
	方案3	5.40	11.23	5.83	40.36	35.60	16.68	0.46
	方案4	5.40	10.17	4.77	40.36	42.87	13.89	0.39
沧州	方案1	5.80	7.90	2.10	63.88	35.54	28.34	1.12
	方案2	5.80	11.01	5.21	63.88	34.13	29.75	1.18
	方案3	5.80	9.31	3.51	63.88	34.84	29.04	1.15
	方案4	5.80	8.43	2.63	63.88	35.26	28.62	1.13
衡水	方案1	5.41	5.64	0.23	40.29	51.48	2.19	0.03
	方案2	5.41	9.07	3.66	40.29	41.95	11.28	0.18
	方案3	5.41	7.98	2.57	40.29	45.84	8.40	0.13
	方案4	5.41	7.23	1.82	40.29	47.06	6.40	0.10

5.6 保障措施与政策建议

1. 严格执行城市居民节水型用水标准

京津冀地区生活用水与节约型用水标准还有一定的距离，具有较大的节水潜力，虽然部分地区生活水价采用三级阶梯水价制度，但仍有进一步优化的空间。根据地区居民收入差异，有区别、有步骤地提高生活水价，以逐步达到节水型用水标准，实现节水目标。居民实际用水量距离节约型用水标准存在着明显的地区差异，在相同水费支出系数或较高水费支出系数情况下，可能是用水量较高而非水价较高造成，因此，应区别水费支出系数相对较高的地区，特别是人均用水量高于节约型标准地区，在适当上调水价的同时应更加强调节约用水，通过分地区、分步骤提高生活水价，使人均用水量逐步达到节水型用水标准，最终实现居民生活用水节水的目标。

2. 建立居民水价动态调整优化机制

京津冀地区水资源短缺，枯水期与丰水期的取水成本存在显著差异，建议推行"季节调整、峰谷水价与阶梯水价"相组合的水价政策，为鼓励居民节水，建议在条件允许的情况下对阶梯水价进行季节调整。同时，建议参照部分城市实施的峰谷电价经验，尝试推行峰谷水价制度。在此基础上建立"季节性水价–阶梯水价"的组合机制，促进用水公平，更好地实现节水效应。此外，水价的动态调整还需考虑地区居民收入水平，根据地区经济发展状况和居民人均收入变化进行动态调整，参照相关国际经验，经济合作与发展组织提出了居民生活水费支出应占家庭年收入的3%～5%，世界银行提出水费支出系数3%作为居民水价的支付意愿。鉴于现状居民生活水价偏低，城镇居民年人均生活用水水费支出占年人均收入的比例普遍低于1%，在近期内将居民水费支出系数维持在1%水平。同时，城市生活水价调整应充分考虑城镇居民的心理和经济承受能力，协调居民生活、社会发展、水资源保护间的关系，循序渐进推进。

3. 合理确定第一阶梯水量和水价

目前，北京、天津居民用水量超过第一阶梯水量的人群比例较小，说明阶梯水价的用水量标准过高。合理确定第一阶梯水量基数和水价是制定阶梯水价的关键，基数过小、水价过高，难以确保城市居民的基本生活用水权利，第一阶梯水量基数过大、水价过低均不能很好地体现水价的杠杆作用，促进节约用水。因此，第一阶梯水量基数和水价应根据确保居民基本生活水的原则制定，兼顾效率与公平，促进节约用水。以每户平均人数和用水量为基础，适当考虑节水潜力，合理制定第一阶梯水量基数。第一阶梯水量重点考虑弱势群体利益，加大对高收入、高耗水群体的制约力度，并实行水价动态调整优化机制，随着居民收入水平的提高，第一阶梯水价的制定保持在居民水费支出系数不高于1%的水平。

4. 科学制定水价级数和级差

科学制定水价级数和级差是发挥水价在节约用水方面的杠杆作用的重点之一。为更好地发挥水价的调节作用，可适当增加居民生活用水阶梯水价的阶梯级数，缩小水量级差，加大水价级差。居民生活用水阶梯水价的第二阶梯水量基数和水价应本着改善和提高居民生活质量的原则制定。第二阶梯水量基数应相对较小，水价设定应与第一阶梯水价有一定的价差。建议第二阶梯水量基数以《城市居民生活用水量标准》（GB/T 50331—2002）不同地域分区人均日用水量的最高限（每月 3.75 ~ 6.6m³）乘以平均每户人口确定，若每户以 3 人计算，则第二阶梯水量基数为每月 11.25 ~ 19.8m³。第三阶梯以上，水量基数和水价应按照满足特殊需要的原则制定。水量、水价级差可适当增大，最高阶梯的水价可设定为第一阶梯水价的 10 倍以上，对奢侈性用水设定高价格，充分发挥水价在节约用水中的杠杆作用。

5. 优化水价构成体系

在水价结构方面，国际发展趋势是更加强调水价结构的设计，鼓励水的高效利用和节水。一是完善水价构成中的水资源费。水资源费的收取体现了国家对水资源的所有权以及由所有权带来的一系列的权利如使用权、经营权和处分权带来的收益。注重水资源费反映水资源稀缺特点。二是在不同阶梯水价实行水资源费、水费、污水处理费同等比例，从而避免第二、三阶梯水价构成中的污水处理费占比逐渐降低的情况，区分不同情况实行不同污水处理费标准，从而提高水资源费和污水处理费的比例，加大污水处理费用的征收力度。

第6章 | 京津冀地区工业水价改革方案与政策建议

本章对京津冀地区工业用水构成、高耗水行业、工业用水效率等进行论述，并与全国相关指标进行比较，揭示京津冀地区工业用水特点与存在的问题。分析北京、天津、河北工业水价现状，并与其他城市工业水价对比分析。采用双对数模型建立工业需水价格函数模型，估算水价改革的节水潜力，根据工业水费承受指数方法，并综合考虑万元工业产值取水量指标，计算工业水价，并以上述两个指标为依据，设计3种工业水价改革方案，估算3种工业水价改革方案下的节水潜力，采用污染物浓度方法计算水价改革方案的节水潜力的污染物减排量，给出近期和远期推荐方案，提出京津冀地区工业水价改革保障措施与政策建议，为京津冀地区工业水价改革提供科学依据。

6.1 工业水价改革背景

6.1.1 工业水价及其组成

我国城镇水价分为居民用水水价和非居民用水水价，非居民用水水价的征收对象为行政事业单位、工商企业、特殊行业，工业水价归类于非居民用水水价。工业水价包括水费、水资源费和污水处理费三部分。工业用水来源包括天然水体（包括地表水和地下水）、水利工程供水、城市自来水、自备井供水、再生水等。由于工业用水来源的多样性，工业水价的制定涉及水资源税（费）、水利工程供水价格、城市供水价格、再生水价格、污水处理费等。本书主要指城市供水的工业用自来水价格。

20世纪90年代以来，为缓解水资源短缺问题，促进节约用水和用水效率的提高，我国加大水价改革力度，使水价能够反映水资源的稀缺程度，形成以节水和合理配置水资源、提高用水效率和促进水资源可持续利用为核心的节水型水价机制。2000年，国家计划委员会同水利部和建设部制定了《关于改革水价促进节约用水的指导意见》，提出提高城市用水和水利工程供水价格。城市用水和水利工程供工业、城市自来水厂用水价格，均要按"补偿成本，合理盈利"的原则调整到合理水平。2004年，国务院办公厅发布《关于推进水价改革促进节约用水保护水资源的通知》，提出用水量大的企业水价应该更高。

为促进工业节水，京津冀地区近年对工业水价进行改革，水价经历了多次调整，工业水价大幅提高，水价结构不断优化。2016年，北京市发展和改革委员会发布了《关于调整北京市非居民用水价格的通知》，非居民用水价格从 8.15 元/m³ 提高到城六区 9.5 元/m³、其他地区 9 元/m³。

2010 年，《天津市物价局、天津市财政局关于调整部分区域水资源费征收标准的通知》发布，自 2011 年 11 月 1 日起，将塘沽、汉沽、大港、开发区水利工程供水环节水资源费征收标准，统一调整为 0.76 元/m³；津南、静海、临港、空港、西青区供水环节水资源费征收标准，统一调整为 0.91 元/m³；将宝坻、宁河、武清、蓟县以地下水为水源的公共自来水厂水资源费征收标准，统一调整为 0.63 元/m³。自 2010 年 11 月 1 日起，利用河（渠）道、水库、输水管线直接供应工业、火力发电的消耗水水资源费征收标准，由 0.20 元/m³ 调整为 0.40 元/m³；循环水水资源费征收标准，由 0.02 元/m³ 调整为 0.04 元/m³。

根据工业行业用水的特点，一些地区制定和实施了工业分行业差别水价和分区域差别水价。分行业差别水价是指针对不同行业制定不同的水价，主要目的是对高耗水、高污染、高耗能和产能过剩行业制定较高的水价，以实现水价的结构调整和节水减污效应。京津冀地区正在实施的非居民用水超定额累进加价制度，对"两高一剩"行业制定了较高的累进加价标准。2009 年，河北省物价局发布《河北省物价局关于对高耗能企业淘汰类和限制类生产装备用水实行差别水价的通知》，对河北高耗能企业的淘汰类和限制类生产企业装备用水实行差别水价政策。同年发布的《河北省人民政府关于加快推进产能过剩行业结构调整的实施意见》指出，要研究制定对产能过剩行业落后产能实行差别水价经济政策。2014 年发布的《河北省人民政府关于印发化解产能严重过剩矛盾实施方案的通知》提出，要对钢铁、水泥、平板玻璃行业，能耗、电耗、水耗等达不到行业标准的产能，实施差别电价和惩罚性电价、水价。2016 年发布的《河北省人民政府关于印发河北省建设京津冀生态环境支撑区规划（2016～2020 年）的通知》提出，要将工业差别水价范围扩大到所有行业的淘汰类和限制类生产设备用水。分区域差别水价，是指不同地区同一行业实行不同的工业水价。2016 年，北京根据城市功能定位，为了引导产业合理布局，促进本市非首都功能疏解，在城六区和其他区域制定了区域化差别水价，对大城市人口集中的区域设定较高的水价标准。河北对于设区的地级市和县级市及以下地区制定了不同的水资源税标准。以上政策的出台，为工业分行业、分区域的差别化水价改革提供了指导和依据。

6.1.2 供水价格核定方法

《城市供水价格管理办法》（计价格〔1998〕1810 号）指出，城市供水价格是指城市供水企业通过一定的工程设施，将地表水、地下水进行必要的净化、消毒处理，使水质符合国家规定的标准后供给用户使用的商品水价格（表6-1）。

2003 年，国家发展和改革委员会、水利部发布了《水利工程供水价格管理办法》，该管理办法指出水利工程供水价格，是指供水经营者通过拦、蓄、引、提等水利工程设施销售给用户的天然水价格。水利工程供水推行基本水价和计量水价相结合的两部制水价。基本水价确定之后，所收取的基本水费按照多年平均用水量乘以容量水价获得，其反映水利工程供水单位向用水户收取的最低费用，用来维持水利工程最基本的正常运转。计量水费按实际供水量乘以计量水价获得，其反映的是实际供水量的货币形式，实行的是"多用水多交钱、少用水少交钱"原则，水价越高，越有利于用水户节约用水（表6-2）。

表6-1 城市供水价格的构成及核定方法

构成	城市供水价格由供水成本、费用、税金和利润构成	1. 城市供水成本是指供水生产过程中发生的原水费、电费、原材料费、资产折旧费、修理费、直接工资、水质检测、监测费以及其他应计入供水成本的直接费用； 2. 费用包括销售费用、管理费用和财务费用； 3. 税金是指供水企业应缴纳的税金； 4. 城市供水价格中的利润，按净资产利润率核定。供水企业合理盈利的平均水平应当是净资产利润率8%~10%
原则	制定城市供水价格应遵循补偿成本、合理收益、节约用水、公平负担的原则	
核定方法	城市供水应逐步实行容量水价和计量水价相结合的两部制水价或阶梯式计量水价。 容量水价用于补偿供水的固定资产成本。计量水价用于补偿供水的运营成本	两部制水价计算公式如下： 1. 两部制水价＝容量水价+计量水价； 2. 容量水价＝容量基价×每户容量基数； 3. 容量基价＝（年固定资产折旧额+年固定资产投资利息）/年制水能力； 4. 居民生活用水容量水价基数＝每户平均人口×每人每月计划平均消费量； 5. 非居民生活用水容量水价基数为：前一年或前三年的平均用水量，新用水单位按审定后的用水量计算； 6. 计量水价＝计量基价×实际用水量； 7. 计量基价＝〔成本+费用+税金+利润–（年固定资产折旧额+年固定资产投资利息）〕/年实际售水量

表6-2 水利工程供水价格的构成和核定方法

构成	水利工程供水价格由供水生产成本、费用、利润和税金构成	供水生产成本是指正常供水生产过程中发生的直接工资、直接材料费、其他直接支出以及固定资产折旧费、修理费、水资源费等制造费用
		费用包括销售费用、管理费用和财务费用
		利润是指供水经营者从事正常供水生产经营获得的合理收益，按净资产利润率核定
		税金是指供水经营者按国家税法规定应该缴纳，并可计入水价的税金
核定方法	基本水价与计量水价相结合的两部制水价	基本水价按补偿供水直接工资、管理费用和50%的折旧费、修理费的原则核定
		计量水价按补偿基本水价以外的水资源费、材料费等其他成本、费用以及计入规定利润和税金的原则核定

6.1.3　超计划和超定额累进加价制度

超计划累进加价制度开始于 20 世纪 80 年代，该制度建立在计划用水管理基础上，征收对象是城市规划区范围内使用城市自来水和自备井供水的用水单位，征收内容包括水费和水资源费。1988 年，建设部发布《城市节约用水管理规定》，要求城市实行计划用水和节约用水，在城市规划区内使用公共供水和自建设施供水的单位和个人超计划用水必须缴纳超计划用水加价水费。1989 年，《北京市城镇节约用水管理办法》和《北京市超计划用水加价水费征收管理办法》规定，城区、近郊区和远郊区的县城、建制镇、工矿区范围内，使用公共供水或自建设施取用地下水的机关、团体、部队、企业、事业单位和个人超计划用水实行现行水价或地下水水资源费的 1～100 倍的累进加价收费。

2002 年，《天津市节约用水条例》规定，非生活用水户实行计划用水和超计划用水累进加价收费制度。使用自来水超计划部分的用水量，除按计划内收费标准计收水费外，还应当按照分档水量，加倍累进收取加价水费。2008 年，天津发布《超计划用水累进加价水费征收管理规定》，指出非生活用水户超计划用水单位，超计划部分的用水量，除按照计划内收费标准计收水费或者征收水资源费外，还应当收取加价水费或者水资源费，累进加价收费标准为：超计划 10% 以下（含 10%）的，按标准水价的 1 倍加收费用；超计划 10%～20% 的，按标准水价的 2 倍加收费用；超计划 20%～30% 的，按标准水价的 3 倍加收费用；超计划 30%～40% 的，按标准水价的 5 倍加收费用；超计划 40% 以上（不含 40%）的，按标准水价的 10 倍加收费用。2012 年发布的《北京市节约用水办法》针对公共管网供水水费和自备水源供水的水资源费，分别制定了超用水指标用水累进加价标准。公共管网供水的用水单位超出用水指标用水的，除据实缴纳水费外，由节水管理部门根据该单位用水实际执行的水价标准，按照下列倍数收取累进加价费用：超出规定数量 20%（含 20%）以下的部分，按照水价的 1 倍标准收取；超出规定数量 20%～40%（含 40%）的部分，按照水价的 2 倍标准收取；超出规定数量 40% 以上的部分，按照水价的 3 倍标准收取。自备水源供水的用水单位超出用水指标用水的，除据实缴纳水资源费外，由节水管理部门根据该单位用水实际执行的水资源费标准，按照下列倍数收取累进加价水资源费：超出规定数量 20%（含 20%）以下的部分，按照水资源费的 5 倍标准收取；超出规定数量 20%～40%（含 40%）的部分，按照水资源费的 10 倍标准收取；超出规定数量 40% 以上的部分，按照水资源费的 15 倍标准收取。

2017 年，国家发展和改革委员会、住房和城乡建设部发布了《关于加快建立健全城镇非居民用水超定额累进加价制度的指导意见》（发改价格〔2017〕1792 号），要求 2020 年底前，各地要全面推行非居民用水超定额累进加价制度。按照要求，2018 年 11 月，北京市发展和改革委员会联合多部门制定《北京市建立健全城镇非居民用水超定额累进加价制度实施方案》，天津、河北也相继分别制定了城镇非居民用水超定额累进加价制度的实施方案，制定了不同的超定额累进加价标准。非居民用水超定额水量分为四档。对"两高一剩"（高耗能、高污染、产能严重过剩）等行业用水实行更高的加价标准（表 6-3），加快淘汰落后产能，减少污水排放，促进产业结构转型升级。

表6-3 京津冀非居民用水超定额累进加价标准

地区	非居民用水			"两高一剩"行业				
	定额内	超定额20%（含20%）以下	超定额20%~40%（含40%）	超定额40%以上	第一档	第二档	第三档	第四档
北京	基本水价	1倍加收水费	2倍加收水费	3倍加收水费	定额内用水（基本水价）	超20%（含20%）以下2倍加收水费	超定额20%~40%（含40%）3倍加收水费	超定额40%以上4倍加收水费
天津	基本水价	0.5倍加收水费	1倍加收水费	1.5倍加收水费	定额内用水（基本水价）	超10%（含10%）以下1倍加收水费	超定额10%~20%（含20%）2倍加收水费	超定额20%以上3倍加收水费
河北	基本水价	1.5倍加收水费	2倍加收水费	3倍加收水费	—	—	—	—

超定额累进加价制度主要目的是促进非居民用水户，特别是高耗水行业和用水大户节水，发挥行业取水定额的限制作用。该制度建立在取水定额管理制度基础之上，针对已经制定了取水定额的非居民用水户，对非居民用水户用水超定额的实施累进加价管理，不再实施非居民用水超计划累进加价管理。

6.1.4 水资源费政策和水资源税改革

1988年发布的《中华人民共和国水法》明确规定："对城市中直接从地下取水的单位征收水资源费，其他直接从地下或江河、湖泊取水的，可由省、自治区、直辖市人民政府决定征收水资源费"，为水资源费的征收提供了法律依据。《河北省县城及以下地区征收水资源费暂行规定》（1988年）制定了水资源费标准。2002年，北京发布《北京市水资源费征收管理办法》，针对直接取用地表水、地下水的单位和个人征收水资源费。取用地下水的，对超出计划用水部分需按规定缴纳超计划用水加价水资源费。

2006年发布的《取水许可和水资源费征收管理条例》（2006年发布，2017年修订），以及2008年发布的《水资源费征收使用管理办法》规定，直接从江河、湖泊或者地下取用水资源的单位（包括中央直属水电厂和火电厂）和个人应当缴纳水资源费。水资源费属于政府非税收入，全额纳入财政预算管理。取水单位或者个人应当按照经批准的年度取水计划取水。超计划或者超定额取水的，对超计划或者超定额部分累进收取水资源费。河北、天津分别于2010年、2015年制定了水资源费征收使用管理办法。《河北省水资源费征收使用管理办法》（2010年）规定，取水单位或者个人超计划取水的累进加价征收水资源费：取水量超过计划 20% 以下、20%~40%、40% 以上的，超过部分分别按征收标准的 1.5 倍、2 倍、3 倍征收；对未经批准取水的，按征收标准的 4 倍追缴水资源费；经批准在地下水超采区取用地下水的，按水资源费标准 2 倍征收，在地下水严重超采区取用水的，按水资源费标准 3 倍征收。水资源费标准基本维持在地表水平均 0.4 元/m³、地下水平均 1.5 元/m³。

2016 年，财政部、税务总局、水利部印发《水资源税改革试点暂行办法》，要求运用税收手段对水资源进行管理，把水资源税改革作为落实最严格水资源管理制度、加强生态环境保护的重要抓手，通过实施水资源税改革、优化税制，有效发挥税收杠杆作用，合理调节用水需求，提高用水效率，促进水资源节约集约循环利用和生态环境保护，推动形成绿色发展方式和生活方式。2016 年 7 月，河北省人民政府印发《河北省水资源税改革试点实施办法》，在全国范围内率先开展水资源税改革试点工作。2017 年，财政部、税务总局、水利部印发《扩大水资源税改革试点实施办法》，决定将试点范围扩大到北京、天津、山西、内蒙古、河南、山东、四川、宁夏和陕西 9 个省（自治区、直辖市）。据此，2017 年底，北京和天津分别制定了水资源税改革试点实施办法和水资源税征收管理办法。2019 年 8 月 26 日，《中华人民共和国资源税法》颁布，为水资源税纳入《中华人民共和国资源税法》保留了空间。

目前的水资源税额标准划分未充分考虑水资源稀缺程度、水资源质量的差异，不能充分展现税收的调节作用。水资源税税额标准按照水源类型、取用水行业、超采情况、公共供水管网覆盖范围及取水口所在地等要素划分，税额维度设置偏多、税目较为复杂。水资源税的征税对象为地表水和地下水，纳税人为直接从江河、湖泊（含水库）和地下取用水资源的单位和个人。水资源税实施从量计征，计税依据为取用水单位或个人的实际取用水量。税额标准区分行业和地区实行差别化税率。对超计划 20%（含）以下、20%~40%（含）、40% 以上用水的纳税人在原税额标准上分别按征收标准的 2 倍、2.5 倍、3 倍征收水资源税。水资源税的试点，进一步加强了水资源的管理与保护，优化了水资源的合理配置，促进了水资源的节约集约利用。学术界对相关试点省份改革情况进行了实证研究，基本结论是，水资源税在筹集了一定的税收收入的同时，促进了水资源的节约与保护，财政收入增加。河北水资源税改革使财政收入有所增加，高耗水企业转型升级，节水效果较为突出，地下水超采情况有所缓解，税收征管协作水平进一步提高，改革取得了初步成效。

6.2　工业用水现状

6.2.1　工业用水占比较低

工业是节水减污的重要实施主体。随着产业结构的调整、工业节水技术的进步和管理水平的提高，2000 年以来，京津冀地区工业用水量总体呈下降趋势。2019 年，京津冀地区工业用水量为 27.58 亿 m³，与 2000 年相比下降了 32.15%。其中北京、河北下降较为显著，分别下降了 66.53% 和 26.09%；天津则呈现波动变化趋势，较 2000 年增加了 2.45%（图 6-1）。

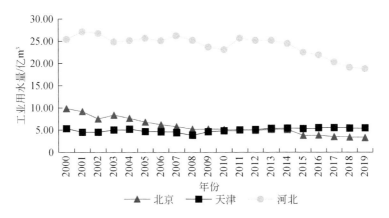

图 6-1　京津冀地区工业用水量变化趋势
资料来源：2000~2019 年北京、天津和河北水资源公报

2019 年京津冀地区工业用水占地区总用水量的 10.93%，低于全国平均水平（20.22%）。2019 年天津工业用水占比最高，为 19.24%；河北和北京分别为 10.32% 和 7.91%。2000~2019 年，京津冀地区工业用水占地区总用水量的比例降低了 3.81%。北京、天津、河北分别下降 16.09%、4.35%、1.68%（图 6-2）。

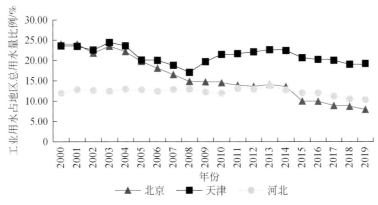

图 6-2　京津冀地区工业用水占比变化
资料来源：2000~2019 年北京、天津和河北水资源公报

6.2.2　高耗水行业用水量占比高

京津冀地区的工业用水结构见图 6-3~图 6-5。根据分行业规模以上工业企业取水量占总取水量的比例，将累计占比 80% 以上的行业作为该地区的主要用水行业。京津冀地区主

要用水行业包括黑色金属冶炼及压延工业（钢铁）、电力、热力的生产和供应业（电力）、非金属矿采选业、黑色金属矿采选业、化学原料及化学制品制造业（化工）、食品制造业、石油加工炼焦及核燃料加工业（石化）、煤炭开采和洗选业、非金属矿物制品业等。北京、天津、河北工业用水结构略有差异，北京和天津用水量占比 10% 以上的主要用水行业均为电力、钢铁和化工；河北主要高耗水行业为钢铁、电力和非金属矿采选业。综上，黑色金属冶炼及压延工业、电力、热力生产和供应业、非金属矿采选、化学原料及化学制品制造业是京津冀高耗水行业。

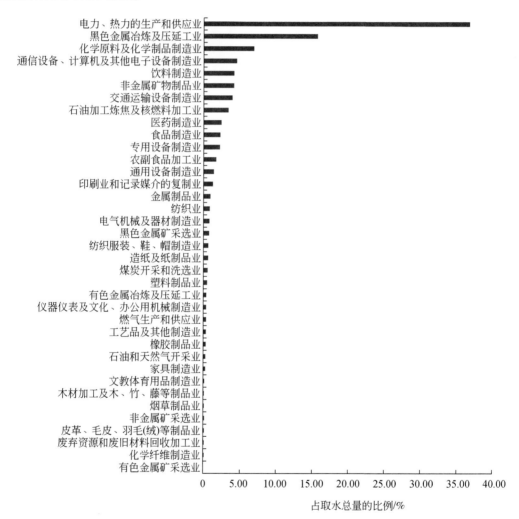

图 6-3　北京分行业规模以上工业企业取水量
资料来源：《中国经济普查年鉴 2008》

京津冀地区高耗水行业占比高，产业结构与水资源承载能力不相匹配。北京、天津、河北三地高耗水行业（钢铁、石化、化工、纺织、食品、造纸等）产值占工业总产值比例分别为 37.4%、39.0% 和 59.5%（工业和信息化部节能与综合利用司，2019）。北京电

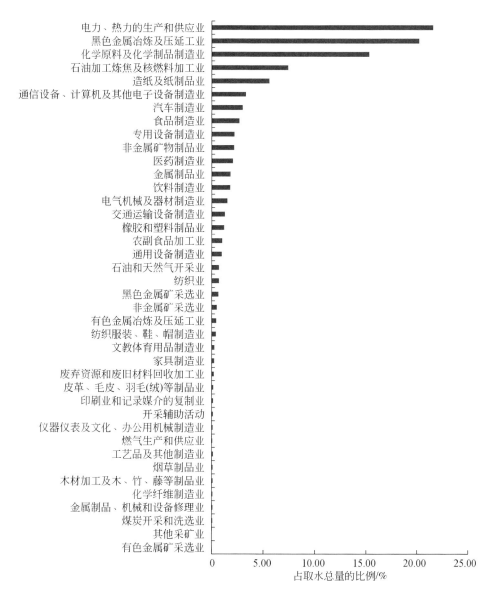

图 6-4　天津分行业规模以上工业企业取水量
资料来源:《天津经济普查年鉴 2013》

力、热力的生产和供应业取水量占总取水量的 37.71%, 黑色金属冶炼及压延工业占比 16.13%, 两者合计占 53.84%, 天津电力、热力的生产和供应业和黑色金属冶炼及压延工业取水量占比分别为 21.55%、20.20%, 合计为 41.75%, 河北黑色金属冶炼及压延工业与电力、热力的生产和供应业取水量占比分别为 28.36%、15.37%, 两者合计为 43.73% (表 6-4 和图 6-6), 高耗水行业用水量占比高的特征十分突出。近年来, 京津冀地区加强产业结构优化, 由原本资本和劳动密集型产业为主转向以高新技术产业为主, 高耗水行业

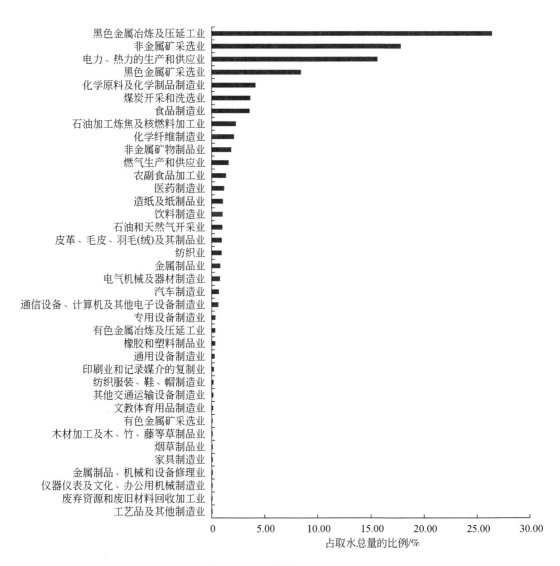

图 6-5　河北分行业规模以上工业企业取水量

资料来源:《河北经济年鉴 2018》

表 6-4　京津冀地区主要工业用水行业

地区	工业行业	占总取水量的比例%
北京	电力、热力的生产和供应业	37.71
	黑色金属冶炼及压延工业	16.13
	化学原料及化学制品制造业	7.09
	通信设备、计算机及其他	4.70
	饮料制造业	4.31

续表

地区	工业行业	占总取水量的比例%
北京	非金属矿物制品业	4.28
	交通运输设备制造业	4.06
	石油加工炼焦及核燃料加工业	3.52
	合计	81.80
天津	电力、热力的生产和供应业	21.55
	黑色金属冶炼及压延工业	20.20
	化学原料及化学制品制造业	15.28
	石油加工炼焦及核燃料加工业	7.38
	造纸及纸制品业	5.56
	通信设备、计算机及其他电子设备制造业	3.31
	汽车制造业	3.01
	食品制造业	2.68
	专用设备制造业	2.21
	合计	81.18
河北	黑色金属冶炼及压延工业	28.36
	电力、热力的生产和供应业	15.37
	非金属矿采选业	14.72
	黑色金属矿采选业	9.22
	化学原料及化学制品制造业	4.66
	煤炭开采和洗选业	3.93
	食品制造业	3.53
	石油加工炼焦及核燃料加工业	2.43
	合计	82.22
京津冀地区	黑色金属冶炼及压延工业	24.32
	电力、热力的生产和供应	18.77
	非金属矿采选业	13.35
	黑色金属矿采选业	6.47
	化学原料及化学制品制造	6.06
	食品制造业	3.31
	石油加工炼焦及核燃料加工业	3.15
	煤炭开采和洗选业	2.80
	非金属矿物制品业	2.15
	合计	80.38

资料来源：《河北经济年鉴 2018》《中国经济普查年鉴 2008》《天津经济普查年鉴 2013》

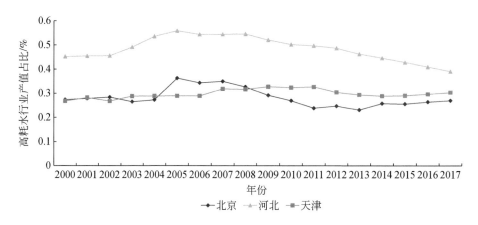

图 6-6　京津冀高耗水行业产值占比

资料来源：《中国工业统计年鉴》（2001～2018 年）

发生转移，因此高耗水行业占比逐年下降，北京的工业结构中高耗水行业占比较低。

6.2.3　工业用水效率较高

万元工业增加值用水量、工业用水重复利用率等是表征工业用水效率的主要指标。京津冀地区万元工业增加值用水量逐年减少（图 6-7）。2004～2017 年，北京、天津和河北万元工业增加值（2000 年价格）用水量均呈下降趋势，年均下降幅度分别为 3.56%、2.16% 和 4.28%，说明京津冀地区不仅实现了工业的快速发展，同时也减少了水资源的消耗量，工业用水效率不断提高，反映了京津冀地区在调整工业产业结构、提高生产技术水平和实施节水政策方面取得了显著的效果。

京津冀地区工业用水效率高于全国平均水平，但存在区域发展不平衡问题。2018 年，京津冀地区万元工业增加值（当年价格）用水量为 11.14m³/万元，北京、天津和河北万元工业增加值（当年价格）用水量分别为 7.49m³/万元、7.81m³/万元和 13.94m³/万元，分别相当于全国平均水平（41.90m³/万元）的 17.88%、18.64% 和 33.27%，表明京津冀地区工业用水效率远高于全国平均水平，但是河北万元工业增加值用水量较大，说明河北的工业仍然有节水潜力。

京津冀地区万元工业增加值用水量存在区域差异（图 6-8），工业节水效率有待进一步提高。根据《京津冀工业节水行动计划》的目标要求，到 2022 年，京津冀重点高耗水行业（钢铁、石化、化工、食品、医药）用水效率达到国际先进水平。万元工业增加值用水量（新水取用量，不包括企业内部的重复利用水量）下降至 10.3m³/万元以下。北京和天津已经达到了目标要求，河北的万元工业增加值用水量仍高于上述水平，说明河北工业节水效率还有待进一步提高。如果要达到这一目标，京津冀地区万元工业增加值用水量需在 2018 年的基础上下降 7.58%，河北的万元工业增加值用水量则需下降 26.13%。

全国与京津冀地区工业用水重复利用率如图 6-9 所示。2000～2015 年，全国和京津冀

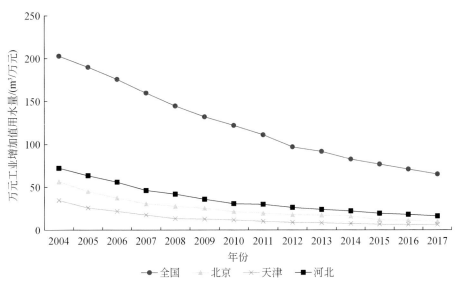

图 6-7　全国和京津冀地区万元工业增加值用水量变化

资料来源：①工业用水量数据引自《中国环境年鉴》（2005～2018 年）；②工业增加值数据引自
《中国统计年鉴》（2005～2018 年）

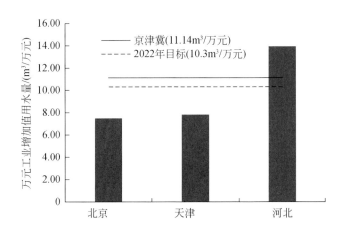

图 6-8　2018 年京津冀地区万元工业增加值用水量

资料来源：工业用水量数据引自《中国环境年鉴 2019》；

工业增加值数据引自《中国统计年鉴 2019》

地区工业用水重复利用率均呈现上升趋势，表明工业用水效率不断提高。与 2000 年相比，全国、北京、天津、河北工业用水重复利用率分别增加了 10.00%、6.30%、4.20%、3.80%。2015 年，北京、天津、河北工业用水重复利用率分别为 94.50%、95.70%、94.10%，普遍高于全国平均水平（89.60%）。根据《京津冀工业节水行动计划》的目标要求，到 2022 年，规模以上工业用水重复利用率达到 93% 以上，京津冀三地均已达到目标要求。

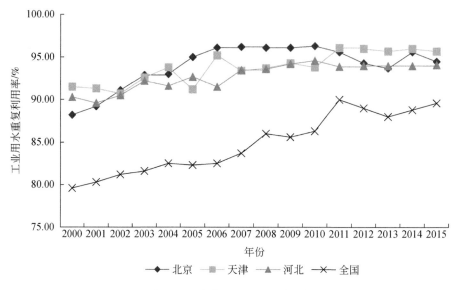

图 6-9　全国和京津冀地区工业用水重复利用率

资料来源:《中国环境年鉴》(2001~2016 年)

6.2.4　存在问题

根据以上分析,京津冀地区工业用水存在以下问题。

(1)水资源短缺和工业用水需求之间的矛盾仍然存在。行业间、企业间用水效率存在较大差距,且存在区域间的不平衡问题,河北万元工业增加值用水量高于北京和天津,从整体上看距离目标要求尚存在一定差距。需通过优化工业用水结构、节水技术改造、工业水价改革等措施促进工业用水效率整体水平的进一步提高。

(2)区域产业结构与水资源承载能力不匹配。京津冀地区高耗水行业占比依然较大,北京、天津、河北三地高耗水行业(钢铁、石化、化工、电力热力等)产值占工业总产值比例分别为37.4%、39.0%和59.5%,而河北高耗水行业用水量占工业总用水量的70%以上。

(3)北京、天津万元增加值用水量较低,工业用水重复利用率较高,工业用水效率已经达到较高水平,节水潜力有限,而河北工业尚有一定的节水空间。

6.3　工 业 水 价

6.3.1　北京

20 世纪 90 年代以来,北京工业水价不断调整,1996~2022 年,工业水价(包括水费、水资源费和污水处理费）从 1.04 元/m³ 提高到 9.5 元/m³，上涨了 813%（图 6-10）。

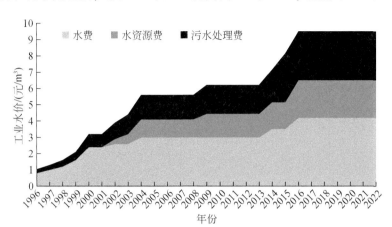

图 6-10 北京工业水价变化

北京水价改革除了水价价格的调整外，水价构成也呈现不断优化的趋势。2002 年，北京全面征收水资源费，包括地表水资源费和地下水资源费。2003 年开始，随着再生水的利用，制定了再生水水价。2004 年，将地表水价格改为水利工程供水价格。2014 年，将工商业用水价格并入非居民用水价格。北京工业水价构成变化见表 6-5。

表 6-5 北京工业水价构成

年份	水价构成	具体说明
1997	自来水价格	工商业等单位用水；工业河水
	地表水价格	工业消耗水；工业贯流水；循环水
	污水处理费	居民用水加收污水处理费；其他用水的排水设施有偿使用费与污水处理费合并。污水处理费统一按实际用水量征收
	地下水资源费	
2002	水资源费	地表水水资源费；地下水资源费
	自来水价格	工商业等其他用水；工业河水
	地表水价格	工业消耗水；工业贯流水；循环水
	污水处理费	污水处理费按用水量征收，居民污水处理费，其他
2003	水资源费	地表水资源费是指市水利局所属供水单位供工业消耗水和市自来水集团公司的地表水资源费；地下水资源费包括市自来水集团公司用地下水资源费、各区县自来水公司（含市自来水集团公司收购的自来水企业）用地下水资源费、农业用地下水资源费和城镇地下水资源费
	自来水价格	工商业等其他用水；城近郊区自备井供水价格按市自来水集团公司供水价格执行
	地表水价格	工业消耗水；供自来水公司用于加工自来水的地表水

年份	水价构成	具体说明
2003	污水处理费	居民污水处理费，其他
	中水价格	由生产供应单位向用户按使用的水量计费收取。对中水用户使用的中水暂不征收污水处理费
2004	水资源费	水利工程供水（除农业和环境用水外）；市自来水集团企业、各区县自来水公司取用地下水；自备井取用地下水；生活、工业等取用地下水；乡镇企业取用地下水
	水利工程供水价格	工业消耗水（含水资源费）；供自来水集团公司用于加工自来水的地表水（含水资源费）；工业贯流水；循环水
	自来水价格	工商业用水
	污水处理费	居民用水；其他用户用水
	中水价格	中水用户暂不征收污水处理费
2014	非居民用户水价	工商业、旅游饭店餐饮业和行政事业等其他非居民用户。全市非居民用水继续执行超定额累进加价政策
2016	非居民用户水价	除特殊行业用户外，调整了城六区和其他区域的自来水供水水费和水资源费，自备井供水水费和水资源费，污水处理费，以及自来水供水水费中包含的水利工程供水价格

北京工业水价结构的改变主要呈现以下特点。第一，水价结构不断简化。2014年以前涉及工业水价的除了自来水价格中的工商业用水外，还涉及地表水价格或水利工程供水价格中的工业消耗水、工业贯流水、循环水等。随着供水设施的不断完善，城镇自来水供水范围不断增大，将水利工程供水价格全部归并到自来水供水价格之中。为了与居民用水区别开来，将工商业用水归并到非居民用水之中。第二，在水价结构中，在工程水价的基础上，增加了资源水价（水资源费）和环境水价（污水处理费），体现了完全成本定价的理念。第三，为了促进再生水利用，制定了低于自来水水价的再生水价格，有利于再生水在工业用水部门的利用。

北京非居民用水包括行政事业用水、工商企业用水、特殊行业用水三大类，工业用水水价归属于非居民水价（表6-6）。

表6-6　北京非居民用水分类

用水分类	具体说明
行政事业用水	1. 行政机关、事业单位用水； 2. 部队用水； 3. 学校教学和学生生活用水执行居民生活用水价格
工商企业用水	1. 工商企业、服务业用水； 2. 宾馆、旅店、招待所、饭店、餐饮业用水； 3. 娱乐业用水：指独立装表计费的歌舞厅、康乐场所、美容美发等

用水分类	具体说明
特殊行业用水	1. 纯净水生产企业用水； 2. 洗车业用水； 3. 洗浴业用水：包括独立装表计费的宾馆、饭店、康体中心、商务会馆等附近设的营业性洗浴； 4. 高尔夫球场用水； 5. 滑雪场用水

资料来源：《北京市发展和改革委员会关于调整本市非居民用水水资源费和污水处理费的通知》（京发改〔2009〕2400 号）；《关于调整北京市非居民用水价格的通知》（京发改〔2016〕612 号）

依据《关于调整北京市非居民用水价格的通知》（京发改〔2016〕612 号），非居民用水价格实施区域差别化价格，城六区非居民水价 9.5 元/m³，其他地区 9 元/m³，特殊行业 160 元/m³。

非居民水价构成中，自来水与自备井表现出不同的特征（表 6-7）。以城六区为例，自来水供水以水费占比最高，其次是污水处理费，水资源费占比最低，三者比例分别为 44.2%、24.2%、31.6%，自备井供水以水资源费为主，其次是污水处理费，最低为水费，三者比例分别为 23.2%、45.2%、31.6%。

表 6-7　北京非居民用水价格 　　　　　　　　　　　　　　　（单位：元/m³）

用户类别	区域	水价	其中			备注
			水费	水资源费	污水处理费	
非居民	城六区	9.5	4.2	2.3	3	自来水供水
			2.2	4.3	3	自备井供水
	其他地区	9.0	4.2	1.8	3	自来水供水
			2.2	3.8	3	自备井供水
特殊行业		160	4	153	3	

注：自 2016 年 5 月 1 日起执行

北京工业水价的提高是现实所需。一是水资源缺乏，现有的非居民水价对水资源价值的体现不够。二是随着城市快速发展和人口不断增长，城市供水规模扩大，城市供水成本相应不断提高。三是根据《京津冀协同发展规划纲要》的要求，北京要结合城市功能定位，理顺市场要素价格形成机制，在用水、用电、用气等方面实施区域化差别价格政策，运用经济手段，引导产业合理布局，促进本市非首都功能疏解。北京的现行水价通过体现区域差异及自来水供水和自备井供水的差异，以及对特殊行业实行高水价等手段引导产业合理布局。

6.3.2　天津

1999 年以来，天津自来水价格经历了数次调整。2002 年开始征收水资源费，工业用自来水价格从 1.67 元/m³ 逐步上调至 2018 年的 8.10 元/m³，提高了 385%。2017 年，天津取消了自来水价格中的城市公用事业附加，使工业水价从 8.10 元/m³ 调整为 7.90 元/m³。水费、水资源费和污水处理费占比分别为 55%、27% 和 18%。

2017 年 12 月，天津在开征水资源税的同时，优化调整了水价结构。将水资源税计入基本水价，自来水终端销售价格由水费、水资源费和污水处理费组成（图 6-11）。全市城镇供水企业的自来水价格分类统一规范为居民用水、非居民用水和特种行业用水三类。其中，居民用水包括城镇居民用户和执行居民用水价格的学校、社会福利机构等非居民用户；特种行业用水主要包括高档洗浴业、高尔夫球场、滑雪场和生产饮用水的企业用水等；非居民用水为除居民用水和特种行业用水之外的用水。

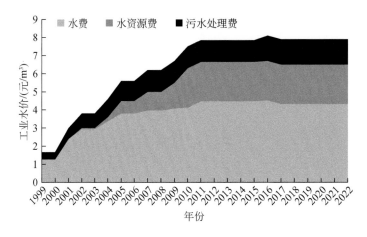

图 6-11　天津工业水价及其构成

天津工业水价为 7.90 元/m³，其中基本水价（水费、水资源费）为 6.50 元/m³，污水处理费为 1.40 元/m³，分别占比 82.3%、17.7%；特种行业用水水价为 22.30 元/m³，其中污水处理费仍然为 1.40 元/m³，基本水价与污水处理费的占比分别为 93.7%、6.3%（表 6-8），充分体现了水资源价值在特种行业水价中的地位。

表 6-8　天津市内六区、环城四区自来水价

类型		阶梯设置	户年用水量 /m³	水价 /(元/m³)	水价构成/(元/m³)	
					基本水价	污水处理费
居民用水	"一户一表" 居民用户	一阶	0~180（含）	4.90	3.95	0.95
		二阶	181~240（含）	6.20	5.25	
		三阶	240 以上	8.00	7.05	
	合表居民用户			4.90	3.95	
	学校、社会福利机构 等非居民用户			5.55	4.60	

续表

类型	阶梯设置	户年用水量/m³	水价/(元/m³)	水价构成/(元/m³)	
				基本水价	污水处理费
非居民用水			7.90	6.50	1.40
特种行业用水			22.30	20.90	

6.3.3 河北

根据河北 11 个地级市工业水价数据求得平均值（图 6-12），2000 ～ 2019 年，河北平均工业水价从 2.23 元/m³ 逐步上调至 8.53 元/m³，提高了 283%。其中，2008 ～ 2010 年和 2017 ～ 2019 年水价上涨速度较快。

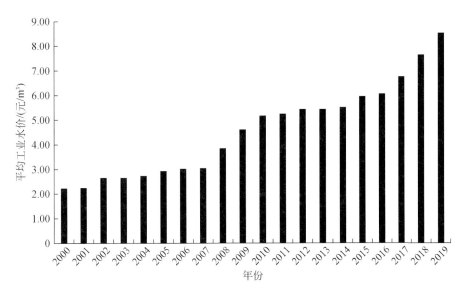

图 6-12 河北平均工业水价变化趋势

2016 年以前，河北工业水价由水费（指非居民用水基础销售价格，其中包括供水水费、附加费、开采费、南水北调基金等）、水资源费、污水处理费（包含排水设施有偿使用费）三者组成。2017 年开始，水资源费改为水资源税，并入基础销售价格。销售水价包括基础水价和污水处理费。

6.3.4 京津冀工业水价比较

比较北京、天津和石家庄三个城市现状工业水价，结果显示（表 6-9），北京工业水价最高为 9.50 元/m³；其次是石家庄 8.94 元/m³；天津最低，为 7.90 元/m³。石家庄水费最高、水资源税最低，其中水费、水资源税、污水处理费分别为 7.14 元/m³、0.4 元/m³、1.4 元/m³，三者比例为 79.9%、4.5%、15.6%。北京水水资源税和污水处理费最高。水费、水资源税、污水处理费占比分别为 44.2%、24.2%、31.6%。天津水费、水资源税、污水处理费占比分别为 54.8%、27.5%、17.7%。

表 6-9　北京、天津和石家庄工业水价构成　　　　　（单位：元/m³）

地区	销售水价	水费	水资源费/税	污水处理费
北京	9.50	4.2	2.3	3.0
天津	7.90	4.33	2.17	1.4
石家庄	8.94	7.14	0.4	1.4

注：表中数据指截至 2022 年执行的水价

2019 年，河北 11 个地级市的工业水价均值为 8.53 元/m³，低于北京和石家庄的工业水价。比较北京、天津和河北（11 个地级市）工业水价变化情况，北京上涨幅度最大，上涨了 813%；河北最小，上涨了 283%。天津水价上涨的速度是先快后慢，相比之下，河北水价上涨则是先慢后快。河北上涨较快的时间段是 2008～2010 年和 2017～2019 年；北京上涨较快的时间段是 2000～2004 年和 2013～2016 年；天津则为 2000～2011 年（图 6-13）。

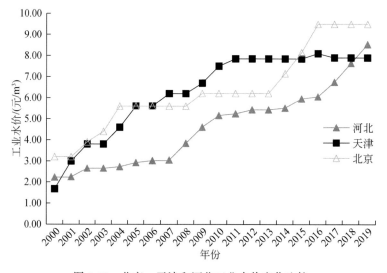

图 6-13　北京、天津和河北工业水价变化比较

6.3.5　与其他城市工业水价比较

京津冀地区工业水价远高于全国其他省会城市（包括直辖市，不包括港澳台），全国省会城市工业水价平均值约 5.0 元/m³。北京、天津和石家庄工业水价分别为全国平均值的 1.90 倍、1.58 倍和 1.79 倍（图 6-14）。京津冀地区工业水价较高的原因，主要是京津

冀地区水资源禀赋和用水需求之间的矛盾突出，通过水价杠杆作用节水的需求较大。近年来，京津冀地区加大了水价改革力度，对产业结构调整、工业用水效率提升均起到了积极的作用。当前，京津冀地区水资源短缺与用水需求的矛盾依然存在，工业用水通过水价手段实现水资源可持续利用依然是亟待研究的问题。

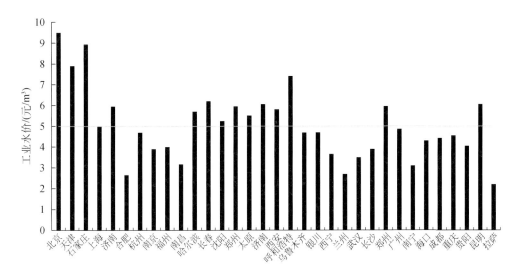

图 6-14　京津冀地区工业水价与全国其他省会城市（含直辖市）工业水价的比较

6.4　工业水价节水减排效应评估

6.4.1　节水效果

已有研究测算工业用水价格弹性主要采用以下两种方法，一是基于生产函数模型，从生产的角度出发，将水视为生产要素之一，建立工业产量与工业用水量、工业用水价格和其他生产要素的关系函数；二是基于需求函数模型，从需求的角度出发，考虑影响工业用水需求的因素，建立工业用水量与工业用水价格和其他影响因素的关系。

1. 生产函数模型

生产函数模型是指反映一定时期内工业投入与产出关系的经济学模型，其一般形式为

$$Q=f(x_1,x_2,\cdots,x_n) \tag{6-1}$$

式中，Q 为工业产出；x_i（$i=1,2,\cdots,n$）为生产要素的投入量。

基于生产函数的方法一般从式（6-1）出发，结合实际采用不同的形式，常用的形式有 C-D 生产函数和超越对数生产函数。C-D 生产函数的基本形式为

$$Y=A(t)L^{\alpha}K^{\beta}\mu \tag{6-2}$$

式中，Y为工业总产值；$A(t)$为综合技术水平；L为投入的劳动力人数；K为投入的资本，一般指固定资产净值；α为劳动力产出的弹性系数；β为资本产出的弹性系数；μ为随机干扰的影响，$\mu \leqslant 1$。

在工业用水价格弹性测算中会引入工业用水量（W），γ为用水量产出的弹性系数

$$Y = A(t)W^{\gamma}L^{\alpha}K^{\beta}\mu \tag{6-3}$$

超越对数生产函数不预设资本与劳动力投入的边际替代率相等，而且可以考察各投入要素的交互关系，因此比 C-D 生产函数应用更为广泛。一般用于测算工业用水价格弹性的超越对数生产函数如下

$$\ln Y = \alpha_0 + \alpha_1 \ln K + \alpha_2 \ln L + \alpha_3 \ln W + \alpha_4 \ln E + \alpha_5 (\ln K)^2 + \alpha_6 (\ln L)^2 + \alpha_7 (\ln W)^2 + \alpha_8 (\ln E)^2$$
$$+ \alpha_9 \ln K \ln L + \alpha_{10} \ln K \ln W + \alpha_{11} \ln K \ln E + \alpha_{12} \ln L \ln W + \alpha_{13} \ln L \ln E + \alpha_{14} \ln W \ln E + \varepsilon \tag{6-4}$$

式中，Y为工业产出；W为工业用水总量；K为工业企业固定资产投资；L为投入的劳动力人数；E为耗能量；$\alpha_1 \sim \alpha_{14}$为待估参数；$\varepsilon$为误差项。

生产函数模型可以考察不同投入要素之间的关系，模型经过长期的发展与检验，相对比较成熟，且模型运算简单，所需数据相对较少易于收集。然而，生产函数模型直接计算得到的系数为要素的产出弹性，如果计算工业用水价格弹性，还需要计算工业用水的边际效益并在边际生产力模型的理论基础上，假设边际效益等于价格，以工业用水的边际效益作为代理水价计算工业用水价格弹性。当代理水价与实际水价差异较大时，由此计算的工业用水价格弹性可能出现脱离实际的情况，这是生产函数模型最大的缺陷。此外，生产函数模型隐含着投入决定产出的假设。

2. 需求函数模型

需求函数模型的一般形式为

$$D = f(x_1, x_2, \cdots, x_m) \tag{6-5}$$

式中，D为需求量；x_i（$i = 1, 2, \cdots, m$）为影响需求的各种因素，如价格、替代商品的价格、互补商品的价格、供应量等。

采用需求函数模型计算工业用水价格弹性时，一般以工业用水量（W）为因变量，工业水价（P_W）、区域水资源量（Q）等为自变量。根据研究问题背景、假设以及数据拟合情况，研究者常选用线性模型、对数线性模型和双对数线性模型等单方程回归模型，三种模型的基本形式如表6-10所示。

表6-10 需求函数测算工业用水价格弹性的单方程回归模型

模型	基本形式	价格弹性
线性模型	$W = \alpha_0 + \alpha_1 P_W + \alpha_2 Q + \mu$	$\alpha_1 \dfrac{P_W}{W}$
对数线性模型	$\ln W = \alpha_0 + \alpha_1 P_W + \alpha_2 Q + \mu$	$\dfrac{\alpha_1}{W}$
双对数线性模型	$\ln W = \alpha_0 + \alpha_1 \ln P_W + \alpha_2 \ln Q + \mu$	α_1

其中，双对数线性模型由于回归系数即价格弹性，在已有研究中使用最为广泛。需要指出的是，上述模型均为单方程回归模型，暗含了水价决定工业用水量的假设，忽略了工业用水量对价格以及水资源量的影响。

需求函数模型变量选择较为灵活，可以将更多的影响因素纳入考虑范围，而且运用双对数线性模型可以直接求算工业用水价格弹性。但由于变量选择过于灵活，经常面临内生性、多重共线性、过度回归等问题，因此在使用过程中需要进行各种检验并对存在问题进行修正。基于此，需求函数模型的回归分析与计算往往比生产函数模型复杂。

需求价格弹性是描述需求受到价格变动影响的指标。工业用水价格弹性表示工业水价变动 1% 时，工业用水量随之变动的比例。工业用水价格弹性能够反映工业水价的节水效果。已有的关于工业用水价格弹性的测算大多选择双对数线性模型，这是因为双对数线性模型不仅可以降低数据中异常值的影响从而增加模型的可靠性，而且可以将价格弹性直接作为变量系数在模型中加以体现，使结果更加直观。因此，本研究选用双对数线性模型来构建工业用水需求方程。

根据已有文献选取工业水价（price）、地区工业规模（idl）、工业结构（ht）、工业节水技术水平（iwr）和人均水资源量（wp）5 类影响工业用水量的因素作为自变量（贾绍凤，2001）。为消除地区工业增长因素对工业用水量的影响，将万元工业增加值用水量（wcp）作为因变量，构建工业用水需求模型

$$\ln wcp = \beta_0 + \beta_1 \ln price + \beta_2 \ln ht + \beta_3 \ln iwr + \beta_4 \ln idl + \beta_5 \ln wp + \varepsilon \qquad (6\text{-}6)$$

式中，$\beta_0 \sim \beta_5$ 为待估参数；ε 为误差项。

工业结构（ht）用高耗水行业在总体工业中的比例表示，即高耗水行业总产值与地区工业总产值之比，一般来说，高耗水行业的用水效率较低，其占工业总产值的比例越大，则地区的整体工业用水效率越低，工业用水量则越高。工业节水技术（iwr）代表了工业企业内部对水资源的重复利用水平，在一定程度上影响了工业用水量，可以用该地区的工业用水重复利用率反映这一指标。地区工业规模（idl）是指工业产值在地区总经济中的占比，用工业增加值与地区生产总值的比值表示。地区的水资源禀赋也决定了地区工业企业的用水行为，所以工业用水需求方程的控制变量还应加上人均水资源量（wp），人均水资源量可以更全面地反映地区的水资源水平。

综上所述，本研究最终构建的工业用水需求模型为

$$\ln wcp = \beta_0 + \beta_1^* \ln price + \beta_2^* \ln ht + \beta_3^* \ln iwr + \beta_4^* \ln idl + \beta_5^* \ln wp + \varepsilon \qquad (6\text{-}7)$$

考虑到数据的完整性和可获取性，选取 2000~2017 年京津冀地区的时序数据进行模型估计。其中，万元工业增加值用水量（wcp）=工业用水总量/实际工业增加值。工业增加值依据工业增加值指数以 2000 年为基期进行平减，得到实际工业增加值。工业水价（price）数据来源于历年的《北京统计年鉴》《天津统计年鉴》《河北经济年鉴》。由于河北各市的水价不统一，因此选用河北 11 个地级市的工业水价平均值。数据来源于历年各市水价改革的政策性文件。工业结构（ht）选用高耗水行业在总体工业中的比例表示，高耗水行业占比=高耗水行业增加值/地区工业增加值。高耗水行业包括电力热力的生产和供应业、化学原料及化学制品业、黑色金属冶炼及压延加工业、造纸及纸制品业、纺织业

和石油加工、炼焦及核燃料加工业六大类高耗水工业，数据来源于《中国工业经济统计年鉴》。工业用水重复利用率数据来源于《中国环境统计年鉴》。地区生产总值、工业增加值数据来源于《中国统计年鉴》。人均水资源量（wp）数据来源于2001~2017年三省（直辖市）的《水资源公报》。变量的描述性统计见表6-11。

表6-11 主要变量的描述性统计

地区	变量	定义	样本量	单位	平均	标准差	最小值	最大值
北京	wcp	万元工业增加值用水量	16	m^3/万元	51.07	37.38	14.36	136.44
	price	工业水价	16	元/m^3	5.36	1.26	3.20	7.23
	ht	高耗水工业比例	16	—	0.28	0.04	0.23	0.36
	iwr	工业用水重复利用率	16	—	0.94	0.03	0.88	0.96
	idl	工业规模	16	—	0.21	0.03	0.16	0.27
	wp	人均水资源量	16	m^3	138.07	27.80	95.10	205.53
天津	wcp	万元工业增加值用水量	16	m^3/万元	23.70	17.46	7.05	63.77
	price	工业水价	16	元/m^3	5.63	1.64	1.67	7.15
	ht	高耗水工业比例	16	—	0.30	0.02	0.27	0.33
	iwr	工业用水重复利用率	16	—	0.94	0.02	0.91	0.96
	idl	工业规模	16	—	0.48	0.02	0.43	0.51
	wp	人均水资源量	16	m^3	101.29	48.70	31.47	232.98
河北	wcp	万元工业增加值用水量	16	m^3/万元	55.07	32.77	19.67	115.59
	price	工业水价	16	元/m^3	4.13	1.47	2.27	6.76
	ht	高耗水工业比例	16	—	0.49	0.04	0.43	0.56
	iwr	工业用水重复利用率	16	—	0.93	0.02	0.90	0.95
	idl	工业规模	16	—	0.46	0.02	0.42	0.49
	wp	人均水资源量	16	m^3	206.31	55.21	127.90	323.20

为验证模型的准确性，需要检验模型中解释变量之间的多重共线性，若解释变量间不存在多重共线性，则可以直接用多元线性回归方法对模型进行拟合；若存在多重共线性，则需要消除共线性再进行拟合。根据京津冀2000~2017年的时序数据，运用Stata 14.0统计软件对双对数线性需求函数模型进行估计，得到回归结果后计算方差膨胀因子VIF。

结果显示，解释变量的VIF值均小于10，因此判断模型的解释变量之间不存在多重共线性，则模型的回归结果可以直接作为弹性系数的估计值。

模型回归结果如表6-12所示，可看出北京、天津、河北回归模型的拟合优度分别为0.988、0.879、0.941，说明模型总体拟合效果尚可，选取的解释变量可对万元工业增加值用水量起到80%以上的影响作用。对于β_1，由于t检验的p值均小于0.05，故拒绝$\beta_1 = 0$的假设，即工业水价对万元工业增加值用水量有显著影响。回归结果F检验的p值均为0，说明模型的回归效果显著。

表 6-12 显示，北京、天津、河北的工业用水价格弹性的估计值分别为 -1.352、-0.950 和 -1.850，也就是说如果工业水价提高 10%，北京、天津、河北的万元工业增加值用水量将分别减少 13.52%、9.50%、18.50%。这一结果表明，总体来看京津冀地区工业用水需求量对水价变化富有弹性，水价对工业用水有一定调节作用。河北工业用水价格弹性系数绝对值最大，说明其工业用水对水价反应最为敏感；其次是北京工业用水价格弹性系数绝对值大于 1，表明其工业用水对水价反应也很敏感；天津工业用水价格弹性系数绝对值最小，但也接近 1，表明其工业用水对水价反应也比较敏感。

表 6-12 水价对工业用水需求影响的估计结果

变量	系数		
（因变量 lnwcp）	北京	天津	河北
lnpri	-1.352 *** （0.207）	-0.950 *** （0.291）	-1.850 *** （0.154）
lnht	0.446 * （0.218）	-2.185 （1.533）	-1.005 （0.997）
lniwr	0.346 （1.841）	-15.366 ** （5.033）	9.077 （6.471）
lnidl	2.320 *** （0.268）	3.600 * （1.739）	0.427 （1.590）
lnwp	0.012 （0.113）	0.082 （0.218）	0.022 （0.155）
Cons	10.085 （0.703）	3.159 （2.679）	6.247 *** （1.372）
调整后的 R^2	0.988	0.879	0.941
F 值	249.458 （0.000）	22.797 （0.000）	55.607 （0.000）

*表示 10% 的显著水平，**表示 5% 的显著水平，***表示 1% 的显著水平；括号里为标准误差

与已有研究成果进行比较，京津冀地区工业用水价格弹性总体高于其他同类研究结果。差异较大的原因可能是研究地区、研究时段、变量选取和研究方法等的不同。从工业用水价格弹性测算结果可以看出，京津冀地区工业水价对工业用水量具有显著影响，因此提高工业水价是促进工业企业节约用水的有效手段。

6.4.2 工业废水及其污染物排放量趋势

2005~2015 年，京津冀地区工业废水排放量减少了 27.10%，工业废水中氨氮排放量减少了 61.37%，工业废水中 COD 排放量减少了 58.17%，如表 6-13、图 6-15 所示。

表 6-13 2005~2015 年工业废水排放及其污染物减少情况 （单位:%）

项目	北京	天津	河北	京津冀
工业废水排放量减少比例	29.93	36.93	24.43	27.10
工业废水中氨氮排放减少比例	70.95	23.18	69.67	61.37
工业废水中 COD 排放减少比例	54.55	31.56	61.37	58.17

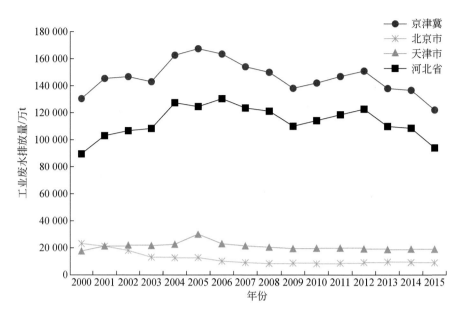

图 6-15　工业废水排放量的变化

　　如果剔除污染物浓度变化的影响,仅考虑废水排放量减少导致的减排效益。2005 ~ 2015 年,京津冀地区废水排放量减少导致工业废水中氨氮排放量减少 1150.32t/a,其中北京、天津、河北分别减少 35.97t/a、234.82t/a、879.53t/a。京津冀地区废水排放量减少导致工业废水中 COD 排放量减少 12 022.67t/a,其中北京、天津、河北分别减少 329.23t/a、2182.03t/a、9511.41t/a (图 6-16、图 6-17)。

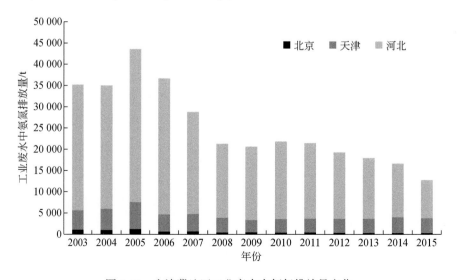

图 6-16　京津冀地区工业废水中氨氮排放量变化

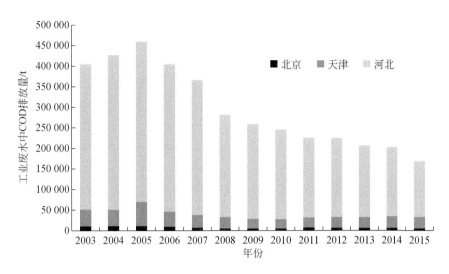

图 6-17   京津冀地区工业废水中 COD 排放量的变化

由此可见，水价具有节水减排效益，近年工业水价的提高促进了节水和循环用水，从而减少了废水排放量，相应也减少了污染物的排放，特别是超定额加价制度的实施，对工业节水与减排起到一定的积极作用。

6.4.3   水价边际效益

根据经济学理论，当工业企业用水的边际成本等于其边际收益时，即可获得水资源优化配置的最优价格（陈优优等，2016）。超越对数生产函数是根据边际生产力理论测算生产要素的边际收益，可反映不同生产要素在生产中的贡献或应得的报酬。在对实际案例进行分析时，用于生产的各种要素对产出的影响不仅和该投入要素有关，还与其他投入要素有关，因此超越对数生产函数常常用来处理这种生产要素间存在相互影响的问题，它与一般的生产函数相比，具有更强的包容性，解释变量的设定包括了要素自身对数的平方以及不同要素的对数乘积，这样可以反映出不同要素对产出影响的相互关系（秦长海等，2021）。因此，选择超越对数生产函数模型计算京津冀工业用水的边际收益，并与现行水价进行比较分析，从而确定当前京津冀水价调整的空间。

设定的超越对数生产函数为

$$\ln Y = \alpha_0 + \alpha_1 \ln K + \alpha_2 \ln L + \alpha_3 \ln W + \alpha_4 \ln E + \alpha_5 (\ln K)^2 + \alpha_6 (\ln L)^2 + \alpha_7 (\ln W)^2 + \alpha_8 (\ln E)^2$$
$$+ \alpha_9 \ln K \ln L + \alpha_{10} \ln K \ln W + \alpha_{11} \ln K \ln E + \alpha_{12} \ln L \ln W + \alpha_{13} \ln L \ln E + \alpha_{14} \ln W \ln E + \varepsilon \qquad (6\text{-}8)$$

式中符号含义同式（6-4）。

由此工业用水的产出弹性为

$$\gamma = \frac{\partial \ln Y}{\partial \ln W} = \alpha_3 + 2\alpha_7 \ln W + \alpha_{10} \ln K + \alpha_{12} \ln L + \alpha_{14} \ln E \qquad (6\text{-}9)$$

故工业用水的边际收益为

$$\theta = \frac{\partial Y}{\partial W} = \frac{\partial \ln Y}{\partial \ln W} \times \frac{Y}{W} = \gamma \times \frac{Y}{W} \quad (6\text{-}10)$$

在满足边际生产力模型的情况下，工业水价等于工业用水的边际效益，即工业用水的价格弹性为

$$E_\mathrm{P} = \frac{\partial \ln W}{\partial \ln P} = \frac{\partial \ln W}{\partial \ln \theta} = \frac{\gamma}{2\alpha_7 + \gamma^2 - \gamma} \quad (6\text{-}11)$$

采用截面数据来测算超越对数生产函数的变量系数，得出全国各省（自治区、直辖市）工业用水产出弹性和边际收益，与当前的工业水价进行比较分析。截面数据可以排除时间变动过程中生产技术水平的变化，将京津冀的情况与全国各省（自治区、直辖市）情况进行比较能更准确地把握京津冀地区的总体情况，可以使实证结果具有可比性与参考性。变量数据来自 2018 年《中国工业统计年鉴》《北京统计年鉴》《天津统计年鉴》《河北经济年鉴》，变量的描述性统计如表 6-14 所示。

表6-14 主要变量的描述性统计

变量	定义	样本量	单位	平均	标准差	最小值	最大值
Y	工业增加值	31	万元	17.89	1.25	13.84	19.68
K	工业固定资产投入量	31	万元	17.69	1.15	14.86	19.39
L	工业劳动力投入量	31	万人	5.09	1.37	0.71	7.27
W	工业用水量	31	万 m³	12.32	1.23	9.62	14.73
E	工业能源消费量	31	万 t 标准煤	8.97	1.01	5.99	10.85

首先根据 31 个省（自治区、直辖市）2017 年的截面数据，对式（6-10）构建的超越对数生产函数模型中各个变量进行共线性诊断，利用 Stata 14.0 统计软件计算出方差膨胀因子 VIF，得出各变量的 VIF 均远大于 10，因此可判断解释变量之间存在严重的多重共线性，需要使用岭回归估计法评估模型参数，以消除变量多重共线性的影响，提高估计结果的可靠性。

运用 SPSS 20 软件进行岭回归，根据得到的 K 值与标准化系数绘制岭迹图，选取岭迹平稳的 K 值，当 K 值大于 0.2 时，各项系数均趋于稳定，因此考虑到模型估计的准确性与可靠性，选取 $K=0.2$ 进行岭回归估计，回归结果如表 6-15 所示。

从回归结果可以看出，模型系数 R^2 为 0.965，F 检验的 p 值为 0，说明模型总体拟合效果较好，选取的解释变量可对工业产值起到 96.5% 的影响作用。从 t 检验结果可看出，$\ln L$、$\ln L^2$、$\ln K \ln L$、$\ln L \ln W$、$\ln L \ln E$ 的拟合系数的 p 值均小于 0.01，故拒绝假设，即 $\ln L$、$\ln L^2$、$\ln K \ln L$、$\ln L \ln W$、$\ln L \ln E$ 对工业增加值具有显著影响，而其余变量对工业产值的影响并不显著。模型通过检验，回归结果 F 检验的 p 值为 0，说明回归效果显著，得到的回归方程为

$$\ln Y = 12.373 + 0.066\ln K + 0.231\ln L + 0.015\ln W + 0.035\ln E + 0.001(\ln K)^2$$
$$+ 0.008\ln K \ln L + 0.001\ln K \ln W + 0.001\ln K \ln E + 0.008\ln L \ln W + 0.011\ln L \ln E \quad (6\text{-}12)$$

则 $\alpha_3 = 0.015$，$\alpha_7 = 0$，$\alpha_{10} = 0.001$，$\alpha_{12} = 0.008$，$\alpha_{14} = 0$，将其代入式（6-12），计算工

业用水的产出弹性为

$$\gamma = 0.015 + 0.001 \ln K + 0.008 \ln L \tag{6-13}$$

表 6-15 岭回归分析结果（$K = 0.2$）

变量	系数	标准误	t 值	p 值	R^2	F 值
$\ln K$	0.066	0.033	1.964	0.067 *		
$\ln L$	0.231	0.029	8.077	0.000 ***		
$\ln W$	0.015	0.027	0.543	0.595		
$\ln E$	0.035	0.028	1.251	0.229		
$(\ln K)^2$	0.001	0.001	1.492	0.155		
$(\ln L)^2$	0.011	0.003	3.282	0.005 ***		
$(\ln W)^2$	0.000	0.001	-0.383	0.707	0.965	31.376
$(\ln E)^2$	0.000	0.002	-0.241	0.813		(0.000 ***)
$\ln K \ln L$	0.008	0.001	10.137	0.000 ***		
$\ln K \ln W$	0.001	0.001	0.828	0.42		
$\ln K \ln E$	0.001	0.001	1.197	0.249		
$\ln L \ln W$	0.008	0.001	8.535	0.000 ***		
$\ln L \ln E$	0.011	0.002	7.415	0.000 ***		
$\ln W \ln E$	0.000	0.001	-0.284	0.78		
Cons	12.373	0.774	15.986	0.000 ***		

* 表示 10% 的显著水平，** 表示 5% 的显著水平，*** 表示 1% 的显著水平

将 2017 年 31 个省（自治区、直辖市）的数据代入式（6-13），可计算出全国各省（自治区、直辖市）工业用水的产出弹性。其中，北京、天津、河北工业用水的产出弹性分别为 0.069、0.072、0.081。根据式（6-10），计算京津冀以及全国各省（自治区、直辖市）的工业用水边际收益，结果显示，京津冀工业用水边际效益分别为 84.17 元/m³、89.80 元/m³、54.81 元/m³，分别是全国平均水平的 3.24 倍、3.45 倍和 2.11 倍，进一步揭示了京津冀地区工业用水效率较高，高于全国平均水平（图 6-18）。

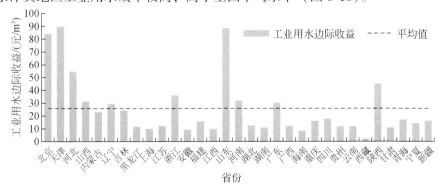

图 6-18 全国各省（自治区、直辖市）工业边际收益（2017 年）

与现状水价对比，京津冀地区工业用水边际效益远高于现行工业水价，是京津冀现状工业水价的 8.86 倍、11.36 倍、8.12 倍，说明京津冀当前工业水价偏低，仍存在较大的提升空间。已有研究认为，北京、天津、河北工业用水边际收益分别为 108.92 元/m³、136.85 元/m³、80.75 元/m³（陈优优等，2016），与上述结果相比，本研究结果低于上述研究成果，造成其差异的主要原因是研究时段的不同。

6.5 工业水价改革方案与节水减排

从京津冀水价政策的发展历程来看，京津冀地区水价改革力度较大，对产业结构调整和工业用水效率的提升起到了重要作用。但是，京津冀地区水资源短缺和用水需求的矛盾依然存在，如何通过水价手段进一步促进水资源节约和合理利用依然是京津冀地区亟待解决的重要问题。

6.5.1 水费承受指数

理论上来说，如果工业水价达到工业用水边际效益的水平，则水资源在工业企业中的配置达到最优水平，但是提高工业水价达到资源有效配置的前提是要保证用水成本在工业企业的承受范围之内。因为提高水价可能会给某些高耗水行业和企业带来负担，从而影响经济社会的稳定性，所以调整水价必须将水价的节水效果与工业企业的承受能力相结合，制定出既能促进节约用水又不影响宏观经济总体运行的合理水价。工业企业的用水承受能力限制了工业水价提升的上限，提高终端水价的同时也需给企业留有稳定运行的空间。

工业企业的承受能力可以通过工业企业的成本指标、行业竞争力指标和水价承受指数等方法进行定量估测，本研究选用水价承受指数定量估测工业企业对水价的承受能力，以此确定合理的工业水价。水价承受指数是指工业企业需要缴纳的水费占工业产出的一定比例。水价承受指数计算公式见式（3-11），工业水价计算公式见式（3-12）。

根据北京、天津和河北万元工业增加值用水量和工业水价计算工业企业水价承受指数。将 2017 年京津冀万元工业产值用水量与工业水价代入式（3-11）、式（3-12），计算结果见表 6-16。

表 6-16 2017 年京津冀地区水价承受指数

地区	万元工业增加值用水量 / (m³/万元)	工业水价/（元/m³）	水价承受指数/%
北京	1.85	9.5	0.18
天津	1.84	7.9	0.15
河北	4.18	6.75	0.28

2004～2017 年，京津冀工业水价不断上涨，然而万元工业增加值用水量逐年下降（图 6-19），导致工业水价承受指数，即工业企业缴纳水费占工业总产值的比例逐年下降（图 6-20），下降的速度先快后慢，2011 年以后逐渐趋于平缓。北京、天津已经达到了《京津冀工业节水行动计划》中万元工业增加值用水量下降至 10.3m³ 目标要求，河北万元工业增加值用水量仍高于这个水平，工业节水效率还有待进一步提高。

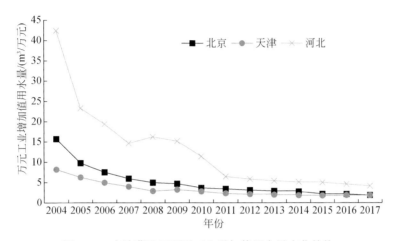

图 6-19　京津冀地区万元工业增加值用水量变化趋势

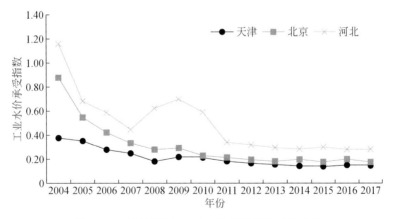

图 6-20　京津冀地区工业水价承受指数变化趋势

京津冀地区水价承受指数偏低，约相当于全国平均水平的 30%～50%，也低于已有研究得到的水价承受指数，其原因是京津冀万元工业增加值用水量远低于全国平均水平。京津冀地区工业水价承受指数偏低说明水费占企业成本的比例偏小，不利于工业企业节水。

6.5.2　水价计算结果

以工业水价承受指数、万元工业增加值用水量两个指标作为依据，2017 年北京、天津和河北万元工业增加值用水量分别为 1.85m³/万元、1.84m³/万元和 4.18m³/万元,水价承受指数分别为 0.18%、0.15%和 0.28%,方案 1、方案 2、方案 3 依次逐步提高水价承受指数,北京、天津万元工业增加值用水量维持现状不变,河北万元工业增加值用水量下降,各情景方案的水价承受指数与万元工业增加值用水量见表 6-17 所示。

分别计算 3 种情景方案下工业水价,计算结果为,北京、天津、河北水价分别为 11.68~16.81 元/m³、10.19~15.92 元/m³、8.28~12.37 元/m³(表 6-17)。

表 6-17 京津冀不同情景方案工业水价计算结果

地区	情景方案	水价承受指数/%	万元工业产值取水量/(m³/万元)	水价/(元/m³)
北京	现状	0.18	1.85	9.50
	方案 1	0.22	1.85	11.68
	方案 2	0.26	1.85	14.01
	方案 3	0.31	1.85	16.81
天津	现状	0.15	1.84	7.90
	方案 1	0.19	1.84	10.19
	方案 2	0.23	1.84	12.74
	方案 3	0.29	1.84	15.92
河北	现状	0.28	4.18	6.75
	方案 1	0.31	3.72	8.28
	方案 2	0.34	3.35	10.12
	方案 3	0.37	3.01	12.37

6.5.3 节水减排预测

根据水价和取水量的拟合关系预测未来的节水潜力。2017 年,北京、天津、河北的现状取水量分别为 3.5 亿 m³、5.5 亿 m³、20.3 亿 m³。不同情景方案下,依据 2.2.3 节式(2-5),计算北京、天津、河北的节水潜力分别为 1.12 亿~2.43 亿 m³/a、2.03 亿~2.88 亿 m³/a、1.78 亿~8.04 亿 m³/a。

根据已有学者(秦长海等,2021)的估算结果,考虑工业用水重复利用率的提高和管网漏损率的降低,京津冀地区工业最大可能取用节水潜力为 4.25 亿 m³,其中,北京、天津和河北分别为 0.71 亿 m³/a、0.28 亿 m³/a 和 3.25 亿 m³/a。上述结果与本研究方案 1 的结果较为接近。

工业废水的污染物减排潜力与废水排放量、污水处理率、污水处理技术水平等有关。如果不考虑污染物浓度变化的影响,仅考虑废水排放量减少导致的减排,3 种情景方案下,根据 2.3.2 节式(2-9)和式(2-10),计算京津冀地区节水的氨氮排放量减少 0.58

万~1.38 万 t/a，其中，北京、天津、河北工业废水氨氮排放量分别减少 0.04 万 ~0.08 万 t/a，0.37 万 ~0.53 万 t/a，0.17 万 ~0.77 万 t/a。北京、天津、河北 COD 排放量分别减少 0.59 万 ~1.28 万 t/a，3.00 万 ~4.26 万 t/a，2.58 万 ~11.66 万 t/a。

推荐方案 1 为近期方案、方案 2 为远期方案。近期：北京、天津、河北工业水价提高到 11.68 元/m³、10.19 元/m³、8.28 元/m³，与现状水价相比提升空间分别为 2.18 元/m³、2.29 元/m³、1.53 元/m³，远期提高到 14.01 元/m³、12.74 元/m³、10.12 元/m³，与现状水价相比提升空间分别为 4.51 元/m³、4.84 元/m³、3.37 元/m³，相应的工业节水潜力近期北京、天津、河北分别为 1.12 亿 m³/a、2.03 亿 m³/a、1.78 亿 m³/a，远期分别为 1.85 亿 m³/a、2.44 亿 m³/a、4.91 亿 m³/a。同时，氨氮、COD 有一定的减排效应（表 6-18）。京津冀地区工业水价可在最高承受价格内进行调整，工业水价不仅能促进水资源更加合理配置，促进工业企业节水，也能保证工业企业的稳定运行。

表 6-18　京津冀不同情景方案下的工业节水减排

地区	情景方案	可承受水价 /（元/m³）	取水量 /（亿 m³/a）	节水潜力 /（亿 m³/a）	污染物减排/（万 t/a）	
					氨氮	COD
北京	现状	9.50	3.5	—	—	—
	方案1	11.68	2.38	1.12	0.04	0.59
	方案2	14.01	1.65	1.85	0.06	0.98
	方案3	16.81	1.07	2.43	0.08	1.28
天津	现状	7.90	5.5	—	—	—
	方案1	10.19	3.47	2.03	0.37	3.00
	方案2	12.74	3.06	2.44	0.45	3.61
	方案3	15.92	2.62	2.88	0.53	4.26
河北	现状	6.75	20.3	—	—	—
	方案1	8.28	18.52	1.78	0.17	2.58
	方案2	10.12	15.39	4.91	0.47	7.12
	方案3	12.37	12.26	8.04	0.77	11.66
合计	现状		29.3	—	—	—
	方案1	—	24.37	4.93	0.58	6.18
	方案2	—	20.10	9.20	0.98	11.71
	方案3		15.95	13.35	1.38	17.21

6.6　工业水价改革政策建议

水价政策改革是水资源管理的重要部分，通过水价的杠杆作用调节用户用水量也是节能减排的重要手段。目前，京津冀地区在工业水价改革方面已经进行了许多调整和改革，在工业企业节约用水方面起到了明显的作用，但是如何进一步调整水价，制定有效合理的工业水价政策仍需要进一步研究。

6.6.1　工业水价特点

根据上述研究，京津地区工业水价具有以下几个特点。

（1）京津冀地区高耗水行业占比高，工业用水效率高于全国平均水平，未来节水空间不大。对京津冀地区工业用水现状的分析表明，京津冀地区水资源十分匮乏。从京津冀地区工业用水结构来看，用水量大的行业均为高耗水行业。京津冀地区工业用水效率远高于全国平均水平。三地相比，河北的工业用水效率相对较低。因此，基于现有的产业结构而言，尚有一定的节水空间，但是节水空间不大。今后应着重于产业结构的调整，减少高耗水行业的比例，促进产业结构转型升级，发展耗水量较少的高新技术产业，这样才能够有效促进工业节水。

工业水价的核定不仅要考虑供水企业的成本，还应考虑工业企业的承受能力。不同行业水费占工业产值的比例不同，高耗水行业对水费最为敏感。而其他行业由于用水成本占产值比例低，对节水问题就不够重视。因此，工业水价不能达到促进大多数企业节水的目的。

（2）京津冀地区水价调整的节水效果具有地区差异。通过对京津冀工业用水的需求价格弹性测算，发现京津冀地区工业用水需求对工业水价总体较为敏感，提升工业水价具有显著的节水效果。京津冀工业用水价格弹性分别为-1.352、-0.950和-1.850。京津冀三地的工业用水价格弹性差异主要受到工业规模、产业结构以及节水技术水平的影响。

（3）未来京津冀地区工业水价具有一定的上涨空间。从京津冀地区工业水价的现状和水价政策的发展历程来看，京津冀地区工业水价与全国其他城市相比属于较高水平。京津冀地区近年工业水价改革力度较大，对产业结构调整和工业用水效率的提升起到了积极作用。根据本研究水费承受指数与工业万元产值取水量两个指标，京津地区水价仍然有上升空间。

（4）企业对水价上涨具有一定的承受能力。考虑工业企业用水承受能力进一步确定合理水价。通过对工业水价承受指数的测算，发现京津冀地区工业水价承受指数和万元工业增加值用水量均呈下降趋势，且水费承受指数均低于0.3，说明企业对水价上涨具有一定的承受能力，水价上涨不会影响企业的负担。推荐的水价近期改革方案中，北京、天津、河北工业可承受水价分别为11.68元/m³、10.19元/m³和8.28元/m³，在提高水价的同时，可以起到节水其减排的效益。

6.6.2　政策建议

通过对京津冀地区工业水价的研究，得到工业水价改革方案，为保障水价改革的顺利实施，提出以下政策建议。

1. 工业水价改革应继续以提高终端水价为基础

目前，京津冀地区的工业水价与居民生活水价的差距并不明显，而且工业终端水价较低，在促进工业企业节约用水方面难以起到应有的作用。在调整工业水价时加入市场供求因素，适当提高工业水价，使工业水价反映工业企业将水资源作为生产要素的付出的成本，从而发挥水价调节市场供需的作用，促进工业企业节水减污。

工业水价改革应与当地经济社会发展水平相适应，考虑产业和行业因素，因地制宜地进行调整，京津冀三地在工业产业结构和生产技术水平等方面存在一定差异，工业用水情况也存在各自的特点。河北的高耗水行业占比高，提高工业水价的节水潜力相对较大。北京和天津的工业用水效率已经达到较高水平，继续提高工业水价对工业用水量的影响作用相对较小，因此在对北京进行水价政策调整时应当着重于产业结构的调整以及水价政策和标准体系的完善。

2. 调整产业结构，减少高耗水行业的比例

京津冀地区高耗水行业占比高，应进一步调整产业结构，通过制定产业政策减少高耗水行业的比例，缓解区域产业结构与水资源承载力的矛盾。同时，应当重视对用水大户和高耗水行业的管理。不同产业和行业的用水户对水资源费的承受能力也各不相同，水价变动对用水大户和高耗水行业用水量的影响更加显著，因此加强定额管理制度，通过奖励政策等，提高用水大户和高耗水行业的节水积极性。

3. 进一步完善取水定额标准，有效实施超定额累进加价制度

尽管京津冀地区制定了各行业的取水定额，但是行业覆盖范围不全，导致很多工业企业仍需进行计划管理。水务部门下达的用水指标通常较高，企业较易达到，导致企业节水动力不强。超定额或超计划累进加价制度的实施效果不明显，超定额和超计划用水量少，绝大部分工业企业的用水量均在定额范围内，定额管理失去了实际意义，不能起到控制工业节水的目的，特别是"两高一剩"行业节约用水的目的。因此，制定合理的用水定额标准，从严实施超定额累进加价制度。同时，配套相关的奖励机制或者水权交易制度，使得节水越多，获益越多。

4. 通过差别定价鼓励工业再生水的利用

差别定价包括分行业、分区域和分水源的差别定价。为了控制地下水超采，应在地下水超采区提高地下水资源税率。北京结合城市功能定位，已经开展了区域差别价格政策，引导产业合理布局，促进非首都功能疏解。工业水价政策目标除了节约用水外，还应包括控制地下水超采以及非常规水资源利用，特别是再生水的利用。目前工业再生水利用率还较低，工业再生水的利用的管网不足，为了鼓励再生水的利用，除了加强管网建设之外，还应确定自来水价格和再生水价格的合理比价关系，鼓励工业企业利用再生水，特别提高高耗水行业再生水的利用率。

|第7章| 北京天津再生水水价
改革方案与政策建议

本章采用成本定价方法、比价关系方法、合作博弈定价方法、意愿调查方法等方法，分别计算北京、天津的再生水水价，给出再生水水价改革方案，指出再生水水价改革的制约因素，并提出相应的保障措施与政策建议。

7.1 再生水利用现状

7.1.1 北京以景观环境用水为主

北京再生水利用开始于20世纪80年代，主要是通过建设小型建筑再生水设施处理生活污水，用于冲厕和绿化。1987年，北京市政府出台了《北京市中水设施建设管理试行办法》。20世纪90年代高碑店、酒仙桥等大型污水处理厂相继建成，为污水资源化利用提供了更好的条件。21世纪后实现了从削减污染物向污水资源化的转变，建成了北京第一座再生水厂——高碑店污水处理厂。2012年颁布的《城镇污水处理厂水污染物排放标准》(DB11/890—2012)地方标准要求主要出水指标一次性达到地表水Ⅳ类标准，为再生水的应用奠定了水质基础。《北京市排水和再生水管理办法》（北京市人民政府第215号令，2009）、《北京市水污染防治条例》（2018）等，为再生水推广利用提供有力保证。2003年以来，北京再生水实行政府指导价，执行价基本维持在1元/m³，价格优势在一定程度上推动了再生水的利用。

近年来，随着水资源供需矛盾的加剧，再生水成为北京水资源配置的重要水源之一，再生水利用量占总用水量的比例由2004年的5.79%增加到2018年的27.37%（表7-1、图7-1）。

表7-1 北京再生水利用现状

年份	再生水利用量/亿 m³	总用水量/亿 m³	再生水占比/%	污水处理率/%
2004 年	2	34.55	5.79	58
2005 年	2.6	34.5	7.54	70
2006 年	3.6	34.3	10.50	
2007 年	4.8	34.81	13.79	
2008 年	6.2	35.08	17.67	79

续表

年份	再生水利用量/亿 m³	总用水量/亿 m³	再生水占比/%	污水处理率/%
2009 年	6.5	35.5	18.31	80
2010 年	6.8	35.2	19.32	81
2011 年	7	35.96	19.47	82
2012 年	7.5	35.88	20.90	83
2013 年	8	36.38	21.99	84
2014 年	8.6	37.49	22.94	85
2015 年	9.5	38.2	24.87	90
2016 年	10	38.8	25.77	90
2017 年	10.5	39.5	26.58	92
2018 年	10.7	39.1	27.37	93

资料来源：北京市水务局网站

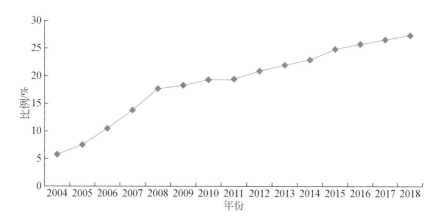

图 7-1　北京再生水利用量占总用水量比例变化趋势

北京再生水利用途径已经由过去的以绿化、洗车、冲厕等市政杂用为主，逐步推广到工业、河湖补水、景观环境及道路浇洒等用途。高碑店污水处理厂经过改造升级以后的设计污水处理量达到 100 万 m³/d，成为城市景观环境用水的重要补充水源，城区 9 座热电厂间接冷却循环用水全部使用再生水替代新水。以 2016 年为例，再生水用于景观环境用水、城市非饮用水、工业用水的比例分别为 86.76%、6.65%、6.59%（图 7-2）。

2018 年北京市再生水用水量为 10.7 亿 m³，其中用于生产用水、生活用水、生态环境用水分别为 0.6 亿 m³、0.2 亿 m³、9.9 亿 m³，再生水在生产用水、生活用水、生态环境用水中占比分别为 7.94%、1.33%、79.52%（图 7-3），工业企业相继开始对再生水的利用，亦庄开发区中芯国际、京东方等高科技产业全面使用再生水，园区内工业再生水利用量占工业用水总量的 40% 以上。八大热电中心和热电厂等电力工业全部利用再生水。生态环境用再生水总量达 9.9 亿 m³，圆明园、龙潭湖等公园湖泊以及清河、土城沟等河道均

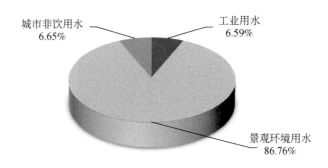

图 7-2　2016 年北京再生水利用途径

已全部用再生水补水，有效改善了城市河湖景观面貌和生态环境。在主要市政道路沿线安装再生水加水机，作为园林绿化、环卫等建设专用加水站点，用于绿化、冲洗道路、施工降尘等取水作业，推动再生水在城市杂用方面的利用。

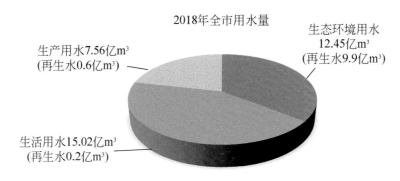

图 7-3　2018 年北京用水结构

原北京市排水集团再生水供应量从 2008 年的 1.1 亿 m³，增加到 2018 年的 4.23 亿 m³（图 7-4），其中工业 5250 万 m³，占比 12.4%，环境 34 881 万 m³，占比 82.5%，市政供水量 2160 万 m³，占比 5.1%。

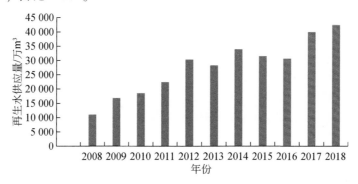

图 7-4　原北京市排水集团 2008～2018 年再生水供应量

7.1.2　天津再生水以工业用水为主

天津是资源型缺水城市,人均水资源占有量为全国人均的 1/16,世界人均的 1/50。再生水资源的利用是目前解决天津缺水问题的有效途径。天津再生水利用系统工程建设快速发展,再生水主要用于工业用水(循环冷却水)、城市非饮用水(冲厕、绿化、建筑施工、道路喷洒等)、景观用水等。2016 年天津再生水用于工业用水、城市非饮用水、景观环境用水的比例分别为 73.03%、26.67% 和 0.29%(图 7-5)。

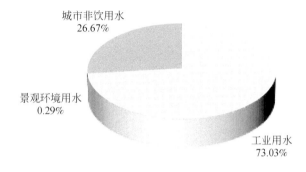

图 7-5　2016 年天津再生水用途

再生水作为天津的第二大水源,近年在天津供水结构中占比逐年提高,由 2017 年的12.3% 提高到 2019 年的 17.3%(表 7-2、图 7-6)。

表 7-2　天津市供水结构　　　　　　　　　　　(单位:亿 m³)

年份	地表水	地下水			污水处理回用	海水淡化	合计
		浅层水	深层水	地热水			
2019 年	19.1588	2.6155	1.1332	0.1585	4.9200	0.4653	28.4483
2018 年	19.4633	2.6853	1.4972	0.2240	4.1396	0.4141	28.4513
2017 年	20.2424	2.7653	1.6398	0.2034	3.5437	0.3457	28.7403

天津再生水资源开发利用已基本完成资源规划配置工作,处于全面推广阶段,城市再生水资源利用已先行推广,用于农业的再生水尚处于示范推广阶段。经济技术开发区优质再生水水主要用于工业锅炉(企业再度进行深加工)和冷却循环系统的补给水。近年来,天津大力推动污水处理厂提标改造工程,完成环外各区 105 座城镇污水处理厂提标改造工作,出水水质主要指标达到地表水 IV 类标准。规划 2021 年 ~2030 年,新建和扩建再生水厂 58 座,新增再生水处理能力 149.11 万 m³/d。

天津市水务局于 2020 年 9 月 30 日颁布了《天津市再生水利用管理办法》(以下简称《办法》),该《办法》第二十二条指出"本市编制国民经济和社会发展规划、国土空间总体规划、重大建设项目布局规划应当与区域水资源的承载能力相适应,进行规划水资源论

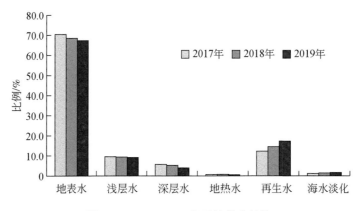

图 7-6　2017～2019 年天津供水结构

证。开展规划水资源论证时，应当统筹地表水、地下水、外调水、再生水。"其中，热电、冶金、化工等高耗水企业应当使用再生水等非常规水源。应当使用再生水的工业用水包括冷却用水、洗涤用水、锅炉用水、工艺用水、产品用水等工业生产用水。在上述相关政策的指导下，天津再生水的利用率逐步提高，特别是再生水成为工业用水的第二大水源，发挥了再生水节水减排的双重功效，再生水作为一种稳定的水源，在替代工业冷却用水等方面发挥了重要作用。

7.2　再生水水价比较

7.2.1　北京

2014 年之前，北京再生水水价依据《北京市物价局关于调整我市水价的通知》（京价（商）字〔2003〕34 号），再生水价格 1.00 元/m³，由生产供应单位向用户按使用的水量计费收取。2014 年之后按照《北京市发展和改革委员会关于调整北京市再生水价格的通知》（京发改〔2014〕885 号），再生水价格由政府定价管理调整为政府最高指导价管理，每立方米价格不超过 3.5 元，鼓励社会单位广泛使用再生水。其中，管道输送用户：再生水单价执行 1 元/m³，针对部分特殊用户源于历史沿袭等原因价格存在一定差异；水车输送用户：洗车等非管线输送再生水用户，其用水价格包括再生水价格和水车运输价格，再生水单价执行 1 元/m³，运输价格额外计算。2009 年，北京居民非饮用水再生水价格 1 元/m³，再生水与自来水价格比价由 2014 年之前的 0.27 增加到 2014 年之后的 0.70，非居民用水的比价由 2014 年之前的 0.18 增加到 2018 年之后的 0.39，特殊行业用水的比价没有变化，比价为 0.02。再生水的价格优势更加明显，有利于再生水的利用（表 7-3、图 7-7）。

表 7-3 北京再生水与自来水价格

时间	自来水居民用水（非饮用水再生水）	非居民用水	特殊行业用水
2014 年之前再生水价格/（元/m³）	1.00	1.00	1.00
2014 年之前自来水价格/（元/m³）	3.70	5.60	61.50
2014 年之前再生水与自来水价格之比	0.27	0.18	0.02
2014 年之后再生水最高价格/（元/m³）	3.50	3.50	3.50
2014~2015 年自来水价格/（元/m³）	5.00	7.15	160.00
2014~2015 年再生水与自来水价格之比	0.70	0.49	0.02
2015~2018 年自来水价格/（元/m³）	5.00	8.15	160.00
2015~2018 年再生水与自来水价格之比	0.70	0.43	0.02
2019 年至今自来水价格/（元/m³）	5.00	9.00	160.00
2018 年至今再生水与自来水价格之比	0.70	0.39	0.02

资料来源：自北京市水务局网

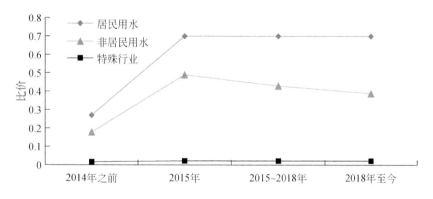

图 7-7 北京再生水与自来水价格之比变化趋势

7.2.2 天津

天津再生水实行分不同用户的分类定价，再生水用途划分为居民用水、发电企业用水和其他用水三大类，其他用水包括工业、行政事业、经营服务业、洗车、临时用水等。2009 年之前上述三类用途的再生水水价分别为 1.10 元/m³、1.30 元/m³、1.20 元/m³，2009 年~2012 年，上述三类用途的再生水水价分别为 1.10 元/m³、1.50 元/m³、3.10 元/m³，2012 年之后居民非饮用水调整为 2.20 元/m³，发电企业用水调整为 2.50 元/m³，其他用水调整为 4.00 元/m³。2009 年之前上述三类再生水水价与自来水比价为 0.32、0.21、0.06，2018 年至今比价分别为 0.45、0.32、0.18（表 7-4，图 7-8），比价系数逐步提高。

表 7-4 天津再生水与自来水价格

年份	居民用水	发电企业用水	其他用水
2009 年之前再生水价格/(元/m³)	1.10	1.30	1.20
2009~2012 年再生水价格/(元/m³)	1.10	1.50	3.10
2012 年之后再生水价格/(元/m³)	2.20	2.50	4.00
2009 年之前自来水价格/(元/m³)	3.40	6.20	20.60
2009 年之前再生水与自来水价格之比	0.32	0.21	0.06
2009~2010 年自来水价格/(元/m³)	3.90	6.70	21.10
2009~2010 年再生水与自来水价格之比	0.28	0.22	0.15
2010~2012 年自来水价格/(元/m³)	4.40	7.50	21.90
2010~2012 年再生水与自来水价格之比	0.25	0.20	0.14
2012~2018 年自来水价格/(元/m³)	4.40	7.50	21.90
2012~2018 年再生水与自来水价格之比	0.50	0.33	0.18
2018 年至今自来水价格/(元/m³)	4.90	7.85	22.25
2018 年至今再生水与自来水价格之比	0.45	0.32	0.18

资料来源：天津市物价局官网

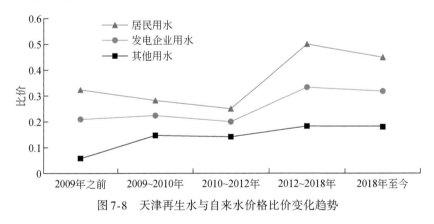

图 7-8 天津再生水与自来水价格比价变化趋势

7.2.3 与全国部分城市比较

国家相关政策性文件对于再生水价格制定，原则性地表述为"再生水价格要以补偿成本和合理收益为原则，结合再生水水质、用途等情况，与自来水价格保持适当差价，按低于自来水价格的一定比例确定"。全国再生水水价差异较大，缺水地区再生水水价普遍较高（表 7-5）。河北石家庄特种行业再生水水价为 10 元/m³，邯郸工业冷却用再生水水价为 0.15 元/m³。表 7-5 列举了部分城市再生水水价，可以看出差异较大，介于 0.8~4.5 元/m³，其中，烟台再生水水价为 3.8 元/m³，深圳再生水价为 2.0 元/m³。部分地区区分了不同用水户的再生水水价，如甘肃生态用途的再生水水价为1.35元/m³，其他用水户的水价为1.45元/m³，昆明绿化用途、工业用途、洗车用途的再生水水价分别为1.0元/m³、1.5元/m³、3.0元/m³。北京、天津再生水水价较高，高于除烟台之外的其他城市，这与北京、天津自来水价格高有一定的关系。

表7-5　我国部分城市再生水价格　　　（单位：元/m³）

省（自治区、直辖市）	城市	再生水价格	
		居民非饮用用水	非居民用水
北京	北京	不超过3.5	不超过3.5
天津	天津	2.2	发电企业用水2.5，其他用水4.0
	滨海新区		4.5
山东	青岛	1.7	1.7
	烟台	3.8	
云南	昆明	1.5	绿化用水1.0；工业用水1.5；洗车用水3.0
吉林	长春		0.8
	吉林	0.8	0.8
内蒙古	呼和浩特		1.75
	包头	1.5	1.1（绿化用水）
	鄂尔多斯		绿化用水0.8；其他行业用水1.0
广东	深圳		2.0
江苏	宿迁	0.96	0.96
宁夏	银川		0.8
新疆	乌鲁木齐		1.0
甘肃	武威	1.45	生态用水1.35，其他用水1.45

7.3　再生水水价计算

7.3.1　计算方法与参数

采用成本定价法计算北京、天津再生水水价。参数值及其数据来源列入表7-6。其中固定资产基本综合折旧率 a、大修和检修维护综合费用系数 k_2、税利系数 k 和工资福利、管理费及其他费用取值的比例系数 k_3 取经验值；再生水厂规模 Q、输水管长度 L 数据来源于《中国城市建设统计年鉴2017》；电费电价 e、工作全扬程 H、第 i 种药剂（包括混凝剂、助凝剂、消毒剂等）的平均投加量 a_i 和第 i 种药剂的平均单价 b_i 采用调研数据。

表 7-6　成本定价法需要的参数及其参数来源

参数	含义	单位/取值	数据来源	
Q	再生水厂规模	万 m^3/d	《中国城市建设统计年鉴2017》	具体取值见表7-7
a	固定资产基本综合折旧率	5%~6%	—	—
L	输水管长度	km	《中国城市建设统计年鉴2017》	具体取值见表7-7
e	电费单价	元/(kW·h)	案例数据	0.5
H	工作全扬程	m	案例数据	275
a_i	第 i 种药剂(混凝剂、助凝剂、消毒剂等)的平均增加量	mg/L	案例数据	混凝剂单价为800 元/m^3，用量为10mg/L，消毒剂投加量为5mg/L，单价为3000 元/m^3
b_i	第 i 种药剂的单价	元/kg	案例数据	
k_2	大修和检修维护综合费用系数	2.5%	—	—
k_3	工资福利、管理费及其他费用取值的比例系数	15%	—	—
k	税利系数	1.2~1.4	—	—

7.3.2　计算结果

1. 成本定价方法计算结果

采用成本方法计算得到的再生水水价，见表7-7，计算结果为北京再生水水价为5.4元/m^3，高于现状再生水最高指导水价3.5 元/m^3，提升空间为1.9 元/m^3。天津再生水水价为5.6 元/m^3，高于现状再生水水价，分别高出居民用水再生水水价、发电企业用水再生水水价、其他用水再生水水价3.4 元/m^3、3.1 元/m^3、1.6 元/m^3。

表 7-7　成本定价方法计算再生水水价结果

城市	生产能力(生产规模)/(万 m^3/d)	管道长度/km	再生水水价/(元/m^3)
北京	513.5	1598	5.4
天津	35.3	1273	5.6

2. 比价关系方法计算结果

依据50%比价标准以及现状自来水阶梯水价平均水价，采用比价关系计算再生水水价，计算结果为北京、天津再生水水价分别为 3.5 元/m³、3.2 元/m³（表 7-8）。与现状再生水水价相比，北京与现状再生水最高指导价相同，天津高出现状居民非饮用水再生水水价、现状发电企业再生水水价、现状其他用水再生水水价约 1.0 元/m³、0.7 元/m³、1.8 元/m³。

表 7-8　比价关系方法（50%）计算再生水水价结果　　（单位：元/m³）

地区	自来水价格		自来水价格均值	再生水水价
北京	一阶	5	7	3.5
	二阶	7		
	三阶	9		
天津	一阶	4.9	6.4	3.2
	二阶	6.2		
	三阶	8.0		

3. 合作博弈定价方法计算结果

取再生水平均制水成本 1.5~3.5 元/m³（经验值），采用合作博弈定价方法计算再生水价，具体计算方法 3.4 节式（3-33），计算结果为：北京再生水水价 4.25~5.25 元/m³，与现状再生水水价相比提升空间为 0.75~1.75 元/m³（表 7-9），天津再生水水价不同用途分别为：居民用水再生水价水为 3.95~4.95 元/m³、发电企业用水再生水水价为 4.68~5.68 元/m³、其他用水再生水水价为 11.90~12.90 元/m³，提升空间分别为 1.75~2.75 元/m³、2.18~3.18 元/m³、7.9~8.9 元/m³（表 7-10）。

表 7-9　合作博弈定价方法计算北京再生水水价结果　　（单位：元/m³）

现状自来水价格		现状再生水价格	计算再生水水价	提升空间
一阶	5	最高 3.5	4.25~5.25	0.75~1.75
二阶	7			
三阶	9			

注：北京自来水价格取一阶、二阶、三阶水价的均值，即 $P = (5+7+9)/3 = 7(元/m³)$

表 7-10　合作博弈定价方法计算天津再生水水价结果　　（单位：元/m³）

类别		现状自来水价格	现状再生水价格	再生水计算结果	提升空间
居民用水	一阶	4.9	2.2	3.95~4.95	1.75~2.75
	二阶	6.2			
	三阶	8			
发电企业用水		7.9	2.5	4.68~5.68	2.18~3.18

类别	现状自来水价格	现状再生水价格	再生水计算结果	提升空间
其他用水（包括工业、行政事业、经营服务业、洗车、临时用水等）	22.3	4.0	11.90 ~ 12.90	7.9 ~ 8.9

注：天津自来水价格取一阶、二阶、三阶水价的均值，即 $P = (4.9 + 6.2 + 8)/3 \approx 6.4 (元/m^3)$

7.4 再生水水价改革方案

3 种计算方法结果显示，北京再生水水价按照从高到低的顺序依次为成本定价方法、比价关系方法、博弈方法、比价方法等，根据 4.6.3 节提出的再生水定价研究思路，考虑到北京再生水主要用于景观环境用水，因此推荐成本定价方法计算结果作为北京再生水水价改革方案，特殊行业在此基础上按照自来水比价同幅提高。

上述 3 种方法计算结果显示，天津成本水价计算结果为 5.6 元/m³、自来水比价方法计算结果为 3.2 元/m³，博弈方法计算居民、发电企业、其他等再生水价分别为 3.95 ~ 4.95 元/m³、4.68 ~ 5.68 元/m³、11.90 ~ 12.90 元/m³（表 7-11），根据 4.6.2 节再生水定价思路，考虑到天津再生水主要用途为工业用水，因此推荐合作博弈定价方法计算结果的平均值为天津再生水水价改革方案，不同用途再生水水价分别为居民用水 4.45 元/m³、发电企业用水 5.18 元/m³、其他用水 12.40 元/m³。

表 7-11 再生水计算结果与现状再生水水价比较 （单位：元/m³）

城市	现状再生水水价	计算再生水价		
		成本定价方法	比价关系方法	合作博弈定价方法
北京	最高指导价 3.5 管道费用+3.5 水车运输费用+3.5 热电厂 3.9	5.4	3.5	4.25 ~ 5.25
天津	居民用水 2.2 发电企业用水 2.5 其他用水 4.0	5.6	3.2	居民用水 3.95 ~ 4.95 发电企业用水 4.68 ~ 5.25 其他用水 11.90 ~ 12.90

注：比价关系方法采用的自来水水价为现状年水价，如果采用本研究提出的自来水水价改革方案，其计算结果更高

进一步计算推荐的再生水水价改革方案与自来水价格的比价系数。根据 5.5.3 节北京居民生活水价改革方案，北京市选择方案 1 为自来水改革方案，根据 5.5.4 节天津居民生活水价改革方案，天津选择方案 3 为自来水水价改革方案，当北京再生水水价提高到 5.4 元/m³，居民用水、非居民用水、特殊行业用水的再生水与自来水的比价系数，分别由现

状的 0.7、0.39、0.02 提高到 0.62、0.44、0.03（表 7-12）。天津再生水水价提高到居民用水 4.45 元/m³、发电企业 5.18 元/m³、其他行业 6.75 元/m³，比价关系分别由现状的 0.45、0.32、0.18 提高到 0.61、0.50、0.50（表 7-13），比价系数逐步提高，符合再生水利用的一般规律。

表 7-12　北京再生水水价改革方案　　　　　　（单位：元/m³）

水价		居民用水	发电企业用水	其他用水
自来水	2019 年	4.90	7.85	22.25
	本研究推荐调整水价	7.32	10.27	24.67
再生水	2019 年	2.20	2.50	4.00
	本研究推荐调整水价	4.45	5.18	12.40
再生水与自来水比价	2019 年	0.45	0.32	0.18
	本研究推荐再生水水价	0.61	0.50	0.50

注：北京再生水水价推荐成本定价方法计算结果的平均值，自来水水价依据 5.5.3 节北京居民水价改革方案 1 的计算结果

表 7-13　天津市再生水水价改革方案

		居民用水	发电企业用水	其他用水
自来水水价 /（元/m³）	2019 年	4.90	7.85	22.25
	本研究推荐调整水价	7.32	10.27	24.67
再生水水价 /（元/m³）	2019 年	2.20	2.50	4.00
	本研究推荐调整水价	4.95	5.25	6.75
再生水与自来 水比价关系	2019 年	0.45	0.32	0.18
	本研究推荐再生水价	0.68	0.51	0.27

注：天津再生水水价推荐合作博弈定价方法计算结果，自来水水价依据 5.5.4 节天津居民水价改革方案 3 的计算结果

7.5　天津滨海新区工业再生水水价改革方案

7.5.1　水资源与用水现状

天津滨海新区多年平均总用水量为 5.60 亿 m³，2015～2019 年总用水量基本保持稳定，2019 年工业用水、生态环境用水、生活用水、农业用水等分别占总用水量比例为 42.96%、31.87%、22.96%、2.21%。用水大户为工业用水，其次为生态环境用水（图 7-9）。

2018 年滨海新区万元 GDP 用水量 4.97m³/万元，低于天津平均水平 14.8m³/万元，仅为全国平均水平的 6.8%。万元工业增加值用水量为 4.51m³/万元，低于天津平均水平

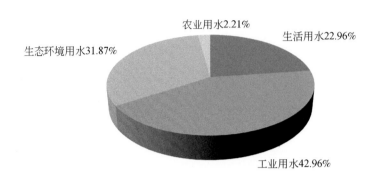

图 7-9　2019 年天津滨海新区用水结构

8.0m³/万元，仅为全国平均水平的 9.9%，用水效率较高。

对 635 家重点企业的用水量指标进行统计分析。工业行业用水量、废水排放量的差异明显，用水量排在前五位的分别是电力、热力、燃气及水生产和供应业，非金属矿采选业，石油和天然气开采业，石油、煤炭及其他燃料加工业，以及化学原料和化学制品制造业。

用水量占比排较大的行业分别是电力、热力、燃气及水生产和供应业，占总取水量的54.7%以上，废水排放量占比基本与取水量一致。

万元工业产值用水量、万元工业产值废水排放量分别为 5.17m³/万元、3.67m³/万元（表 7-14）。排在前五位的分别是电力、热力、燃气及水生产和供应业与电力、热力生产和供应业，纺织业，皮革、毛皮、羽毛及其制品和制鞋业，汽车制造业，以及化学纤维制造业，是平均值的 2~8 倍。万元产值废水排放量排在前六位的分别是纺织业，医药制造业，电力、热力、燃气及水生产和供应业与电力、热力生产和供应业，汽车制造业，皮革、毛皮、羽毛及其制品和制鞋业，以及化学纤维制造业是平均值的 2~4 倍。

表 7-14　滨海新区重点行业万元工业产值用水量与废水排放量（单位：m³/万元）

行业	万元工业产值用水量	万元工业产值废水排放量
电力、热力、燃气及水生产和供应业与电力、热力生产和供应业	42.63	11.97
纺织业	17.29	17.09
皮革、毛皮、羽毛及其制品和制鞋业	11.38	9.11
汽车制造业	10.61	9.32
化学纤维制造业	10.3	8.03
医药制造业	3.68	15.63
平均	5.17	3.67

调研发现所有的企业水费按照定额收取，即不管企业用水多或者少，均按照该行业定额确定的水量收取水费，这导致实际用水量均未超出用水定额的现象。这种管理方式不利

于节水行为，不利于企业内部循环的再生水的回用，不利于企业对再生水厂的再生水的利用。

7.5.2　再生水利用与水价现状

根据 2021 年对滨海新区 60 多家企业的调研，工业企业再生水利用情况可以分为已使用和未使用两大类。已经使用再生水的企业又可分为企业内部循环再生水与使用再生水厂再生水两大类，企业再生水利用的途径包括：①用于企业冷却水，如热能、热电等；②用于企业园区绿化与生活非饮用水。未使用再生水的企业分为两类，第一类：可以直接利用再生水的企业，如垃圾焚烧发电厂、热电厂，因为缺再生水水源或者缺少再生水管道而未使用；第二类：不能直接使用再生水的企业，如汽车零部件制造企业等，因为再生水水质不能满足生产需求的水质标准而限制其直接应用，需要通过内部的深度加工达到水质标准后使用。从再生水利用的条件看，建厂较早的企业缺乏铺设再生水管道的条件，未来利用再生水难度较大，新建厂的企业大部分有再生水管道，但是缺乏再生水的供水水源，同时，再生水厂与企业距离较远，且缺乏相应的再生水输水管道的配套。

滨海新区使用再生水的企业主要包括热能、热电、化工等企业，大部分企业具备使用再生水的条件，且希望利用再生水的意愿较强，100% 的调研企业表示愿意使用再生水，前提条件下是再生水水价低于自来水，即使再生水不能应用于生产环节也可以用于工业园区的绿化与生活非饮用水。因此，滨海新区未来工业再生水利用的潜力较大。

对 60 多家企业再生水利用情况进行调查，结果显示，已经使用再生水的企业约占调研企业的 15%，集中在石油化工、石油天然气、热力能源等企业（表 7-15）。因此，对于用水量大的企业，鼓励用再生水，可以降低水费的成本。由于生产过程需要自来水作为唯一水源的企业，如天津顶益食品有限公司，或者由于建厂较早没有条件铺设管道或者缺乏再生水源的企业，鼓励企业提高水的循环利用率，将水回用于园区绿化、生活用水，以达到节水和降低水的成本的目的，如中国石油天然气股份有限公司大港石化分公司，该厂企业内部水的回用率达到 75%，实现节约成本，减少取水。

表 7-15　2021 年滨海新区典型企业再生水利用现状

企业名称	万元工业产值用水量/（m³/万元）	水费占工业产值的比例/%	再生水水价/（元/m³）	备注
中国石油化工股份有限公司天津分公司	0.02	0.158	9.4	用化工园区污水回收厂的再生水，其中自来水占 36%，再生水占 27%，海水淡化占 37%。海水淡化单价 6.28 元/m³
神华国能天津大港发电厂有限公司［现国能（天津）大港发电厂有限公司］	1.33	0.579	9.1	再生水来源于企业内部，成本为 9.1 元/m³。水费占工业产值 1.06%，包括海水淡化与再生水。城镇供水、海水淡化、再生水 45.46 亿 m³，分别占比为 47.7%、35.5%、16.8%

企业名称	万元工业产值用水量/(m³/万元)	水费占工业产值的比例/%	再生水水价/(元/m³)	备注
天津泰达能源发展有限责任公司	0.66	5.5	一级 4.5二级 10.4	50%取水为再生水,其中一级 RO、二级 RO 再生水的比例分别占 33.7%、66.3%
华能(天津)煤气化发电有限公司	0.38	0.02	4.5	用再生水,再生水未完全使用再生水的原因是再生水水厂供水水质不稳定
天津天保能源股份有限公司	0.29	0.96	6.2	用再生水厂再生水,其中 60%以上为企业内部循环的再生水回用量
天津一汽丰田汽车有限公司(现一汽丰田汽车有限公司)	1.23	0.097	未用再生水厂再生水	没有用再生水厂的再生水,企业有 2 个中水回用系统,中水主要用于园区,有再生水管道,但是缺乏再生水源
天津顶益食品有限公司	1.87	0.147	未用再生水厂再生水	没有用再生水厂的再生水,该企业是食品公司,生产过程对水质的要求高
中沙(天津)石化有限公司	7.4	0.47	未用再生水厂再生水	海水 6.2 元/m³,海水占比高达 90%以上。没有用再生水厂再生水,原因是水费按照定额收取,没有按照实际使用收取,缺乏使用再生水的激励机制
中国石油天然气股份有限公司大港石化分公司	9.8	0.07	未用再生水厂再生水	该厂污水回用率 75%,未利用再生水厂的再生水,其主要原因是建厂早,缺乏铺设再生水管道的条件

根据调研显示,现状执行的再生水水价区别为一级再生水水价和二级再生水水价,且不同企业的再生水水价不同,其中一级再生水水价有 4.5 元/m³、6.2 元/m³、9.4 元/m³ 等三个不同价格,二级再生水水价有 9.1 元/m³、9.4 元/m³、10.4 元/m³ 等三个价格(表 7-16)。

表 7-16 2021 年天津以及滨海新区工业再生水水价   (单位:元/m³)

地区	一级 RO 再生水	二级 RO 再生水
滨海新区	4.5	9.1
	6.2	9.4
	9.4	10.4
天津	2.5	—

注:表中滨海新区再生水水价为调研数据中不同企业实际执行的再生水水价

滨海新区工业再生水水价(一级)高出天津市工业再生水水价 2.0 ~ 6.9 元/m³(表 7-16),说明滨海新区实行了高于天津的再生水水价,其中少部分企业再生水水价高于自来水水价。例如,天津泰达能源发展有限责任公司,再生水使用率达 50%,水费占工业产值比例超过 1.5%的标准,其原因是利用了二级再生水,而二级再生水水价 10.4 元/m³,高于自来水价。工业自来水水价过低,提高自来水水价是促进高标准再生水利用的关键。

调研发现，工业对再生水的需求较高，但是利用率低，主要原因有三个方面：①缺乏再生水管道。建厂较早的企业，缺乏再生水管道，部分企业存在再生水管道铺设条件的限制，进而制约了对再生水的利用。②缺乏再生水水源。近 10 年建厂的企业，虽然大部分考虑了再生水的问题，铺设了再生水输送管道，但是未能使用的原因主要是缺乏再生水水源。③再生水水质问题。对于一些再生水水质要求高的企业，一级 RO 再生水水质难以满足企业生产要求，出现因再生水水质不能满足企业用水要求而制约再生水利用的情况。④再生水用户有限，再生水厂如果满负荷运行或者扩建，可以提高再生水产量和再生水水质，然而没有用户的需求，再生水厂仅维持现状运行水平。

7.5.3 再生水水价改革方案

滨海新区工业水价承受指数为 0.25%，高于天津平均水平。工业自来水水价改革方案以水价承受指数确定。工业自来水一阶水价为 7.9 元/m³，万元工业产值用水量 3.18m³/万元，按照水价承受指数 0.28%、0.30%、0.32% 计算工业自来水水价，不同水价承受指数情景下工业自来水水价分别为 8.1 元/m³、8.4 元/m³、8.6 元/m³，将其作为工业自来水水价改革的 3 种方案（表 7-17）。

表 7-17　天津滨海新区工业自来水水价改革方案

方案		工业自来水水价 /(元/m³)	水价承受 指数/%	万元工业产值用 水量/(m³/万元)	用水量 /亿 m³	节水潜力 /亿 m³
2018 年		7.90	0.25	3.18	2.27	—
工业自来 水价改革 方案	方案 1	8.1	0.28	3.11	2.10	0.17
	方案 2	8.4	0.30	2.98	2.02	0.25
	方案 3	8.6	0.32	2.84	1.94	0.33

调研企业的再生水水价大部分为一级 RO 再生水水价为 4.5 元/m³，与当前天津市规定的滨海新区再生水水价一致，二级 RO 再生水水价为 9.1 元/m³。除上述两种价格外，有不同于上述两种价格的情况，分别是 6.2 元/m³（天津天保能源股份有限公司）、9.4 元/m³（中国石油化工股份有限公司天津分公司）、10.4 元/m³（天津泰达能源发展有限责任公司的二级 RO 再生水）等，高于天津确定的再生水水价。

采用意愿调查确定再生水水价。根据对企业的意愿调查，一级再生水水价从 4.5 元/m³ 提高到 6~7 元/m³，大部分企业表示可以接受。二级再生水水价水质标准可以满足锅炉用水，将二级再生水从 9.1 元/m³ 提高到 10.0 元/m³，热能热电企业可以接受。因此，意愿调查确定的再生水水价分别为一级水价 7.0 元/m³、二级水价 10.0 元/m³。

采用比价关系确定再生水水价，依据 3 种自来水水价改革方案，计算一级再生水水价分别为 7.0 元/m³、7.8 元/m³、9.4 元/m³（表 7-18）。二级再生水水价依据当前二级与一级再生水的比价关系确定，分别为 10.6 元/m³、11.8 元/m³、13.2 元/m³。对应着现状再生水一级水价提高的幅度分别为 2.5 元/m³、1.6 元/m³、0 元/m³，对应着现状再生水二级水价提高的幅度分别为 1.5 元/m³、2.4 元/m³、2.8 元/m³。推荐方案 2 为近期再生水水价改革方案，在该方案下，一级、二级再生水水价分别为 7.8 元/m³、11.8 元/m³，在现状基础上分别提高 1.6 元/m³、2.4 元/m³。

表 7-18　天津滨海新区工业再生水水价改革方案

方案	自来水价调整			2021 年再生水水价 /(元/m³)		再生水水价计算结果/(元/m³)		提高幅度 /(元/m³)	
	自来水 /(元/t)	水价承受指数/%	万元工业产值用水量 /(m³/万元)	一级	二级	一级	二级	一级	二级
方案 1	8.1	0.28	3.11	4.5	9.1	7.0	10.6	2.5	1.5
方案 2	8.4	0.30	2.98	6.2	9.4	7.8	11.8	1.6	2.4
方案 3	8.8	0.32	2.84	9.4	10.4	9.4	13.2	0	2.8

7.6　再生水水价改革制约因素

7.6.1　再生水水质与用户水质标准不统一

水质是否达到利用标准和利用要求是影响再生水用水户的主要因素。2002 年以来，国家陆续颁布了一系列再生水利用标准，据不完全统计，国家批准发布的再生水利用于景观环境的相关标准、规范与技术共有 7 项，其中标准有 4 项，规范有 2 项，指南有 1 项（表 7-19）。这些标准、规范与指南的颁布，为城市再生水利用提供了依据。

表 7-19　再生水利用相关标准与指南

分类		标准号	标准名称
标准	1	GB/T 18919—2002	《城市污水再生利用　分类》
	2	GB/T 18921—2002	《城市污水再生利用　景观环境用水水质》
	3	GB 18918—2002	《城镇污水处理厂污染物排放标准》
	4	SL 368—2006	《再生水水质标准》
指南	1	建城〔2012〕197 号	《城镇污水再生利用技术指南》

然而，这些标准因制定年份较早，难以满足目前大规模的再生水利用需求，正如前文分析所示，针对不同用户的再生水水质仍然存在指标不一致情况，因再生水水质标准低，输送的水质达不到用水户要求，用水户在利用时存在二次处理和安全顾虑，给再生水利用

带来了障碍。

目前，我国针对不同用途的再生水制定了不同的水质标准，分别是：用于地下水回灌的再生水的标准，用于工业的再生水的标准，用于农业、林业、牧业的再生水的标准，用于城市非饮用水及用于景观用水的再生水的标准等。用于地下水回灌的再生水的标准，接近于地下水水质Ⅲ类标准，其指标设置比较全面，标准相对一致，用于工业的再生水的标准比较接近地表水Ⅴ类标准，个别指标标准不一致。用于农业、林业、牧业的再生水的标准接近地表水Ⅴ类标准，其指标设置较为全面，偏重感官性指标，在化学类指标上还有待加强。用于城市非饮用水的再生水的标准接近地表水Ⅴ类标准，部分指标标准低于Ⅴ类地表水，用于景观用水的再生水的标准接近地表水Ⅳ类标准。

再生水水质指标与工业用水水质标准之间存在以下问题（表7-20）。

表 7-20　再生水与工业用水的水质对比

| 序号 | 项目 | 工业自来水 | | 再生水 | |
		锅炉补给水	循环冷却水	直流冷却水	一级A
1	悬浮物（mg/L）≤	—	—	30	10
2	pH	6.5~8.5	6.5~8.5	6.5~9.0	6.5~9.0
3	色度≤	30	30	30	30
4	浊度（mg/L）≤	5	5	—	—
5	五日生化需氧量（mg/L）≤	10	10	30	10
6	铁（mg/L）≤	0.3	0.3	—	—
7	锰（mg/L）≤	0.1	0.1	—	—
8	化学需养量（mg/L）≤	60	60	—	50
9	二氧化硅≤	50	50	50	—
10	硫酸盐（mg/L）≤	250	250	600	—
11	总硬度≤	450	450	450	—
12	溶解性总固体（mg/L）≤	1000	1000	1000	—
13	氨氮（mg/L）≤	10	10	—	5
14	阴离子表面活性剂（mg/L）≤	0.5	0.5	—	0.5
15	氯离子（mg/L）≤	250	250	250	—
16	余氯（mg/L）≥	0.05	0.05	0.05	—
17	粪大肠菌群（个/L）≤	2000	2000	2000	—
18	总碱度≤	350	350	350	—
19	总磷（mg/L）≤	1	1	—	0.5
20	石油类（mg/L）≤	1	1	—	0.5

（1）指标数量不统一。地表水水质标准设有 24 个指标，再生水用于工业用途的指标为 13 个，用于农林牧业的指标为 15 个，用于城市非饮用水的指标为 12 个，用于景观用

水的指标为 13 个。地下水水质标准设置了四大类共 39 个指标，再生水用于地下水回灌的标准设置了 20 个指标。

（2）再生水注重感官性指标，化学类指标和毒理性指标相对较少。再生水水质标准增设了浊度、嗅味、悬浮物等感官性指标，而铜、锌、硒等化学类指标缺少。

（3）再生水对于微生物指标的标准较高，但是指标的设置方面还有待完善。再生水水质标准只设置了粪大肠菌群这一个指标，其指标达到了地表水 II 类以上水质标准，但是未包括地下水水质标准菌类总数指标。

（4）缺乏毒理性指标的设置。当前很多调研表明，再生水的健康风险在很大程度上影响用户对再生水的使用，特别是在与人体产生接触的用途中，这种风险意识更是决定了民众对再生水的使用意愿。目前再生水的水质标准中关于毒理性指标的设置较为缺乏。

（5）再生水标准与对应的用水户标准值存在不一致性。再生水与工业用水的水质对比得出，再生水处理厂一级 A 标准的再生水有 10 项指标满足《城市污水再生利用工业用水水质》中锅炉补给水、循环冷却水、直流冷却水的水质要求，其他的 10 项指标未给出要求。

再生水与城市景观河道用水的水质进行对比分析，从表 7-21 可以看出，再生水处理厂一级 A 标准的再生水有 11 项指标，城市景观河道用水有 13 项指标。溶解氧指标前者标准大于等于 2.0mg/L，景观娱乐用水标准为 3mg/L。氨氮指标在再生水标准中其限值是小于等于 5mg/L，而景观娱乐用水的标准小于等于 0.5mg/L。存在指标不全和指标标准不一致情况。

表 7-21　再生水与景观河道用水的水质标准对比

序号	对比项目	景观河道用水水质标准	一级 A 再生水水质标准
1	pH	6.0 ~ 9.0	6.0 ~ 9.0
2	悬浮物（mg/L）≤	20	10
3	五日生化需氧量（mg/L）≤	10	10
4	浊度（mg/L）≤	—	—
5	总磷（mg/L）≤	1.0	0.5
6	溶解氧（mg/L）≥	1.5	—
7	氨氮（mg/L）≤	0.5	5
8	余氯（mg/L）≥	0.05	0.05
9	石油类（mg/L）≤	1	1
10	总氮（mg/L）≤	15	15
11	粪大肠菌群（个/L）≤	15000	1000
12	色度≤	30	30
13	阴离子表面活性剂（mg/L）≤	0.7	0.7

从再生水水质与城市市政杂用水的水质对比看出（表 7-22），城市再生水厂一级 A 标

准的再生水有 5 项指标满足，粪大肠菌群的指标不满足水质要求，再生水水质粪大肠菌群的指标标准是小于等于 1000 个/L，城市杂用水水质标准为 200 个/L。

表 7-22 再生水和市政杂用用水的水质标准对比

序号	对比项目	城市杂用水质标准				再生水水质标准
		车辆冲洗	道路清扫	冲厕	城市绿化	一级 A
1	pH	6.0~9.0	6.0~9.0	6.0~9.0	6.0~9.0	6.0~9.0
2	色度 ≤	30	30	30	30	30
3	铁（mg/L）≤	—	—	0.3	0.3	—
4	氨氮（mg/L）≤	10	10	10	20	5
5	阴离子表面活性剂（mg/L）≤	0.5	1	1	1	0.5
6	粪大肠菌群（个/L）≤	200	200		200	1000
7	浊度（mg/L）≤	5	5	5	10	—
8	五日生化需氧量（mg/L）≤	10	15	10	20	5
9	锰（mg/L）≤	—	—	0.1	0.1	—
10	溶解性总固体（mg/L）≤	1500	1500	1500	1500	—
11	余氯（mg/L）≥	—	—	—	—	—
12	总大肠菌群（个/L）≤	3	3		3	—

7.6.2 再生水管网建设滞后

再生水管网建设滞后是制约再生水大规模使用的主要因素，如天津滨海新区很多企业就存在这种情况。过去城市对再生水利用普遍重视不够，而新建或更新管网设施投资较大，致使目前输送管网建设极为滞后。城市杂用再生水通过运水车输送到用户，从而增加了再生水的成本，影响了再生水的大规模使用。因此，需要加快有条件但尚未铺设管道地区的管网建设。

7.6.3 自来水价格偏低

再生水价格受到自来水价格的约束，而现行自来水价格普遍偏低，很大程度上限制了再生水价格的提升空间，制约了合理再生水价格的确定，抑制了用水户使用再生水的积极性，制约了再生水市场的培育和发展，影响了再生水利用工作的开展。滨海新区实行与天津统一的工业自来水水价，由于工业自来水水价过低，再生水不具有价格优势，降低了企业对再生水利用的积极性。因此，未来确定高标准再生水水价须考虑其与工业自来水水价之间的关系，为激励再生水的利用，必须提高现状工业自来水水价。

7.6.4　缺乏再生水价格体系

目前，我国再生水价格制定缺乏相应的理论依据和方法。为了鼓励使用再生水，许多城市实行了再生水低价格政策，致使再生水价格不能覆盖生产成本，造成再生水的价格与生产成本的倒挂问题。一方面降低了再生水企业的生产意愿，弱化了再生水生产企业的生产积极性；另一方面再生水价格与生产成本倒挂问题得不到解决，且生产成本得不到相应补偿，再生水企业就收不抵支，降低再生水企业扩大再生产的积极性。

7.6.5　再生水分质供水机制不健全

单一的再生水水价制度，一方面难以反映再生水生产成本，另一方面也不利于激发再生水生产企业的积极性。事实上，不同的用水户对再生水的水质要求不同，而不同水质的再生水生产成本也不一样。再生水供应与用水户之间的供需矛盾限制了再生水的利用。表现在水量与水质两个方面。水量的供需不平衡，一方面是用户缺乏再生水水源，如近10年建厂的企业，大部分考虑了再生水的问题，铺设了再生水管道，但是由于缺乏再生水水源而未能使用再生水；另一方面是供过于求，再生水厂有能力生产再生水，可通过增加负荷运行率或者扩建提高再生水的产量、水质，但是因缺乏用户只能维持现状的运行水平。对于一些对再生水水质要求高的企业，再生水水质成为制约因素，因此应提高再生水水质并进行分质供水以满足用户需求。

7.6.6　用户对再生水认识不全面

用户对再生水认识不全面是影响再生水推广利用的重要因素。当前国内大部分民众对再生水的了解还远远不够，认为再生水是由污水作为原水进行处理的，含有大量的细菌和病毒，存在抵触心理。同时，对用再生水用于农业灌溉缺乏全面的认识，即便是在美国这样再生水起步较早的国家，再生水的应用也面临很大的挑战，消费者的反对限制了其应用，如用于粮食作物的灌溉等。有学者研究认为，水质安全问题是用户接受或拒绝使用再生水的关键问题。

7.7　保障措施与政策建议

7.7.1　提升再生水利用的安全性

加快制定再生水生态环境利用的技术规范和风险管控标准，逐步完善再生水分级、分质标准、评价标准和监管标准等。需进一步研究和完善针对不同再生水用户的水质标准，制定再生水生产企业出水水质监测指标、监测标准与用户水质要求一致的标准体系，以推进再生水的利用力度。再生水用于农业灌溉需要关注其在环境风险和食用安全方面的问题。再生水中可能存在微生物致病菌，长期灌溉对土壤结构、土壤中金属和毒物积累等也有影响。因此，再生水灌溉不能只顾眼前的经济利益，而要考虑长期的经济效益，应做好安全性评价与分析，保证再生水的安全利用。

7.7.2　解决再生水水源供应与配置

再生水供应与用水户之间的供需矛盾限制了再生水的利用，表现在水量与水质两个方面。工业用水大户、城市景观用水、城市绿化和道路洒扫是再生水大规模利用的主要方向。其中，城市绿化、道路洒扫不需要管线建设，城市景观用水不需要复杂的管网建设。农业灌溉用水需要较长距离输送、农业间歇性使用需求等问题，加之现阶段我国农业水价偏低，再生水用于农业灌溉还需要一段时间才能实现。工业再生水已有基础，而且潜力巨大，现阶段管网建设重点是工业企业用户，需加大工业再生水管网投资力度。由于再生水管道的铺设受地理位置和条件制约，新建、扩建的企业必须统筹规划再生水管网建设，政府对再生水项目审批开设绿色通道，保证再生水管网建设的质量和速度。

再生水管网建设滞后是制约再生水大规模使用的主要因素，输送管线建设滞后是影响再生水推广利用的关键。一般而言，再生水输送需要修建独立的管网设施，过去城市对再生水利用普遍重视不够，而新建或更新管网设施投资较大，致使目前输送管网建设极为滞后。再生水输送管道建设不足，因此只能用水车运输，尽管制定的再生水出厂价格已经很低，但总体使用成本依然很高，影响了再生水的规模使用。管网建设与供水水质、用水户的要求、用水户的分布等关系密切，这些因素增加了再生水管网建设的难度，对新建、扩建再生水工程项目，设置强制性规定，保障再生水管网设施建设。在新建或改造再生水厂时，合理布局，尽可能缩短输送距离，把靠近潜在再生水利用大户作为重要的考虑因素，以解决再生水供水水源供应与配置的不协调问题。

7.7.3　建立再生水价格体系

再生水作为替代水源，其价格以自来水为基础，两者的比价关系呈现动态变化特点。在再生水利用初期，为了促使用户使用再生水，再生水价格相对较低，需要政府公共财政进行补贴。在再生水利用初期，再生水价格上限建议为自来水的20%~30%，随着再生水利用的推进，再生水价格与自来水价格可高于50%。2006年以来，澳大利亚一些地区民众可接受的再生水价格逐渐提高，从30%左右提升至2009年的80%左右。美国加利福尼亚州多年来的再生水利用实践也证明，再生水与自来水价格之比可以超过1∶2，甚至可与自来水价格相等（表7-23）。

表 7-23　美国加利福尼亚州部分地区再生水与自来水的比价关系

辖区	再生水与自来水价格之比
长滩市（Long Beach）	0.53
米尔皮塔斯市（Milpitas）	0.80
圣何塞（San Jose）水管理区	0.85
欧文（Irvine）水管理区	0.90
奥泰（Otay）水管理区	1.00
东湾市（East Bay）	1.00

　　再生水水质对应不同的生产工艺和技术，再生水水质越高，对所采用的生产工艺和技术要求越高，相应地，再生水生产的单位投入就越多，再生水的生产成本就越高。单一再生水水价，一方面难以反映再生水生产成本，另一方面也不利于激发再生水生产企业的积极性，在一定程度上制约了再生水利用的发展。为此，需要建立分质供水、分质定价的再生水价格体系，对于不同类型的用水户，既要参照自来水的价格，又要兼顾用水户的承受能力与支付意愿，充分体现再生水"优水优用""优质高价"。

　　分类制定水价。再生水定价要考虑使用再生水用水主体的经济效益差异。不同用水主体使用再生水时产生的经济效益有所差异，在制定再生水价格时，要对比不同用水主体使用再生水和原水源时的经济效益的差别，在再生水价格制定时，减免因使用再生水导致的经济损失部分，增加其因为使用再生水而带来的成本较少的部分，如公园使用再生水可能会因为气味等问题导致游客减少，与使用原水源相比产生经济损失，因此公园再生水价格减免其因使用再生水造成的旅游损失部分。农业灌溉使用再生水可能会减少氮、磷等化肥的使用，与使用原水源相比农业成本会有一定的降低，因此农业灌溉再生水价增加其因使用再生水而节省的化肥成本。用于生态补水、入海口的再生水其污染较少，且与使用原水源相比成本也会降低，因而再生水价格应增加其因使用再生水而节省的污染处理成本。

　　再生水差价定价。再生水是未来用水结构中非常重要的一部分，特别是在京津冀地区水资源短缺情况下，再生水也是非常稀缺的资源。政府不仅要鼓励再生水的利用，更要充分发挥水价杠杆的作用，促使全社会形成节约使用再生水资源的观念，避免因为再生水价较低而造成企业浪费再生水资源的情况。充分利用水价的杠杆作用，形成再生水利用的价格奖惩机制，鼓励企业和个人合理地利用再生水，避免浪费再生水资源。再生水水价与自来水分类价格体系相衔接，体现再生水与自来水之间的价格差异。再生水定价是推广利用再生水的关键环节。合理的再生水定价不仅可以吸引更多的再生水用户，进一步扩大再生水的市场规模，使再生水的生产成本降低，还可以通过所得利润进一步推动再生水处理设施的市场化进程，解决再生水厂建设跟不上社会发展的需要、再生水厂的资金难以保障等一系列问题，实现污水处理效益的最优化、水资源的循环利用。再生水水价应随自来水水价的提升而调整。

7.7.4 加强再生水价格体系研究

目前缺乏科学的、兼顾各方利益的再生水定价理论与方法，使得相关主体缺乏生产和使用再生水的积极性。支付意愿定价更多地考虑了用户的需求，但在精确性和客观性等方面存在缺陷。我国处于再生水利用初期，以成本为基础的定价方法在实践中难以实施，未来的理论研究应该将供水成本核算与用户需求相结合，提出具体可行的定价理论与方法。市场调查与分析将成为再生水定价研究的重要基础性工作，包括用户支付意愿测度、用户水质偏好测度、用水成本调查等，从综合考虑成本与需求的视角，探讨再生水价的影响因素，并通过用户支付意愿测度与水质偏好模拟等方法综合研究再生水水价。

积极推动政策指导价下的供需双方协商定价，推动用水大户与再生水生产企业在政府最高指导价下的供需协商定价。供需协商定价可有效激活再生水生产企业的积极性，引导企业从专注于获取更多的财政补贴到有效开发市场需求，科学地制定价格及生产运营计划，提高再生水利用率。此外，污水资源化利用风险与控制研究不足。再生水利用是一个复杂的非传统供水工程，与污水达标排放和传统供水相比，具有不尽相同的风险因子、暴露途径、暴露量和风险产生机制，需要开展有针对性的、系统深入的研究。

7.7.5 健全再生水利用水质标准体系

再生水利用水质标准覆盖不全，水质分级标准缺失，污水处理厂排放标准、水环境质量标准和再生水生态环境利用水质标准之间缺统筹、欠协同，缺少利用效益评价标准、生态环境风险管理标准等。健全再生水利用标准体系，研究再生水利用统计方法与制度、利用效益评价方法、规范，形成科学统一的体系。逐步完善再生水分级、分质、分不同用户的标准。

7.7.6 现阶段积极鼓励工业用再生水

工业用水应优先使用再生水，在缺水地区，工业企业、园区应规划配备管网设施，将再生水作为工业用水的优先水源、第一水源。大力推进工业废水循环利用。推进工业园区企业内和企业间用水系统集成优化，实现串联用水、分质用水、一水多用和循环利用。推进污废水工业循环利用水质监测评价和用水管理体系建设。开展水循环利用技术综合集成与示范，形成再生水技术、工程与服务、管理、政策等协同发力的示范样板。例如，天津滨海新区再生水利用的示范效应。所有企业按照定额收取水费的管理方式不利于企业节水行为以及再生水利用。调研的50多个企业用水量均未超出用水定额规定的年用水量，说明当前的工业用水定额的作用微弱，大部分企业用水占产值比例低于水费支出1.5%的标准，对节水问题不够重视。这说明用水定额标准未达到"超定额加价"的工业节水目标，未来可适当降低用水大户行业的用水定额标准。

7.7.7　财政优惠与补贴

再生水的特殊性，其价格不能完全按照市场化原则制定，如再生水直排到水体或作为河湖生态补水，具有环境效益，但是再生水厂未能从中获益。因此，需要政府给予财政上的扶持和补贴。

再生水价格财政补贴范围包括对再生水利用设施投资建设给予财政支持。财政部门通过专项资金、贷款贴息、财政补贴等形式对再生水设施建设项目予以支持。把再生水利用设施与管网建设投入纳入各级财政年度预算，以建立中央再生水利用设施与管网建设"以奖代补"专项资金为突破口，引导、督促地方政府建立再生水利用设施与管网建设专项资金，逐步建立起以公共财政投入为主导，多渠道、多层次、多元化的再生水利用设施与管网建设投入机制。

对于以河道生态补水为主的再生水企业，河道生态补水的水费由中央、省级与地市级财政分担，其中中央财政补贴资金采取"直补"方式，由财政部门直接拨付给再生水企业。

7.7.8　相关部门统一管理

再生水开发利用、再生水水价制定以及再生水管理分别涉及不同部门管理，包括国家发展和改革委员会、科技部、工业和信息化部、财政部、自然资源部、生态环境部、住房和城乡建设部、水利部、农业农村部、市场监管总局等，因此，需各行其责、统一管理，建立相互协调机制。再生水直接排入河道作为河流生态补水，不涉及收费问题，主要由水务部门负责管理；再生水用于其他用户的，区分为再生水生产过程与收费过程两个环节，再生水生产由水务部门负责管理，再生水出再生水厂进入市政管网，由住房和城乡建设部门负责管理。

政府是城市再生水利用工作的主要承担者和推动者，再生水利用的相关部门主要涉及水利部、住房和城乡建设部，2008 年国务院审议通过的水利部"三定"方案中，明确了水利部"指导城市污水处理回用等非传统水资源开发工作"的职责，在住房和城乡建设部的"三定"方案中，明确了"指导城镇污水处理设施和管网配套建设"的职责，但同时也明确了将具体职责交由地方政府。北京、天津等城市的水务局"三定"方案中明确了"再生水利用"管理职能。北京在 2004 年将再生水正式纳入水资源统一配置后，由北京市水务局负责推动相关工作，再生水利用量增长了 5 倍，使得再生水的利用率大幅度提高。

根据全国水利发展统计公报，2016 年，全国组建水务局或由水利局承担水务管理职能的县级以上行政区共计 2698 个，占全国县级以上行政区总数的 83.6%。虽然水务一体化管理比例很高，但是实际工作中，污水处理回用仍然归口城建部门。行业管理主体不明确带来的问题就是水行政主管部门对城市污水处理回用以及把再生水纳入水资源统一配置的管理得不到有效贯彻，部分地方水行政主管部门对承担此项任务有一定的抵触心理。

各级政府成立专门工作领导和协调机构，全面领导再生水利用推广工作。将城市污水处理回用与地表水、地下水、外调水等进行统一配置、统一规划、统一调度，共同纳入水资源配置体系。做好城市供水、排水、污水集中处理、回用在规模、管网上的衔接，加强城市自来水厂、污水处理厂、再生水厂的"三点"与城市供水管网、排水收集管网、再生水输配管网的"三网"统筹。

7.7.9　再生水利用宣传

在水资源严重短缺的现实下，利用再生水是必然的选择，而传统观念或对再生水水质认识的缺乏，以及对再生水在减少化肥施用、减轻环境污染等方面的重要性的认识不足限制了农业、居民等用水户对再生水的应用。相比自来水价格，即便再生水资源在价格上有竞争优势，用户由于受到传统观念的束缚，选择使用再生水的还是少数。因此，需要采取措施提高用户的参与度，可以通过传统媒体和新媒体对再生水进行多方位的宣传，扩大用户的范围；同时也可以积极引导社会大众接受再生水，提高用户使用再生水的意识，促进再生水的回收利用。

再生水用于城市非饮用水时与人体直接接触的机会较多，如果再生水中含有致病菌或者含有超过标准的有毒有害物质，将会对使用人员及公众的身体健康产生一定的风险，因此一方面要求再生水有可靠的安全保证，必须进行消毒处理，杀灭致病菌，去除对人体有害和有毒的物质；另一方面通过再生水示范工程消除公众对再生水的顾虑。通过再生水综合利用奖励机制，调动各方推进再生水利用的积极性，提高再生水利用率，缓解京津冀地区水资源短缺局面。

第8章 河北典型地区农业水价改革方案与政策建议

本章依据2018年问卷数据，计算现状灌溉用水量与现状水价；采用剩余价值方法、农户承受指数方法、支付意愿方法分别计算理论水价；建立河北地下水灌区农业需水价格弹性函数模型，给出6种情景水价改革方案，并估算不同情景水价改革方案的节水潜力、污染物减排量；分析制约农业水价改革的主要因素，并提出农业水价改革的保障措施与政策建议。

8.1 概 述

农业水价综合改革，是促进水资源节约，落实绿色发展理念，实现农业可持续发展的重要举措，具有重要的战略意义。合理制定农业水价，积极推进农业水价综合改革是我国稳粮节水的重要抓手。通过农业水价综合改革，统筹价格和补贴，构建农田水利工程的良性运行机制，有利于从根本上破解农田水利工程"有人建、没人管"的局面，进而夯实国家粮食安全的水利基础。同时，农业水价综合改革通过设施节水、农艺节水、管理节水等，在水资源稀缺的国情下，有利于用更少的水资源，生产出更多的粮食，提高粮食生产保障能力。农业水价综合改革是农业供给侧结构性改革总体部署的一部分。农业水价综合改革的目标之一就是发挥水价的杠杆作用，引导农民节约用水，推动工程设施完善，优化调整农业种植结构。

《国家节水行动方案》提出六大重点行动确定了29项具体任务，其中"农业节水增效"是六大重点行动之一。2011年中央一号文件提出推进农业水价综合改革，自此之后的中央一号文件均涉及农业水价改革的内容，从2015年到2018年的中央一号文件，连续4年明确提出和强调农业水价调整和改革问题，多次强调运用价格经济杠杆促进农业节水，要求从适当提高农业水价、推动种植结构调整等方面入手，深入开展农业水价综合改革试点工作。2018年国家发展和改革委员会发布《关于加大力度推进农业水价综合改革工作的通知》，把农业水价政策改革视为农业节水工作的"牛鼻子"。

无论从农业的基本特征还是面临的现状以及国家在水价方面的政策规定，都明确了农业水价的公益性和政策性。因而，农业水价的制定既要考虑市场原则来核定，体现其商品性的特征，也必须考虑到农业用水的特殊性。农业用水的特点可以概括为以下几个方面。

（1）公益性。农业生产本身具有极强的公益性，除了满足国家粮食安全，对维护社会稳定具有重要的战略地位之外，农业系统作为一种特殊的生态系统，对地区的生态环境等有着重要的作用，发挥着类似自然生态系统的功能。农业用水作为农业生产最基础的资源要素之一，其在参与农业生产过程的同时也为社会提供了上述生态公益服务。农业用水供给部门在为农业生产提供用水的同时，必然要从全社会的角度来考虑农业用水的公益性，因此制定的价格水平，不可避免地要考虑到这些问题。

（2）季节性与地区性。农业生产与自然条件密切相关，依赖气候、水热、土壤等自然要素，呈现出与其他行业不同的特性，即季节性和区域性特点，因此，农业水价也随之表现为季节性与区域性特点。

（3）政策性。我国农业供水绝大部分是由专门的水管机构来完成的。这些专门的水管机构在完成供水的同时，也承担着供水系统的管理维护工作和地区灌溉管理工作。同时，农业供水部门还承担相当一部分农业抗旱等工作。一旦某地出现农业干旱，这些水管部门也会根据国家政策方针及时采取包括无偿供水等多种方针帮助农民抵御农业干旱。因此，农业水价具有很强的政策性。

（4）非强制性。商品经济的一个基本原则是交换原则，即俗称的"一手交钱，一手交货"。但农业供水面临的是农业这个特殊的行业，农业供水部门也面临着农民这一特殊的群体。"供水保生产"属于当地头等大事，而"收水费"只是水管部门的工作。许多地方采用的都是先供水后收水费的做法，这就造成了一些农民用水户拒缴水费现象的发生。加上农业供水，尤其是渠系供水的特殊性，偷水现象也没法杜绝。农业水价征收的非强制性特点比较明显。

（5）用水户的弱势性。农业用水户是农户，水费承受的主体是农户，农户属于弱势群体，水价的高低与农户的收入、就业等密切相关。因此，农业水价必须考虑到用水户的弱势性特点。水价也要考虑用水农民的承受能力。用水农民是农业灌溉水价的分担主体，其承受能力是农业灌溉用水价格改革的必要条件，所以农业灌溉水价改革必须从农业生产成本和收入出发，考虑农民支出的实际能力，严格控制农业灌溉水价，保证其不高于农民可以承受范围。

农业是弱质产业，在粮食生产受成本地板和价格天花板双重挤压的情况下，适当提高农业水价促进节水，实施精准补贴和节水奖励，是破解农业水价改革"两难"的有效手段。因此，制定合理的农业水价，提出水价改革方案的研究工作十分迫切。

8.2 农业水价改革现状

农业用水作为我国最大的用水部门，在灌溉效率较低的情况下，仍有节水潜力可挖。正如学者指出，如果农民不支付灌溉费用，就没有动力通过提高灌溉效率来减少用水。随着国家加大新一轮水利设施的投资与管理，农业用水价格逐步进行调整，开始转向用水工程成本定价并进一步转向完全成本定价。2004年，国务院相关部门发布公告要求对农业水价进行调整，逐步实现保障灌溉设施运行成本。2005年，进一步推行面向农民的计量计费和终端水价制度。尽管各地区间水价制定原则和标准上也存在很大差别，但总体呈现出农业水价逐步上调的总趋势。水价上调也带来了一些负面的影响，政府对灌溉价格改革的主要担忧是，提高灌溉价格将减少农民收入。增加灌溉费对农民收入的负面影响已得到学者们的证实。除此以外，水价的提高仍是在统一定价政策框架之内进行的，通过提高价格来激励农民节水存在着不公平的问题。有关部门开始认识到农业水价政策改革不是单纯的"定多少"的问题，而是"怎么定"的问题，制定更加灵活的灌溉水价政策是更有效的管理手段。

河北是我国 13 个粮食主产区之一，粮食生产在保障国家粮食安全中具有举足轻重的地位，粮食播种面积占总播种面积 80% 以上。2018 年农业用水量占总用水量的比例 66% 以上，农业开采地下水约占地下水开采总量的 60%，长期以来面临着严峻的水资源短缺困境，水粮矛盾突出。2018 年灌溉方式依然粗放，喷灌、滴灌等高效节水灌溉技术的采用率较低，喷滴灌面积约为 25.126 万 hm^2，占有效灌溉面积的 5.6%，低于全国平均 16% 的标准，在全球变暖的大背景下，河北近年的气候也发生了明显的变化，干旱化的趋势愈加明显，水资源也日益紧张，降雨的时空分布不均，存在着鲜明的地域差异，而降雨是该地区水资源的主要来源之一，农业节水面临挑战和机遇。

河北 2014 年起实行农业水价综合改革，2016 年试点县 63 个，至 2017 年扩大到 161 个全面推行农业用水计量收费，以用水方式转变倒逼农业生产方式转变。经过几年的探索，在实践中形成了"一提一补"模式、"超用加价"模式，目前以"超用加价"模式为主流改革模式。

（1）"一提一补"模式。农业灌溉用水在现行农业水价基础上，县级农民用水合作组织安排适当水价改革资金，与收缴的提价水费（超过现行农业水价标准的部分）一同按亩返还补助用水户。①水价提补。在现行农业水价基础上，农业灌溉用水每立方米加收 0.2 元。县级农民用水合作组织对灌溉定额内用水量安排水价改革资金，标准为每立方米 0.1 元，第二年开始递减 10%。提价水费和水价改革资金作为补助资金按亩返还用水户。②水费收缴。一是以量计收水费，实现"先缴费、后浇地"。二是农民用水合作组织负责收缴水费。按现行农业水价标准收缴的水费，用途按现行使用政策执行；收缴的提价水费上缴县级农民用水合作组织。三是建立健全水费收缴管理制度，设立提补资金账户，实行分村记账。③提补返还。一是县级农民用水合作组织设立提补资金，资金的主要来源包括提价部分水费、各级财政补助、社会捐助等。二是村农民用水合作组织将各用水户的用水量和灌溉耕地面积报乡级农民用水合作组织。县级农民用水合作组织根据上报的用水量，将提补返还资金按灌溉耕地面积平均核算到用水户。

典型地区是衡水桃城区"一提一补"改革。2016 年，桃城区"一提一补"模式农业水价改革在地下水超采综合治理项目区试行。采取"以电计量"的方式，不再单独安装水表。"一提"就是农民浇地每用一度电，除正常缴纳电费（0.4855 元）外，农民用水协会再多收水费 0.3 元。"一补"就是，首先，财政按照农民浇地用电量和每度电 0.15 元标准，将水费补贴拨付农民用水协会；然后，农民用水协会将从农民收取的全部浇地水费和财政水费补贴合到一起（合每度电 0.45 元），除以试点区耕地亩数，计算出亩均水费补贴额；最后，按照每户耕地亩数返还给农民。试点区实行"一提一补"，预计每年财政补贴资金 25 万元左右。"一提一补"资金运作和具体执行由农民用水协会具体负责。

（2）"超用加价"模式。超用价模式包括以下内涵：①加价标准。一是水权定额内用水按现行农业水价执行；二是超水价、超定额用水在现行农业水价基础上加价20%以上；三是开发利用微咸水的可以放宽水权额度限制。②水费收缴。一是安装计量设施，按水量收费，实行"先充值缴纳水费、后刷卡取水浇地"。二是按现行农业水价标准收缴的水费，用途按现行使用政策执行；加价水费（超过现行农业水价标准的部分）上缴县级农民用水合作组织，用于节水奖励。三是以村为单位建立健全水费收缴管理制度，设立节水专项奖励账户。③奖励管理。县级农民用水合作组织负责节水奖励资金管理，资金包括提价的水费、财政补助等。对年用水量未超过水权额度的，给予节水奖励。

典型地区是邯郸成安县"超用加价"改革。根据水权确权分配结果，结合现状农田灌溉技术水平，确定农业灌溉定额为210m³/亩，到2018年逐步降低到150m³/亩。按照每户的耕地亩数，计算每户可使用的灌溉用水额度，分配给农户。为了精确计量用水量，成安县一部分村建立了农业用水信息化管理平台，机井安装了GIS系统，通过系统将用水量数据实时传输到县水利局监控中心。采用水电一卡通的方式进行灌溉，通过平台不仅可以看到每个农户的用水情况，解决了长期以来农户灌溉不知道用水量只知道用电量的问题，然而这种方式目前还仅仅处于示范阶段。

河北农业水价综合改革，对农业节水起到了积极的作用，同时促进了地下水的超采治理。然而，农业水价改革的全面推行仍然面临许多制约因素，如何在保障粮食安全与农户收入前提下，达到提高水价与节水目标，同时推进水价改革，对于未来制定更加合理的水价政策具有重要的现实意义。

8.3 研究地区概况

8.3.1 概况

1. 气候与水资源

河北地处华北平原北部，现辖11个地级行政市，地势西北高，东南低。是我国典型干旱缺水地区，水资源量仅占全国水资源总量的0.6%，人均水资源占有量仅335m³，不足全国平均水平的1/6。

2. 河北农业主要依靠地下水灌溉，农业对灌溉用水的依赖性极强

根据河北地下水超采区、禁止开采区、限制开采区范围规定，本书研究区域包括河北沧州献县、南皮县，石家庄元氏县，邯郸成安县，四县均属于地下水禁采区，其中南皮县和献县属于深层地下水禁采区，成安县和元氏县属于浅层地下水禁采区。在地下水禁采区内，不得开凿新的取水井，不得新增地下水取水量。

河北是我国主要的粮食产区，2018年粮食作物播种面积653.868万hm²，约占农作物

总播种面积的 79.77%，高于全国平均水平 70.55%。2010～2018 年粮食作物播种面积、耕地灌溉面积基本稳定（图 8-1），以小麦和玉米种植为主，小麦和玉米的产量占河北粮食作物总产量 90% 以上，粮食产量近年呈现增加趋势（图 8-2）。

图 8-1　河北粮食作物播种面积及耕地灌溉面积

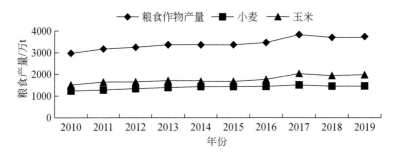

图 8-2　河北主要粮食作物产量变化趋势

农业用水量占总用水量的比例逐渐下降，但是农业仍然是用水大户，2018 年农业用水量占比 66.37%，高于全国平均水平 61.4%，农业用水以地下水为主，地下水占农业用水总量的 58.19%，高于全国平均水平 16.20%。农业用水效率较低，目前配备的节水灌溉类的机械设施有 5.8 万套，在配备节水灌溉机械设施的全部 30 个省（自治区、直辖市）中，排名第 13 位。喷灌、滴灌等高效节水灌溉技术的采用率低，喷滴灌面积约为 25.126 万 hm²，占有效灌溉面积的 5.6%，低于全国 16% 的平均水平，且喷滴灌面积占节水灌溉面积的比例从 2000 年开始呈现下降趋势（图 8-3）。

8.3.2　数据来源

选取河北沧州、邯郸、石家庄三个市，抽样选取南皮县、元氏县、献县、海兴县、成安县共 5 个县 35 个乡镇 100 多个村。调研时间为 2018 年。问卷内容涉及农户个人及家庭基本信息、生产种植投入产出、水资源及灌溉设施使用、节水技术认知及采用意愿、水价

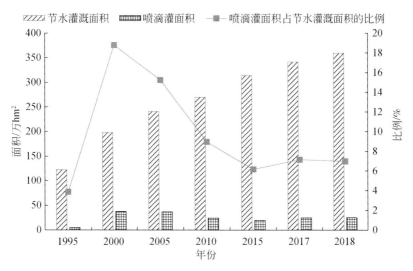

图 8-3 河北 1995～2018 年节水灌溉面积变化趋势

政策改革认知等情况。调研县均为水价政策改革试点地区，但由于水价政策改革是渐进推行，有部分县尚未实施农业水价改革，只有部分村进行了水价政策改革。表 8-1 为调研农户基本特征，剔除无效问卷，获得有效问卷数 739 份。其中，井灌区有效问卷 620 份，非井灌区问卷以海兴县为主，下文 8.4 节～8.7 节依据南皮县、献县、元氏县、成安县等 4 县的调研问卷数据进行分析，重点分析以地下水灌溉为主地区的水价、灌溉水量、灌溉需水价格函数以及水价改革方案等。8.8 节～8.10 节依据 739 份有效问卷，即包括南皮县、献县、元氏县、成安县、海兴县等 5 县的问卷调研数据，分析超用加价、水价改革的制约因素、保障措施等。

表 8-1 问卷农户基本特征统计

指标	选项	样本数	比例%
性别	男	639	86.5
	女	100	13.5
年龄	24～35 岁	16	2.2
	36～45 岁	66	8.9
	46～55 岁	188	25.5
	56～65 岁	247	33.4
	66 岁以上	222	30.0
受教育程度	小学以下	60	8.1
	小学	155	21.0
	初中	332	44.9
	中专及高中	182	24.6
	大专及以上	10	1.4

指标	选项	样本数	比例%
家庭人口数	2 人及以下	243	32.9
	3~5 人	280	37.9
	6 人及以上	216	29.2
耕地面积	3.0 亩及以下	55	7.4
	3.1~7.0 亩	267	36.1
	7.1~10.0 亩	211	28.6
	10.1 亩以上	206	27.9
土地块数	1~3 块	441	59.7
	4~6 块	225	30.4
	6 块以上	73	9.9
种植结构	小麦	699	94.6
	玉米	726	98.2
	果树	8	1.1
	棉花	50	6.8
	大豆	5	0.7
	朝天椒	25	3.4
	花生	5	0.7

从样本农户特征来看，当前从事粮食种植农户年龄普遍偏大，35 岁以下农户比例仅为 2.2%，而年龄 66 岁以上农户比例则达到 30%。此外，样本农户受教育程度普遍偏低，受教育程度为初中及以下农户的比例为 74%。调研区域农户以小规模种植为主，种植面积小于 10 亩的农户比例为 72.1%，超过 10 亩的农户比例仅为 27.9%。调研区域土地块数小于等于 3 块的比例为 59.7%，4~6 块的为 30.4%，大于 6 块的为 9.9%，说明土地细碎化程度高。从种植结构方面来看，小麦和玉米分别是调研区域最主要的种植作物，种植农户比例分别为 94.6% 和 98.2%；少部分农户种植了果树、棉花、大豆、朝天椒和花生等经济作物，并具有一定的区域差异（表 8-2）。

表 8-2　调研县样本农户基本特征　　　　（单位:%）

指标	选项	调研县				
		南皮县	献县	海兴县	成安县	元氏县
性别	男	83.3	91.8	89.1	81.2	95.5
	女	16.7	8.2	10.9	18.8	4.5

指标	选项	调研县				
		南皮县	献县	海兴县	成安县	元氏县
年龄	24~35 岁	3.6	3.5	1.7	0.5	1.8
	36~45 岁	10.8	4.7	9.2	11.4	3.6
	46~55 岁	27.5	27.1	23.5	24.8	23.4
	56~65 岁	27.5	34.1	38.7	35.6	35.1
	66 岁以上	30.6	30.6	26.9	27.7	36.1
教育程度	小学以下	12.2	4.7	6.7	8.9	2.7
	小学	28.8	18.8	11.8	24.2	10.8
	初中	39.2	54.1	54.6	43.6	41.4
	中专及高中	17.5	20.0	26.1	22.8	44.2
	大专及以上	2.3	2.4	0.8	0.5	0.9
家庭人数	2 人及以下	29.3	33.0	50.4	26.7	32.4
	3~5 人	42.8	37.6	33.6	35.6	36.9
	6 人及以上	27.9	29.4	16.0	37.7	30.7
耕地面积	3.0 亩及以下	6.7	7.0	9.2	7.9	6.3
	3.1~7.0 亩	31.1	35.3	46.2	33.2	41.4
	7.1~10.0 亩	33.8	16.5	26.1	30.2	27.0
	10.1 亩以上	28.4	41.2	18.5	28.7	25.3
土地块数	1~3 块	55.9	47.1	35.3	74.8	75.7
	4~6 块	36.9	27.1	41.2	22.8	22.5
	6 块以上	7.2	25.8	23.5	2.4	1.8
种植结构	小麦	97.8	98.8	78.2	96.4	99.1
	玉米	97.8	98.8	100	97.1	99.1
	果树	3.6	0	0	0	0
	棉花	1.8	2.3	0	21.6	0
	大豆	0	0	4.2	0	0
	朝天椒	0	0	0	12.2	0
	花生	0	0	0	0	4.5

8.4　现状灌溉用水量与现状水价

8.4.1　现状灌溉用水量

1. 问卷统计的现状电费

河北地区灌溉多使用地下水,农户并不对使用地下水行为缴纳水费,仅支付取水电费。由村内负责管井人员计量收取,由于存在管井维护成本,因此往往在现行农业用电价格基础上额外增加一部分,用作管井人员酬劳和运营维护成本,具体增加额度往往由各村集体协商而定。需要指出的是,本研究获得有效问卷739份,剔除非井灌的农户的有效问卷为620份,本研究以地下水灌溉问卷为依据进行分析。

问卷结果显示以下特点。①灌溉用电单价表现出作物差异(表8-3)。小麦种植的灌溉用电单价范围介于0.66~0.84元/度,元氏县单位电价最高,为0.84元/度,献县的灌溉用电单价最低,为0.66元/度,玉米种植的灌溉用电单价范围介于0.63~0.87元/度,南皮县的单位电价最高,为0.87元/度,献县的灌溉用电单价最低,为0.63元/度,因受休耕等因素的影响,种植玉米的农户不一定选择种植小麦,可能会存在小麦和玉米样本量不完全一致的情况,因此在对灌溉用电单价取平均值进行比较时存在差异;②灌溉用电表现出地区差异(表8-3)。无论是小麦种植还是玉米种植,献县的灌溉用电单价均为最低,元氏县小麦和玉米的灌溉用电单价一致。③亩均用电量有明显的地区差异,以小麦为例,成安县和献县的亩均用电量偏高,分别为134.51度和124.01度,元氏县的亩均用电量最低,仅为72.52度,最高值是最低值的1.85倍。从总样本看,调研地区小麦平均电费约为69.91元/亩,玉米平均电费约为46.31元/亩。

表8-3　调研地区亩均灌溉用电情况

地区		小麦			玉米		
		灌溉用电单价/(元/度)	亩均灌溉电费成本/元	亩均用电量/度	灌溉用电单价/(元/度)	亩均灌溉电费成本/元	亩均用电量/度
沧州	献县	0.66	78.14	124.01	0.63	45.16	79.56
	南皮县	0.79	75.24	98.03	0.87	51.30	60.97
邯郸	成安县	0.77	100.26	134.51	0.76	70.95	99.40
石家庄	元氏县	0.84	56.57	72.52	0.84	41.48	52.34

2. 灌溉用水量计算结果

地下水灌区用水量计算方法。地下水灌区用水量的最大的特点是大部分地区没有"水电一卡通"计量，也就是农户和管理者只知道用电量而不知道灌溉水量。因此，地下水灌区的灌溉水量需要进行计算。"以电折水"是针对没有计量设施的井灌区提出的计算灌溉水量的方法，通过计量机井水泵灌溉的用电量乘以水电转换系数估算灌溉用水量。水电转换系数一般定义为在一定时段内水泵的总出水量和总用电量的比值，计算公式为

$$T_c = A_w / A_E \qquad (8-1)$$

式中，T_c 为水电转换系数 $[\mathrm{m^3/(kW \cdot h)}]$；$A_w$ 为总出水量 $(\mathrm{m^3})$；A_E 为总用电量 $(\mathrm{KW \cdot h})$。

当 T_c 一定时，理论上通过精确计量水泵的总用电量，即可得到水泵的总用水量 A_w，计算公式为

$$A_w = T_c \times A_E \qquad (8-2)$$

"以电折水"方法的关键是转换系数的确定，本研究水电转换系数的选取依据已有文献的经验值（王剑永，2017），以及实地调研过程中采用移动式计量水表实际测算出的水电转换系数，根据深井与浅井的差异，确定水电转化系数。计算思路和步骤如下。

（1）数据可信度分析。首先对问卷数据进行整理分析，剔除不合理的数据。按照县、乡（镇）、村的顺序对问卷进行五位数的编码，在 739 份有效问卷中剔除了非井灌问卷，筛选出 620 份井灌区有效问卷。以关键参数为依据，按照问卷编码进行排序，对确定的关键参数分别绘制散点图，以识别由于数据录入或其他原因所导致的异常值。主要参数包括灌溉水源、灌溉次数、井深、灌溉用电及其单价等。

（2）根据灌溉用电单价（单位：元/度）和亩均灌溉电费总成本（单位：元/亩）计算出农户灌溉实际用电量（度/亩）；灌溉电费的收取在农业基本电费 0.41 元/度的基础上有不同程度的加征，灌溉用电单价表现出作物差异和区域差异，小麦灌溉用电单价介于 0.66 ~ 0.84 元/度，玉米灌溉用电单价介于 0.63 ~ 0.87 元/度。亩均用电量小麦、玉米分别介于 72.52 ~ 134.51 度、52.34 ~ 99.40 度。

（3）确定水电转换系数。根据《机井技术规范》（GB/T50625—2010）对井深的划分，以 150m 为标准，划分深井和浅井。成安县深井比例占 68.9%，平均井深为 183.71m，献县深井占比 83.6%，平均井深为 243.42m，元氏县深井占比 29.6%，平均井深为 134.16m，南皮县深井占比 54.9%，平均井深为 137.28m。成安县和献县的小麦亩均用电量偏高，分别为 134.51 度和 124.01 度，玉米亩均用电量分别为 99.40 度和 79.56 度，根据深井与浅井比例，以及用电量特征，确定各地区的水电转换系数：成安县和献县为 1.8，元氏县和南皮县为 2.6。对比已有转换系数，河北平均水电转换系数为 2.2。成安县水电转换系数为 1.38 ~ 2.46，井深 80 ~ 400m 的水电转换系数为 1.48 ~ 6.56（王晓东，2014）。本研究转换系数在上述范围之内。

（4）计算灌溉用水量。依据上述转换系数，根据式（8-2）计算灌溉用水量。

根据上述步骤，计算得到：小麦灌溉水量约为 221.01m³/亩，玉米灌溉水量约为 165.19m³/亩（表 8-4）。从灌溉用水量分布来看，小麦和玉米灌溉水量集中分布在 100 ~ 200m³/亩，在小麦种植户中占比 45.25%，在玉米种植户中占比 54.61%。种植小麦的中高耗水农户比例高于种植玉米的，其中，小麦种植户用水量超过 300m³ 的占比 17.32%，远高于玉米的 1.42%（图 8-4、图 8-5）。

表 8-4　调研地区灌溉用水量计算结果　　　　　　（单位：m³/亩）

地区		水电转换系数	现状灌溉用水量计算结果		河北灌溉定额	
			小麦	玉米	小麦	玉米
河北		2.2	221.01	165.19	—	—
沧州	献县	1.8	223.21	143.21	170	100
	南皮县	2.6	215.67	158.52	165	110
邯郸	成安县	1.8	242.12	178.93	150	100
石家庄	元氏县	2.6	188.55	136.08	160	100

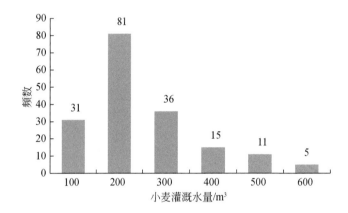

图 8-4　河北调研地区小麦灌溉水量分布

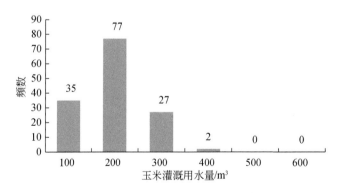

图 8-5　河北调研地区玉米灌溉水量分布

灌溉用水量计算结果呈现以下几个特点：

（1）实际灌溉用水量高于河北灌溉定额标准。根据河北地方标准《用水定额》（DB13/T 1161—2016），本研究计算的小麦灌溉水量高出定额 28.55 ~ 92.12m³/亩，玉米灌溉水量高出定额 36.08 ~ 78.93m³/亩，其中成安县的计算结果与定额差距较大，小麦和玉米差额分别为 92.12m³/亩、78.93m³/亩。

（2）小麦灌溉用水量普遍高于玉米用水量，计算结果显示，4 个地区小麦用水量为 188.55 ~ 242.12m³/亩，玉米用水量为 136.08 ~ 178.93m³/亩。其主要原因是小麦生长期需要水分的时期正是降水量不足的时期，由此导致灌溉需求增加，灌溉次数增多。

（3）灌溉用水量表现出明显的地区差异。成安县灌溉用水量最高，其次是南皮县、献县、元氏县，造成地区差异的原因主要有以下几点。

第一，实行农业水价改革的地区灌溉用水量低于未实行农业水价改革的地区，元氏县水价改革的推行比例为 68.8%，而成安县、献县和南皮县水价改革推行比例分别为 28.2%、3.6% 和 1.5%，远低于元氏县。农业水价改革的推行增强了农户的节水意识，用水量较低。

第二，灌溉次数对灌溉用水量正向影响大，但对作物产量影响不明显，从小麦灌溉次数上来看，成安县的小麦和玉米的灌溉次数最多，分别为 3.7 次和 2.75 次，而元氏县的灌溉次数不到 2 次。但从小麦亩均单产的数值上来看，成安县增加的灌溉次数并没有带来作物产量的显著增加，成安县小麦亩均产量 868 斤[①]，低于元氏县 913 斤/亩。灌溉次数可能受灌溉方式和用水保障率两方面的影响，成安县是管灌普及率最高的一个地区，管灌比例达到了 81.91%，灌溉的便利性增加了农户增加灌溉次数的可能性。从各区域的用水保障率衡量，近五年用水保障程度达到 90% 以上年份中，成安县仅为 52%，元氏县达到 83%，用水保障程度低使得农户无法主动选择灌溉时间，因此可能会选择在灌溉期间内增加灌溉次数，以保证粮食生产的需求。

第三，土地规模化程度高在一定程度上降低了灌溉用水量，在土地流转面积超过 30 亩的比例中，元氏县最高为 36.4%，土地规模化程度高有利于进一步推行节水灌溉技术，从而有利于农业节水，减少灌溉用水量。

第四，节水技术推行有助于减少灌溉用水量，问卷调研中所指的节水技术包括管灌、滴灌和喷灌等，由于受土地规模化程度低的限制，滴灌和喷灌只有少数种植大户采用，小农户主要采用管灌节水方式。

第五，电费单价对灌溉用水量有负向影响，各区域的小麦灌溉电费单价均值分别为：成安县 0.77 元/度、献县 0.66 元/度、元氏县 0.84 元/度、南皮县 0.79 元/度，对应各区域的灌溉用水量来看，单位电价越高的地区灌溉用水量偏低，也就是提高水价对农业节水有一定的促进作用，农业电价与农业灌溉用水量之间存在着负向关系。

已有文献对河北地下水超采区灌溉用水量的研究显示，河北冬小麦灌溉用水量分别为 134.04m³/亩（左燕霞，2007），河北南部平原区小麦灌溉用水量为 168.75 ~ 224.67m³/亩

---

① 1 斤 = 500g。

（杨旭洋等，2018a），沧州小麦管灌的用水量为 176m³/亩，喷灌的用水量为 144m³/亩（杨旭洋等，2018b），衡水桃城区小麦灌溉用水量为 177.99 ~ 251.34m³/亩（刘静等，2018），本书现状小麦灌溉用水量计算结果范围为 188.55 ~ 242.12m³/亩，与已有研究结果具有一致性。

根据河北省地方标准《用水定额》第一部分农业用水的相关规定，灌溉用水定额是指在规定位置和规定水文年型下核定的某种作物在一个生育期内单位面积的灌溉用水量。本研究的调研地区分别属于黑龙港低平原区、太行山山前平原区、太行山山区，对应的小麦和玉米的基本用水定额如表 8-5 所示。

表 8-5　河北主要井灌区灌溉用水定额　　　　（单位：m³/亩）

地区	灌溉分区	土壤类型	基本用水定额	
			小麦	玉米
献县	黑龙港低平原区	黏土	170	100
成安县	太行山山前平原区	黏土	150	100
元氏县	太行山山区	黏土	160	100
南皮县	黑龙港低平原区	沙土	165	110

资料来源：河北省地方标准《用水定额》

计算的现状灌溉用水量与河北灌溉定额相比，小麦节水潜力约 51.01m³/亩，玉米节水潜力约 60.19m³/亩，并表现出地区差异，4 个县小麦节水潜力介于 28.55 ~ 92.12m³/亩，玉米节水潜力介于 36.08 ~ 78.93m³/亩（表 8-6）。

表 8-6　调研地区计算的现状灌溉用水量与灌溉定额相比的节水潜力

地区	小麦				玉米			
	现状用水量/(m³/亩)	用水定额/(m³/亩)	节水潜力/(m³/亩)	节水率/%	现状用水量/(m³/亩)	用水定额/(m³/亩)	节水潜力/(m³/亩)	节水率/%
献县	223.21	170	53.21	23.84	143.21	100	43.21	30.17
成安县	242.12	150	92.12	38.05	178.93	100	78.93	44.11
元氏县	188.55	160	28.55	15.14	136.08	100	36.08	26.51
南皮县	215.67	165	50.67	23.49	158.52	110	48.52	30.61
调研区	221.01	170	51.01	23.08	165.19	105	60.19	36.44

已有的对河北的研究表明，节水潜力范围为 12.34 ~ 30.36m³/亩（表 8-7），干旱年（2030 年）节水潜力为 20.09m³/亩，平水年（2030 年）节水潜力为 29.50m³/亩，本研究计算结果略高于上述结果。

表 8-7 已有文献对河北农业灌溉节水潜力的研究成果　　（单位：m^3/亩）

地区	计算内容	计算结果	预测年份	文献
河北	狭义节水潜力	30.36	2006 年	马力辉（2006）
	广义节水潜力	17.74		
	综合节水潜力	48.11		
河北	节灌率提高 5% 时	12.34	2016 年	赵令等（2019）
	节灌率提高 10% 时	15.96		
河北	平水年	19.70	2010 年	左燕霞（2007）
	干旱年	9.57		
	平水年	29.50	2030 年	
	干旱年	20.09		

8.4.2　现状农业水价

在计算灌溉用水量的基础上，计算现状水价

$$P_0 = E/A_w \tag{8-3}$$

式中，P_0 为现状水价（m^3/元）；E 为现状水费（元/hm^2），在地下水灌溉地区实际上就是电费，根据问卷获得；A_w 为现状灌溉用水量（m^3/hm^2）。

根据式（8-3）以及灌溉水量计算结果，计算现状水价，从结果来看（表 8-8），调研地区小麦、玉米平均水价分别为 0.35 元/m^3、0.36 元/m^3。小麦现状水价的范围在 0.30 ~ 0.47 元/m^3，从高到低依次是元氏县、南皮县、献县、成安县。玉米的现状水价的范围在 0.29 ~ 0.48 元/m^3，从高到低依次是南皮县、元氏县、献县、成安县。有学者根据 2013 年调查数据及统计数据计算得到河北平原灌溉水价为 0.34 元/m^3（罗仲朋，2016）。

表 8-8 调研地区主要作物现状水价计算结果　　（单位：m^3/亩）

地区		水电转换系数	2018 年水价	
			小麦	玉米
河北		2.2	0.35	0.36
沧州	献县	1.8	0.37	0.35
	南皮县	2.6	0.44	0.48
邯郸	成安县	1.8	0.30	0.29
石家庄	元氏县	2.6	0.47	0.46

现状水价差异的主要原因来自两个方面，一方面是灌溉用水量，另一方面是现状水费（电费）。在现状水费相同的情况下，如果灌溉水量小，则水价高，反之亦然，如元氏县现状水费与其他地区相差较小，但是灌溉水量较低，因而水价偏低，主要是元氏县采用节水技术比例较高，达43.8%，节水技术包括地下管道、喷灌、滴灌等，因为节水技术的广泛使用，灌溉用水效率提高，灌溉用水量降低，体现在元氏县小麦灌溉次数最少，平均为1.98次，成安县小麦灌溉次数最高，为3.7次，约为元氏县灌溉次数的两倍，灌溉次数的增多，使得成安县灌溉用水量最高，现状水价偏低。

8.5 农业水价计算结果

8.5.1 剩余价值方法计算结果

1. 关键参数确定

剩余价值方法需要厘清生产行为中除水以外所有成本投入（王西琴等，2020），主要参数为生产要素的投入、产出及市场价格等。调研区域样本农户普遍以小麦和玉米轮作为主。目前，河北地区种植小麦亩均收益约为899.49元/亩，玉米略低，为813.17元/亩。因此，从各生产要素投入情况来看，种子、农药、除草剂、化肥等农资投入占比相对较高，每亩小麦农资投入为260元/亩，其中化肥为主要支出，为148.54元/亩；玉米农资投入为187.33元/亩，其中化肥投入为115.46元/亩。小麦和玉米在种植环节较为普遍采用机械外包，整地、耕地、收割等环节以付费形式交由农机公司进行，小麦机械外包费用约118.01元/亩，玉米略低，为110.62元/亩。劳动投入由于多使用家庭自有劳动力，因此计算农户劳动投入的机会成本，即通过询问农户在生产各环节工时投入情况，根据当地雇工一般工资水平折算，每亩小麦劳动投入为123.53元/亩，玉米为86.83元/亩。土地投入按当地本村内村民之间流转土地一般租金收入水平计算，由于存在小麦和玉米轮作的情况，土地流转价格一般是一年期的价格，因此平分到两种作物上，样本农户中种植小麦的平均土地投入为191.54元/亩，种植玉米的平均土地投入为197.06元/亩。小麦、玉米灌溉水量的投入占成本的10.1%、8.4%。

2. 不同粮食作物水价

采用3.3节剩余价值方法，计算小麦和玉米的理论水价。依据问卷数据小麦、玉米产出情况减除各非水要素投入（表8-9），估算水资源产出贡献，根据亩均用水量进一步计算单位水资源经济价值，结果表明小麦单位水资源经济价值约为1.36元/m³，玉米单位水资源经济价值略高于小麦，约为2.04元/m³。

表8-9 不同作物各生产要素投入及灌溉水经济价值计算结果

作物	产出/ (元/亩)	种子/ (元/亩)	化肥/ (元/亩)	农药/ (元/亩)	除草剂/ (元/亩)	机械/ (元/亩)	灌溉 电费/ (元/亩)	劳动/ (元/亩)	土地/ (元/亩)	灌溉 水量/ (m³/亩)	灌溉水剩 余价值/ (元/m³)
小麦	899.49	79.28	148.54	18.32	13.86	118.01	69.91	123.53	191.54	245.84	1.36
玉米	813.17	41.28	115.46	15.77	14.82	110.62	46.30	86.83	197.06	165.48	2.04

小麦与玉米的水资源经济价值产生差异的原因主要是玉米产值、各项农资投入以及劳动投入均低于小麦,且玉米灌溉用水量明显低于小麦。在调研地区,小麦生长周期内一般要灌溉2~4次,而玉米大多灌溉1次,即使在干旱年份灌溉水量也不超过2次,因此其单位水资源创造更高的经济价值。从小麦和玉米灌溉用水的单位经济价值分布来看(图8-6、图8-7),主要集中分布在0~2元/m³区间内,小麦样本中该区间占比为49.0%,玉米样本中该区间占比为46.1%。值得注意的是,样本中小麦灌溉用水出现负值的比例较高,为24.59%,玉米负值比例为15.75%。这主要是由于小麦种植的生产资料投入过高,在面临市场价格波动和自然灾害时其经营利润更容易受到冲击。

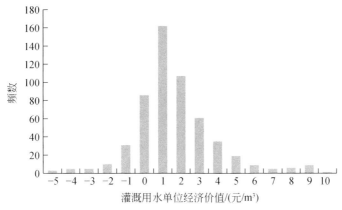

图8-6 小麦灌溉用水单位经济价值分布

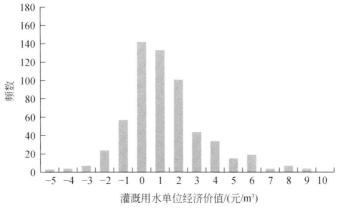

图8-7 玉米灌溉用水单位经济价值分布

3. 不同地区水价计算结果

进一步对调研地区 3 个市进行分析，灌溉用水经济价值表现出作物差异和区域差异（表 8-10）。小麦的灌溉用水经济价值介于 0.95～1.52 元/m³，玉米灌溉水经济价值介于 1.93～2.30 元/m³，可见小麦单位用水的经济价值低于玉米单位用水的经济价值。沧州小麦灌溉用水经济价值最高，为 1.52 元/m³，石家庄和邯郸分别为 1.04 元/m³ 和0.95 元/m³。对比投入产出数据，石家市单亩小麦产值最高，且灌溉用水量最低，仅为196.32 m³/亩，地下水灌溉费用也最低，为 41.47 元/亩，但由于石家庄劳动力和土地成本相对较高，在小麦种植中其劳动投入和土地投入要高于其他两市，灌溉用水经济价值低于沧州。邯郸小麦灌溉用水经济价值最低，其单亩产出基本与沧州持平，农资投入略低于沧州，但其灌溉水量为三个区域中最高，262.78m³/亩，高于沧州和石家庄平均水平，灌溉水量过高降低了小麦灌溉用水经济价值。

表 8-10 剩余价值方法计算水价

地区	作物	产出/(元/亩)	种子/(元/亩)	化肥/(元/亩)	农药/(元/亩)	除草剂/(元/亩)	机械/(元/亩)	灌溉电费/(元/亩)	劳动/(元/亩)	土地/(元/亩)	灌溉水量/(m³/亩)	水经济价值/(元/m³)
沧州	小麦	943.87	89.90	157.40	17.34	13.62	117.38	61.54	118.13	174.67	227.13	1.52
	玉米	779.25	43.17	121.64	14.83	15.39	100.46	41.64	88.66	183.90	148.68	2.14
邯郸	小麦	950.18	67.86	143.63	19.96	13.04	121.08	97.73	132.15	208.46	262.78	0.95
	玉米	838.15	43.40	120.22	17.98	13.19	124.01	62.31	102.89	207.90	186.55	1.93
石家庄	小麦	1077.70	56.90	118.53	18.94	16.99	113.43	41.47	211.27	230.02	196.32	1.04
	玉米	826.82	31.58	87.01	15.33	15.53	123.01	35.97	79.65	223.66	142.99	2.30

从玉米的灌溉用水经济价值看，石家庄玉米灌溉用水经济价值最高，为 2.30 元/m³，其灌溉电费投入也最少，平均每亩灌溉电费投入仅为 35.97 元，平均灌溉水量低于沧州和邯郸平均水平，为 142.99m³/亩。玉米灌溉用水经济价值最低的是邯郸，为1.93 元/m³，其灌溉用水量最高，为186.55m³/亩，沧州玉米灌溉用水经济价值为 2.14 元/m³。

综合比较，石家庄在小麦和玉米产出上维持相对较高水平，且灌溉用水量在三个调研区域中最低，但小麦种植中劳动和土地成本过高，降低了小麦灌溉用水经济价值。沧州小麦和玉米产值最低，灌溉用水量均处在相对较低的水平，其灌溉用水经济价值高于邯郸。邯郸小麦和玉米的灌溉用水经济价值均最低，主要原因在于灌溉用水量高。由此可见，除农业成本投入外，灌溉用水经济价值与灌溉水量密切相关。这一结论为分区、分作物制定农业水价政策提供了依据。

8.5.2 农户水费承受指数方法计算结果

水费承受指数是从用水户的角度衡量水费承受能力的一种方法，可以了解与灌溉水费

直接相关的农户农业生产经营活动，尤其是成本构成及利润情况，具有简单实用特点，本研究采用水费承受指数计算理论水价

$$P_n = (S_i \times D_i)/A_E \tag{8-4}$$

式中，P_n 为采用水费承受指数计算的水价（元/m³）；S_i 为水费承受指标（元/hm²）；i 为指标的个数，$i = 1, 2, \cdots, n$，如农业产值、农业生产成本、农业净收益；D_i 为水费承受指数的标准（%），本研究依据 2014 年《农业水价综合改革试点培训讲义》及相关研究给定的范围，取上线标准农业产值 10%、农业生产成本 15%、农业净收益 13% 进行计算；A_E 为灌溉用水量（m³/hm²）。

1. 水费承受指数现状

依据问卷调研数据，调研区小麦产值为 13 892.4 ~ 15 609.5 元/hm²，生产成本为 5912.7 ~ 7144.5 元/hm²，净收益为 6890.9 ~ 10 374.6 元/hm²；玉米产值 12 203.3 ~ 12 995.3 元/hm²，生产成本 4379.0 ~ 5643.3 元/hm²，净收益 6782.0 ~ 8880.6 元/hm²。小麦水费 844.7 ~ 1337.1 元/hm²，玉米为 655.1 ~ 828.6 元/hm²（表 8-11），小麦水费普遍高于玉米。

表 8-11　调研地区农业生产及农业水费现状　　　　　（单位：元/hm²）

作物	地区	农业产值	生产成本	净收益	农业水费
小麦	南皮县	13 967.1	6 602.7	7 418.1	939.9
	献县	14 814.6	6 144.5	8 667.0	877.7
	成安县	13 892.4	7 144.5	6 890.9	1337.1
	元氏县	15 609.5	5 912.7	10 374.6	844.7
玉米	南皮县	12 449.1	4 911.5	6 953.3	655.1
	献县	12 995.3	4 379.0	8 880.6	780.5
	成安县	12 392.4	5 643.3	6 782.0	828.6
	元氏县	12 203.3	4 780.4	7 689.6	678.2

由表 8-12 看出，现状实际水费占农业产值、生产成本、净收益的比例大多低于本研究给出的标准，说明调研地区农业水价尚有一定的提升空间。

表 8-12　调研地区农业水费占相应指标比例　　　　　（单位:%）

作物	地区	农业产值	生产成本	净收益
标准		10	15	13
小麦	南皮县	6.73	14.24	12.67
	献县	5.92	14.28	10.13
	成安县	9.62	18.72	19.40
	元氏县	5.41	14.29	8.14

作物	地区	农业产值	生产成本	净收益
玉米	南皮县	5.26	13.34	9.42
	献县	6.01	17.82	8.79
	成安县	6.69	14.68	12.22
	元氏县	5.56	14.19	8.82

2. 水价计算结果

根据本研究计算得到的灌溉用水量与现状水价，采用水费承受指数方法，具体见式（8-4），分别计算农业产值、生产成本、净收益 3 个指标的理论水价，并设定 2 种情景，计算 3 种指标、2 种情景下的水价，结果列入表 8-13。情景 a：基于"以电折水"实际灌溉用水量，南皮、献县、成安县、元氏县小麦的灌溉用水量分别为 3225m³/hm²、3345m³/hm²、3630m³/hm²、2820m³/hm²，玉米分别为 2370m³/hm²、2145m³/hm²、2670m³/hm²、

表 8-13　调研地区水费承受指数计算水价结果及其提升空间　（单位：元/m³）

情景	作物	地区	现状水价	基于水费承受指数计算的水价			水价提升空间		
				农业产值 10%	生产成本 15%	净收益 13%	农业产值 10%	生产成本 15%	净收益 13%
情景 a	小麦	南皮县	0.44	0.44	0.34	0.33	—	—	—
		献县	0.37	0.44	0.28	0.34	0.07	—	—
		成安县	0.30	0.39	0.40	0.29	0.09	0.10	—
		元氏县	0.47	0.58	0.41	0.48	0.11	—	0.01
	玉米	南皮县	0.48	0.52	0.31	0.40	0.04	—	—
		献县	0.35	0.62	0.31	0.54	0.33	—	0.19
		成安县	0.29	0.46	0.35	0.27	0.17	0.06	—
		元氏县	0.46	0.60	0.36	0.51	0.14	—	0.05
情景 b	小麦	南皮县	0.44	0.56	0.47	0.46	0.12	0.03	0.02
		献县	0.37	0.58	0.39	0.44	0.21	0.02	0.07
		成安县	0.30	0.63	0.48	0.45	0.33	0.18	0.15
		元氏县	0.47	0.73	0.51	0.60	0.26	0.04	0.13
	玉米	南皮县	0.48	0.83	0.51	0.62	0.35	0.03	0.14
		献县	0.35	0.88	0.44	0.77	0.53	0.09	0.42
		成安县	0.29	0.83	0.63	0.49	0.54	0.34	0.20
		元氏县	0.46	0.82	0.49	0.69	0.36	0.03	0.23

2040m³/hm²。情景 b：基于河北灌溉定额（河北省地方标准《用水定额》），小麦定额南皮县、献县为 2550m³/hm²，成安县、元氏县为 2250m³/hm²；玉米定额 4 县均为 1500m³/hm²。结果显示，情景 a 计算的水价明显低于情景 b，说明不仅生产要素和收益与水价相关，灌溉用水量对水价也有着直接的影响，灌溉用水量越多水价越低，反之亦然。在情景 a 下，小麦水价介于 0.28~0.58 元/m³，玉米水价介于 0.27~0.62 元/m³；在情景 b 下，小麦水价介于 0.39~0.73 元/m³，玉米为水价介于 0.44~0.88 元/m³。

3. 水价提升空间

在现状水价一定的前提下，按照上述两种情景计算水价，采用式（8-4）计算水价提升空间。情景 a 中，水价提升空间十分有限，农业产值指标下显示有提升空间的是献县、成安县、元氏县，三县小麦和玉米均有提升空间，提升空间分别是小麦 0.07~0.11 元/m³，玉米 0.04~0.33 元/m³，生产成本指标有提升空间的仅有成安县，小麦提升空间为 0.10 元/m³，玉米为 0.06 元/m³，净收益指标下有提升空间的是元氏县、献县，元氏县小麦提升空间 0.01 元/m³、玉米为 0.05 元/m³，献县仅玉米有提升空间，为 0.19 元/m³（表 8-13）。

情景 b 中，水价提升空间显示，4 个调研地区均有提升空间，小麦的提升空间范围为：农业产值指标为 0.12~0.33 元/m³，生产成本为 0.02~0.18 元/m³，净收益为 0.02~0.15 元/m³。上述 3 个指标玉米提升空间分别为 0.35~0.54 元/m³、0.03~0.34 元/m³、0.14~0.42 元/m³。上述两种情景水价提升空间的差异，说明限制水价提升的重要因素是实际的灌溉用水量超出灌溉定额。

河北地下水灌溉地区现状水费占农业产值、生产成本、农业净收益的比例较低，均低于本研究按照《农业水价综合改革试点培训讲义》给出的标准，说明现状农业水价偏低，具有一定的提升空间。采用水费承受指数基于河北省灌溉用水定额计算，小麦、玉米均有提升空间，其中农业产值指标对应的水价上涨空间小麦、玉米分别为 0.12~0.33 元/m³、0.35~0.54 元/m³，生产成本指标对应的水价上涨空间为 0.02~0.18 元/m³、0.03~0.34 元/m³，净收益指标对应的水价上涨空间为 0.02~0.15 元/m³、0.14~0.42 元/m³。玉米比小麦具有更高的上涨空间。

4. 农户对于水价提升的承受能力

农民对水价上涨的承受能力表现出区域和作物的差异（表 8-14）。献县、成安县对小麦灌溉水价提升有较高的承受能力，南皮县和元氏县对小麦灌溉水价提升的承受能力较低，南皮县和成安县对玉米灌溉水价提升的承受能力较强，献县和元氏县较低。针对农业产值、生产成本、净收益 3 个指标，可以承受小麦灌溉水价提升的农户比例分别为 41.28%~51.79%、24.53%~40.35%、37.71%~48.21%，可以承受玉米灌溉水价提升的农户比例分别为 47.45%~57.11%、42.56%~57.23%、41.16%~60.84%。因此，水价改革必须考虑农户的可承受程度，循序渐进。同时，水价政策的制定需按照分区域、分作物类型区别定价。

两种灌溉水量情景下的水价提升空间表现出明显的差异，"以电折水"计算的实际灌溉用水量情景（情景 a）下，水价提升空间十分有限。河北灌溉定额情景（情景 b）下，水价有一定的提升空间，说明水价提升不仅与生产成本、农业产值、净收益等有关，而且与灌溉用水量有着密切的关系，灌溉用水量越多意味着水价提升的可能性越小，本研究揭示了灌溉用水量是水价改革的重要制约因素。调研地区地下水灌溉普遍缺乏计量设施，农户不知道具体的实际灌溉水量，以电费代替水费，无疑削弱了农户节水意识。调研结果显示，多数农民尽管意识到河北的缺水现状，但仍有 20% 左右的农民认为河北的水资源并不缺乏，且认为有缺水的农户中仍然存在即使水价提高也不会减少灌溉用水量的情况，其占比在 80% 以上。因此，积极推广节水灌溉技术，加大节水宣传力度，提高农民节水意识，加大投资力度尽快推广和普及地下水灌区的计量设施，是推进水价改革的重要举措。

根据问卷数据评估农户可以承受的理论水价。结果显示（表 8-14），情景 a 下可以接受水价上涨的农户比例很低，对小麦上涨的承受比例中，农业产值指标对应的水价承受比例为 0 ~ 17.34%，生产成本和净收益指标对应的可承受比例分别为 0 ~ 15.47% 和 0 ~ 11.13%；对玉米上涨的承受比例中，农业产值指标对应的可承受比例为 13.94% ~ 20.43%，生产成本和净收益指标对应的可承受比例分别为 0 ~ 13.51% 和 0 ~ 15.63%。

表 8-14　调研地区农户对水价提升可以承受的比例　　　　　（单位：%）

| 作物 | 地区 | 情景 a 基于"以电折水"灌溉用水量 | | | 情景 b 基于河北灌溉定额 | | |
		农业产值的 10%	生产成本的 15%	净收益的 13%	农业产值的 10%	生产成本的 15%	净收益的 13%
小麦	南皮县	0	0	0	41.28	25.46	38.52
	献县	17.34	0	0	51.79	40.35	48.21
	成安县	16.77	15.47	0	51.20	35.54	37.71
	元氏县	13.99	0	11.13	47.46	24.53	44.74
玉米	南皮县	18.45	0	0	56.40	47.67	53.76
	献县	13.94	0	15.63	47.45	45.21	49.86
	成安县	20.43	13.51	0	57.11	57.23	60.84
	元氏县	15.77	0	9.46	49.57	42.56	41.16

对于情景 b，上述三项指标小麦上涨可以承受的比例分别为：41.28% ~ 51.79%、24.53% ~ 40.35%、37.71% ~ 48.21%。其中，献县、成安县对于小麦灌溉水价的提升有较高的承受比例，南皮县和元氏县对小麦灌溉水价提高的承受能力较低。对于玉米水价的提升，农业产值指标下农户能够承受的比例为 47.45% ~ 57.11%；生产成本指标和净收益指标下农户能够承受的比例分别为 42.56% ~ 57.23% 和 41.16% ~ 60.84%。农户对于玉米水

价提升的承受能力普遍高于小麦，说明农户对水价提升的承受能力不仅表现出区域差异，还表现出作物差异。

8.5.3 基于支付意愿的水价

1. 农户对水资源价值的认知

在问卷中设计了农户对水资源稀缺性的感知情况，设计问题为：是否认同水是一种有价值的商品、水资源稀缺程度等。调查结果显示，完全认同的占比为 52.43%，比较认同的比例为 24.57%，两者合计为 77.00%。认为河北水资源非常稀缺的比例为 46.48%，比较稀缺和非常稀缺的占比为 73.08%。

2. 农户提高水价的意愿

对农业水价是否提高的认知也进行了调研，对于水价是否有可能提高，调查结果显示，认为有很小可能会的农户比例为 37.09%，有一定可能会的比例为 26.76%，有很大可能会的比例为 14.24%，一定不会提高、一定会提高的比例分别为 17.37%、4.54%。

同时，问卷设计了提高水价的意愿，为提高灌溉水保证程度而愿意提高的水价幅度调查结果显示，农户回答提升幅度在 $0 \sim 01$ 元/m^3 的占比最高，为 31.5%；其次为 $0.1 \sim 0.2$ 元/m^3，占比为 24.2%；$0.5 \sim 1.0$ 元/m^3 以及 1.0 元/m^3 以上的占比分别为 12.8% 以及 10.7%。

为获得更准确的回答，采用条件价值评估法对农户水价的支付意愿进行调查。根据前期预调研获得的小麦、玉米实际缴纳的水费，设计两种作物支付意愿在一定的范围内，设定双边界二分式支付意愿投标方案（表 8-15、表 8-16），通过引导方式获得农户的支付意愿。

表 8-15　小麦灌溉水价支付意愿投标方案　　　　　（单位：元/亩）

支付方案	初始投标值	较高投标值	较低投标值
1	40	60	20
2	60	80	40
3	80	100	60
4	100	120	80
5	120	140	100

表 8-16　玉米灌溉水价支付意愿投标方案　　　　　（单位：元/亩）

支付方案	初始投标值	较高投标值	较低投标值
1	30	35	25
2	35	40	30

续表

支付方案	初始投标值	较高投标值	较低投标值
3	40	45	35
4	45	50	40
5	50	55	45

问卷结果显示，小麦支付意愿介于 0.331 ~ 0.367 元/m³，玉米支付意愿介于 0.299 ~ 0.329 元/m³（表 8-17）。

表 8-17　条件价值方法计算灌溉水价支付意愿 （单位：元/m³）

地区	作物	支付意愿
成安县	小麦	0.346
	玉米	0.315
献县	小麦	0.339
	玉米	0.299
南皮县	小麦	0.331
	玉米	0.311
元氏县	小麦	0.367
	玉米	0.329

通过分析影响支付意愿的因素可知，水量短缺、水位下降，农户对小麦灌溉用水的支付意愿就会增加。当农户感知到缺水会造成产出损失时，其对小麦灌溉用水的支付意愿也会增加。当农户意识到未来水资源稀缺时，其对水资源的危机意识增强，为了保证灌溉的可靠性，愿意增加对小麦灌溉的支付意愿。

8.6　灌溉需水价格函数

8.6.1　需水价格函数

1. 需水价格函数的建立

采用双对数模型建立作物灌溉用水量与灌溉水价之间的函数关系。根据前文"以电折水"方法计算得到灌溉用水量、现状灌溉水价等参数，采用 2.2 节式（2-5），对亩均灌溉用水量和现状灌溉水价分别取对数，将现状灌溉用水量（Q）、现状水价（P）分别取对数，采用计量软件做 OLS 回归，得到回归方程及系数估计值，并对回归结果进行检验，方程和系数均通过显著性检验。结果显示，调研地区灌溉用水量随水价变化表现为负弹性，小麦灌溉用水价格弹性系数为-0.50，玉米灌溉用水价格弹性系数为-0.70，这意味着当水价提高10%，小麦的灌溉水量将会降低5%、玉米的灌溉水量将会降低7%，说明现阶段水价提高在一定程度上可以起到节水的效用。弹性系数表现出地区差异（图8-8），成安县灌溉用水价格弹性系数绝对值最大，小麦为0.69，玉米为0.84，均高于调研区平均弹性系数绝对值（表8-18）。成安县是水价综合改革示范地区，80%以上的基本农田完成了地下管道铺设工程，成安县是水价综合改革示范地区，80%以上的基本农田完成了地下水灌溉的输水管道铺设工程，减少了由于"小白龙"灌溉而造成的跑漏等现象，说明节水技术推广较好的地区，弹性系数绝对值较大，揭示了水价综合改革对弹性系数绝对值的促进作用。

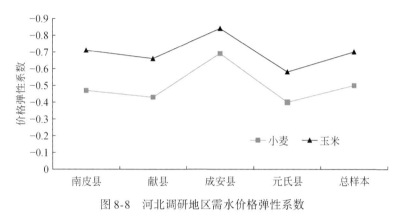

图8-8　河北调研地区需水价格弹性系数

表8-18　河北地下水灌区不同作物灌溉需水价格函数

作物	地区	需水价格函数	弹性系数	R^2
小麦	南皮县	$\ln Q = -0.47\ln P + 4.99$	-0.47	62.04
	献县	$\ln Q = -0.43\ln P + 4.98$	-0.43	56.80
	成安县	$\ln Q = -0.69\ln P + 4.66$	-0.69	42.48
	元氏县	$\ln Q = -0.40\ln P + 4.94$	-0.40	67.64
玉米	南皮县	$\ln Q = -0.71\ln P + 4.54$	-0.71	62.04
	献县	$\ln Q = -0.66\ln P + 4.27$	-0.66	58.20
	成安县	$\ln Q = -0.84\ln P + 4.15$	-0.84	47.16
	元氏县	$\ln Q = -0.58\ln P + 4.47$	-0.58	59.75

与已有农业需水价格弹性系数（表8-19）研究结果相比，华北缺水地区弹性系数绝对值为0.25～0.50（贾绍凤和康德勇，2000），西北缺水灌区弹性系数绝对值为0.13～0.72（江煜和王学峰，2009），山西省弹性系数绝对值为0.23～0.61（畅明琦和刘俊萍，2005），黄河流域弹性系数绝对值为0.57～0.71（裴源生等，2003），本研究结果为小麦0.40～0.69、玉米0.58～0.84，小麦的弹性系数基本与上述研究具有一致性，玉米的弹性系数略高于已有研究结果。此外，随着研究时段的向后推移，弹性系数绝对值趋于逐渐增

加，揭示缺水地区水价对节水的作用随时间变化在逐渐增强。

表 8-19　与已有灌溉需水价格弹性系数研究结果比较

研究区域	弹性系数绝对值	文献来源
华北缺水地区	0.25～0.50	贾绍凤，2000
西北缺水灌区	0.13～0.72	江煜和王学峰，2009
山西	0.23～0.61	畅明琦和刘俊萍，2005
黄河流域	0.57～0.71	裴源生等，2003
本书河北调研地区	0.40～0.69（小麦）	—
	0.58～0.84（玉米）	—

研究区当前弹性系数绝对值小于1，说明河北调研地区当前水价与需水量之间处于弱弹性阶段，水价提高对节水的效用较弱。

2. 灌溉水价的门限效应

采用门限回归模型进行水价的门限效应分析。门限效应是指当某一变量达到特定临界值后引发其他变量阶段性变化的现象，临界值即为门限值（侯孟阳和姚顺波，2018）。门限回归模型通过计量回归的方式，拟合灌溉水价与灌溉用水量的变化特征，从而寻找门限水价。本研究依据门限回归模型的一般形式，建立灌溉水价（WP）与灌溉用水量（IWC）的门限回归模型

$$\text{IWC}_i = \omega_0 + \omega_1 \text{WP} + C_1 Z + e_i \qquad \text{WP} \leqslant \gamma \qquad (8\text{-}5)$$

$$\text{IWC}_i = \beta_0 + \beta_1 \text{WP} + C_2 Z + e_i \qquad \text{WP} > \gamma \qquad (8\text{-}6)$$

式中，γ 为回归的门限值；Z 为其他控制变量；ω_0 和 β_0 为回归的常数项；e_i 为随机扰动项；ω_1 和 β_1 为核心解释变量的回归系数；C_1 和 C_2 为控制变量的回归系数。

应用门限效应分析现状灌溉水价对灌溉用水量的影响作用，门限水价作为双对数线性模型分组回归的依据，以此分析两个阶段灌溉用水需求价格弹性差异，包括单一门限与双重门限的门限效应检验、门限回归模型的参数估计、门限估计值的真实性检验等步骤。首先，检验灌溉水价对灌溉用水量的门限效应的显著性，结果显示，F 统计量（40.87）仅在单一门限中通过1%水平上的显著性检验，双重门限不显著，表明调研地区目前灌溉水价对灌溉用水量仅存在单一门限，说明弹性系数表现为两个阶段。其次，估计门限回归参数，被解释变量现状灌溉用水量、核心解释变量现状灌溉水价、控制变量的选取主要依据已有参考文献（刘一明，2021）和本研究中调研地区的特点，分为3个方面：①农户个人特征，包括年龄、性别、受教育程度和务农年限，这是一般研究均采用的控制变量；②家庭及生产经营特征，包括家庭经济水平、家庭劳动力数量、地权状况、农地细碎化、取水口距离、是否采用节水灌溉技术，这些因素与生产成本、灌溉方式、灌溉次数等密切相关，直接影响生产效率以及灌溉效率，其中取水口距离反映了地下水灌溉的特点，地权情况是指农户是否有土地流转，调研发现，有土地流入的农户，耕地规模化程度高，有利于

节水；③农户认知特征，包括灌溉政策了解程度和用水紧缺程度认知。调研数据显示，元氏县有 19.1% 的农户对灌溉政策非常了解，成安县为 5%，南皮县 3.7%，献县 1.2%，元氏县亩均灌溉用水量最低。水价改革示范区元氏县农户对用水紧缺程度认知最高，农户占比为 38.71%，此比例远高于未进行水价改革地区的 8.04%，元氏县农户采用节水灌溉技术的比例最高，为 44.11%，其余各县采用节水技术的农户占比介于 3.23%~27.74%，揭示了农户对灌溉政策了解程度越高其实际灌溉水量越少，对用水紧缺程度认知越高，越倾向采用田间节水技术。主要变量及描述性统计分析如表 8-20 所示。根据式（8-1）和式（8-2）进行回归分析，以小麦为例进行分析，灌溉用水量与水价存在门限效应，门限值为 0.33 元/m³（表 8-21），依次加入控制变量进行稳健性检验，门限值不变，说明通过稳健性检验，本研究选取的控制变量较全面地涵盖了既有文献中的关键变量，说明门限值是一个较可靠的"收敛点"。该门限回归的结果表明，随着灌溉水价提高，灌溉用水量下降，二者呈负相关，灌溉水价对灌溉用水量的负向影响存在拐点，灌溉水价低于 0.33 元/m³ 时，负向影响不显著，即在该区间范围内，影响灌溉用水量的主要因素不是灌溉水价，降低灌溉用水量提高灌溉用水效率应着重考虑其他因素；灌溉水价高于 0.33 元/m³ 时，灌溉水价对灌溉用水量的负向影响在 1% 水平上显著，灌溉水价对节水的激励效果明显。灌溉水价上涨 0.1 元，可节水约 23.5m³。

表 8-20　主要变量及描述性统计分析

类型		变量名	定义	均值	标准差
被解释变量		灌溉用水量	现状实际用水量	221.01	82.19
核心解释变量		灌溉水价	"以电折水"方法计算的现状水价	0.35	0.11
控制变量	个人特征	年龄	受访农户的年龄	60.38	9.09
		性别	0＝女；1＝男	0.83	0.37
		受教育程度	1＝小学以下；2＝小学；3＝初中；4＝中专及高中；5＝大专及以上	2.88	0.94
		务农年限	从事农业生产年限（年）	36.09	12.45
	家庭及生产经营特征	家庭经济水平	1＝比较好；2＝中上水平；3＝中等水平；4＝中下水平；5＝比较差	3.04	0.69
		家庭劳动力数量	家庭劳动力人口数（人）	2.37	1.47
		地权状况	是否有土地流转：0＝否；1＝是	0.19	0.39
		农地细碎化	家庭地块数/耕地亩数	0.39	0.29
		取水口距离	地块离取水口距离（m）	137.84	224.68
		是否采用节水灌溉技术	0＝否；1＝是	0.37	0.21
	农户认知特征	灌溉政策了解程度	1＝完全不了解；2＝有一点了解；3＝基本了解；4＝比较了解；5＝完全了解	1.66	0.95
		用水紧缺程度认知	1＝非常充足；2＝比较充足；3＝刚好够用；4＝有些紧张；5＝严重缺乏	3.205	1.117

表 8-21　门限回归模型的结果

变量	门限回归	
	WP<0.33	WP>0.33
现状灌溉水价	−87.56	−235.01***
	(−0.41)	(−3.50)
其他控制变量	已控制	已控制
常数项	355.11***	353.42***
	(4.46)	(5.99)
R^2	0.11	0.14

*** 表示解释变量在 1% 水平上显著。括号中为稳健标准误

　　以门限值 0.33 元/m³ 为分界点,依据 620 个样本的数据,采用双对数线性模型建立需求价格弹性函数(表 8-22)。第一组包含灌溉水价低于 0.33 元/m³ 的 271 个样本,以尚未实施农业水价综合改革的南皮县、献县和成安县为主,占该组样本的 94.6%,灌溉用水需求价格弹性系数为−0.21,第二组包含现状灌溉水价高于 0.33 元/m³ 的 349 个样本,以实施农业水价综合改革示范点的元氏县为主,占该组样本的 78.2%,灌溉用水需求价格弹性系数为−0.69,说明已经实施农业水价改革的地区其灌溉需水价格弹性系数的绝对值较大。在不区分门限值的全样本情况下,灌溉用水需求价格弹性系数为−0.50,以上结果显示灌溉用水需求价格弹性表现为两阶段特点,当水价低于门限值时,水价提高 10%,灌溉水量降低 2.1%;当水价高于门限值时,水价提高 10%,灌溉水量降低 6.9%,高于门限值时灌溉用水需求价格弹性显著提高,调研区域现状平均小麦水价为 0.35 元/m³(参见 8.4.2 节),大于门限值 0.33 元/m³,说明现阶段水价与需水量已经进入弹性阶段,水价提高可以起到节水效果。

表 8-22　水价门限效应分组回归结果

组别	现状灌溉水价范围	灌溉用水需求价格弹性函数公式	弹性系数	样本量
第 1 组	WP<0.33	$\ln IWC_i = -0.21\ln WP + 4.15$ ($R^2 = 0.19$, $p = 0.004$)	−0.21	$N=271$
第 2 组	WP>0.33	$\ln IWC_i = -0.69\ln WP + 4.36$ ($R^2 = 0.20$, $p = 0.001$)	−0.69	$N=349$
全样本	—	$\ln IWC_i = -0.50\ln WP + 4.88$ ($R^2 = 0.21$, $p = 0.000$)	−0.50	$N=620$

8.6.2　需水价格弹性曲线

　　在现状水价与理想水价之间给定不同的水价,根据弹性函数公式计算不同水价对应的水量,并绘制小麦和玉米的用水需求价格弹性曲线(图 8-9),可以看出,随着水价的提

高，需水量呈现逐渐减少的趋势，其中小麦需水量随水价提高而减少的幅度低于玉米，意味着在水价提高幅度相同的情况下，种植玉米的节水潜力大于种植小麦的节水潜力，玉米对水价的敏感程度高于小麦，这一结论可作为研究区种植结构调整的依据。

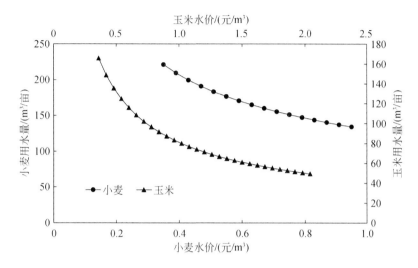

图 8-9　河北调研地区灌溉用水需求价格弹性曲线

进一步绘制不同地区小麦、玉米的需水价格弹性曲线，小麦、玉米的需水价格弹性曲线表现出较为明显的地区差异（图 8-10、图 8-11）。

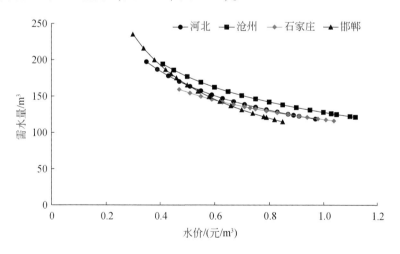

图 8-10　不同地区小麦灌溉需水价格弹性曲线

灌溉定额是当前农业水资源管理的重要内容，也是未来在实践中需要严格执行的标准，因此本研究计算灌溉定额对应的水价，称其为灌溉定额水价，小麦、玉米灌溉定额依据河北省地方标准《定额　部分：农业用水》（DB 13/T 1161.1—2016）获得，取 75% 水文年的灌溉定额，依据本研究得到的灌溉用水需求弹性函数，分别计算灌溉定额对应的水

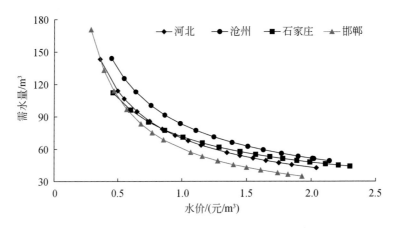

图 8-11　不同地区玉米灌溉需水价格弹性曲线

价，计算结果为小麦 0.67 元/m³、玉米为 0.69 元/m³。分别比现状水价提升 0.32 元/m³、0.33 元/m³。水价提升幅度表现出地区差异，调研问卷数据显示，样本中节水技术采纳率从低到高依次为南皮县 3.3%、献县 10.5%、成安县 18.8% 和元氏县 43.8%，对应在灌溉定额情景下，南皮县小麦水价提升空间最大，为 0.34 元/m³，元氏县小麦水价提升空间最小，为 0.23 元/m³，说明节水技术采纳率是影响水价提升空间的关键因素，节水技术采纳率越低，水价提升空间越大。

在灌溉定额水价与理想水价范围内，给定水价，绘制灌溉需水价格曲线（图 8-12），可以看出随着水价提高，节水潜力表现出逐渐增加的趋势。当水价提升到定额水价时，即小麦水价为 0.67 元/m³、玉米为 0.69 元/m³ 时，与实际灌溉水量相比，小麦和玉米节约的水量分别为 60.99m³/亩、60.11m³/亩，节水率分别为 27.60%、36.39%。其中，成安县的节水率最高，小麦、玉米分别为 37.93%、44.14%。

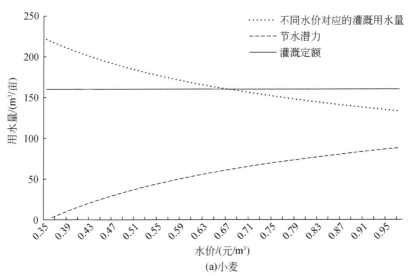

(a)小麦

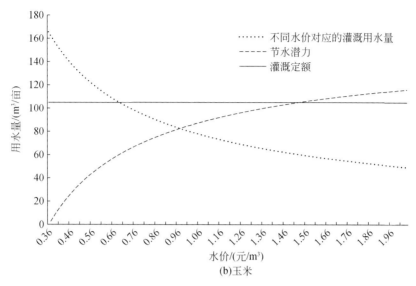

(b)玉米

图 8-12   河北调研地区需水量、节水量随水价变动趋势

四个地区节水潜力随水价变化的趋势有所差异，以小麦为例，从图 8-13 看出，节水潜力与弹性系数的高低表现出不一致性。以小麦为例，当水价提高到灌溉定额对应的水价，节水潜力按照从高到低的排序依次为成安县、献县、南皮县、元氏县，与弹性系数的排序不一致，主要是由于献县节水技术采纳率为 10.5%，高于南皮县 3.3%，显示出节水技术对节水的贡献。此外，实际灌溉用水量与灌溉定额之间差距越大，节水潜力越大，如成安县现状灌溉水量最高，远高于元氏县，且与灌溉定额的差距前者为 92.12m³/亩、后者为 28.55m³/亩，两者节水率分别为 37.93%、14.68%。因此，实现节水不仅需要提高水价、降低灌溉用水量，缩小其与灌溉定额之间的差距也是重要途径。

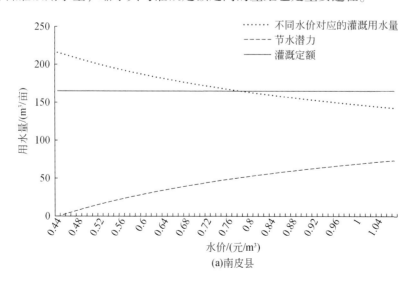

(a)南皮县

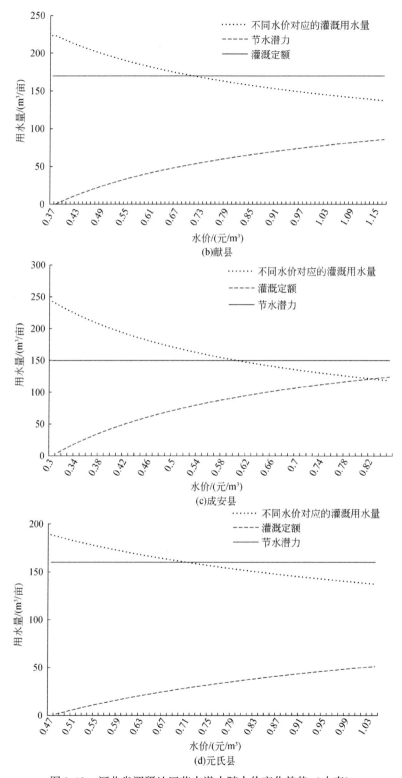

图 8-13　河北省调研地区节水潜力随水价变化趋势（小麦）

如果小麦水价提升到理想水价 0.97 元/m³，则对应的灌溉水量为 132.98m³/亩，意味着如果水价提高到理想水价，要求灌溉水量比灌溉定额减少 27.02m³/亩，与灌溉定额相比的节水率为 16.89%。河北灌溉定额是在平水年喷灌条件下的定额，因此，未来随着微灌等节水技术的采纳，将会有更大的节水空间。

8.7 农业水价改革方案

8.7.1 情景设计

根据本研究计算的现状水价、理论水价，设计 6 种水价改革方案情景（表 8-23），分别为：①方案 1，农户承受指数计算结果（农业产值指标）；②方案 2，在现状水价基础上提高 10%；③方案 3，在现状水价基础上提高 20%；④方案 4，农户意愿调查水价；⑤方案 5，根据需水价格函数计算的灌溉定额水价；⑥方案 6，剩余价值方法计算的理想水价。

表 8-23 农业水价改革情景方案设计

情景方案	具体描述
方案 1	农户承受指数方法农业产值指标计算水价
方案 2	在现有水价基础上提高 10%
方案 3	在现有水价基础上提高 20%
方案 4	农户意愿调查提升水价作为水价改革方案
方案 5	需水价格函数对应的灌溉定额下的水价
方案 6	剩余价值方法计算水价作为水价改革方案

8.7.2 水价改革方案及其节水潜力与减排量

按照上述情景设计方案，得到不同方案下的水价，与现状水价相比得到水价提升空间（表 8-24、表 8-25），可以看出，水价提升空间从大到小依次为：方案 6、方案 5、方案 1、方案 3、方案 2，上述方案小麦水价提升空间介于 0~0.77 元/m³，玉米水价提升空间介于 0.03~1.84 元/m³，玉米的提升空间大于小麦。其中，方案 4 即根据意愿调查的水价改革方案与现状相比，除了成安县外，其余 3 个县没有提升空间，且低于现状水价。

提升空间也表现出地区差异，以方案 5 即定额水价方案为例，小麦水价提升到 0.60~0.78 元/m³，献县、成安县、南皮县、元氏县提升空间分别为 0.34 元/m³、0.30 元/m³、0.34 元/m³、0.23 元/m³，已有研究（王钇霏和许朗，2021）认为河北小麦典型种植地区其水价可上涨至 0.55 元/m³，上涨空间 0.20 元/m³，本研究结果略高于上述研究成果。玉米水价提升到 0.58~0.79 元/m³，献县、成安县、南皮县、元氏县玉米的水价提升空间分别为 0.25 元/m³、0.29 元/m³、0.31 元/m³、0.32 元/m³。

表8-24 小麦不同情景水价改革方案及其节水减排量

情景方案	地区	现状水价/(元/m³)	改革后水价/(元/m³)	水价提升空间/(元/m³)	现状用水量/(m³/亩)	水价改革后的用水量/(m³/亩)	节水潜力/(m³/亩)	节水量/亿 m³	节水的减排量/kg		
									氨氮	总氮	总磷
方案1	献县	0.37	0.44	0.07	223.21	207.07	16.14	0.070	56.13	572.38	49.48
	成安县	0.30	0.39	0.09	242.12	202.30	39.82	0.130	117.81	1201.37	103.86
	南皮县	0.44	0.44	0	215.67	216.13	—	0	—	—	—
	元氏县	0.47	0.58	0.11	188.55	173.80	14.75	0.059	72.29	737.13	63.73
方案2	献县	0.37	0.41	0.04	223.21	213.45	9.76	0.042	33.94	346.12	29.92
	成安县	0.30	0.33	0.03	242.12	227.01	15.11	0.049	44.70	455.87	39.41
	南皮县	0.44	0.48	0.04	215.67	207.47	8.20	0.032	27.10	276.33	23.89
	元氏县	0.47	0.52	0.05	188.55	181.56	6.99	0.028	34.26	349.32	30.20
方案3	献县	0.37	0.44	0.07	223.21	207.07	16.14	0.070	56.13	572.38	49.48
	成安县	0.30	0.36	0.06	242.12	213.79	28.33	0.093	83.82	854.72	73.89
	南皮县	0.44	0.53	0.09	215.67	198.03	17.64	0.068	58.29	594.44	51.39
	元氏县	0.47	0.56	0.09	188.55	176.26	12.29	0.049	60.23	614.19	53.10
方案4	献县	0.37	0.30	−0.07	223.21	244.14	—	0	—	—	—
	成安县	0.30	0.33	0.03	242.12	227.01	15.11	0.049	44.70	455.87	39.41
	南皮县	0.44	0.35	−0.09	215.67	240.68	—	0	—	—	—
	元氏县	0.47	0.41	−0.06	188.55	199.67	—	0	—	—	—
方案5	献县	0.37	0.71	0.34	223.21	168.56	54.65	0.237	190.06	1938.07	167.55
	成安县	0.30	0.60	0.30	242.12	150.28	91.84	0.300	271.72	2770.82	239.54
	南皮县	0.44	0.78	0.34	215.67	165.14	50.53	0.195	166.98	1702.79	147.21
	元氏县	0.47	0.70	0.23	188.55	161.21	27.34	0.109	133.99	1366.31	118.12
方案6	献县	0.37	1.14	0.77	223.21	137.51	85.70	0.371	298.04	3039.20	262.74
	成安县	0.30	0.85	0.55	242.12	118.18	123.94	0.405	366.69	3739.28	323.27
	南皮县	0.44	1.10	0.66	215.67	140.50	75.17	0.290	248.41	2533.12	218.99
	元氏县	0.47	1.04	0.57	188.55	137.60	50.95	0.204	249.69	2546.21	220.12

表 8-25 玉米不同情景水价改革方案及其节水减排量

情景方案	地区	现状水价/(元/m³)	改革后水价/(元/m³)	水价提升空间/(元/m³)	现状用水量/(m³/亩)	水价改革后的用水量/(m³/亩)	节水潜力/(m³/亩)	节水量/亿m³	节水的减排量/kg		
									氨氮	总氮	总磷
方案1	献县	0.35	0.62	0.27	143.21	98.06	45.15	0.257	287.35	2930.20	253.32
	成安县	0.29	0.46	0.17	178.93	121.79	57.14	0.162	150.02	1529.84	132.26
	南皮县	0.48	0.52	0.04	158.52	149.06	9.46	0.039	38.23	389.88	33.71
	元氏县	0.46	0.60	0.14	136.08	117.49	18.59	0.086	131.65	1342.46	116.06
方案2	献县	0.35	0.39	0.04	143.21	133.15	10.06	0.057	64.03	652.89	56.44
	成安县	0.29	0.32	0.03	178.93	165.20	13.73	0.039	36.05	367.60	31.78
	南皮县	0.48	0.53	0.05	158.52	147.05	11.47	0.047	46.36	472.71	40.87
	元氏县	0.46	0.51	0.05	136.08	129.10	6.98	0.032	49.43	504.06	43.58
方案3	献县	0.35	0.42	0.07	143.21	126.80	16.41	0.093	104.44	1065.00	92.07
	成安县	0.29	0.35	0.06	178.93	153.22	25.71	0.073	67.50	688.35	59.51
	南皮县	0.48	0.58	0.10	158.52	137.94	20.58	0.084	83.17	848.16	73.33
	元氏县	0.46	0.55	0.09	136.08	123.57	12.51	0.058	88.59	903.40	78.10
方案4	献县	0.35	0.30	−0.05	143.21	158.33	—	0.000	0.00	0.00	0.00
	成安县	0.29	0.33	0.04	178.93	160.98	17.95	0.051	47.13	480.58	41.55
	南皮县	0.48	0.35	−0.13	158.52	197.43	—	0.000	—	—	—
	元氏县	0.46	0.41	−0.05	136.08	146.52	—	0.000	—	—	—
方案5	献县	0.35	0.60	0.25	143.21	100.20	43.01	0.245	273.73	2791.32	241.31
	成安县	0.29	0.58	0.29	178.93	100.24	78.69	0.223	206.60	2106.81	182.14
	南皮县	0.48	0.79	0.31	158.52	110.76	47.76	0.196	193.02	1968.33	170.17
	元氏县	0.46	0.78	0.32	136.08	100.90	35.18	0.163	249.13	2540.50	219.63
方案6	献县	0.35	2.08	1.73	143.21	44.11	99.10	0.564	630.70	6431.52	556.02
	成安县	0.29	1.93	1.64	178.93	36.51	142.42	0.403	373.93	3813.09	329.65
	南皮县	0.48	2.20	1.72	158.52	53.53	104.99	0.430	424.32	4326.95	374.07
	元氏县	0.46	2.30	1.84	136.08	53.89	82.19	0.380	582.04	5935.29	513.12

农业节水潜力是在保证现有生产面积产出农产品总量不变的基础上,通过各类节水技术措施的实施,可以使农田用水总量减少的数量。《全国水资源综合规划技术大纲》实施技术细则给出节水潜力的概念如下:以各部门、各行业(或作物)通过综合节水措施所达到的节水指标作为参考标准,现状用水水平与节水指标的差值即为最大可能节水数量。狭义节水潜力是在满足作物基础用水的条件下,通过各类节水工程技术措施的实施,现有的灌溉水量直接减少的水量(马立辉,2006)。广义节水潜力是指非工程措施的实施,如大田平整、地膜或秸秆覆盖、非充分灌溉、调整产业结构、微生物节水剂、稻田旱作和浅湿

灌技术等措施的实施，在维持单位面积产量不变的基础上，降低灌溉定额节约水量。本研究节水潜力指狭义节水潜力。

依据8.6.1节建立的灌溉需水价格弹性函数计算不同水价改革方案的用水量，根据2.2.3节式（2-5）计算节水潜力，计算结果列入表8-24和表8-25，污染物减排量依据第2.3.1节提出的农田污染物流失率方法计算［见式（2-8）］，污染物减排量需要的参数值数据来源于经验值与统计年鉴，其中污染物流失系数来源于《排放源统计调查产排污核算方法和系数手册》(排放源统计调查产排污核算方法和系数手册) （生态环境部，2021），采用河北污染物流失系数，氨氮0.076、总氮0.775、总磷0.067。其他参数值，如小麦、玉米播种面积及耕地面积数据等，均来源于统计年鉴，降水量来源于水资源公报，献县、成安县、南皮县和元氏县的多年平均降水量分别为：580mm、580mm、550mm、500mm，种植结构以冬小麦和夏玉米为主，其中冬小麦生长期10月至次年6月，夏玉米生长期6~10月，根据上述作物生长期分配全年降水量，估算冬小麦、夏玉米生长期降水量，上述参数值分别列入表8-26。

表8-26　计算农业节水减排量的参数值

作物	地区	农田灌溉用水量/（亿 m^3/a）	播种面积/hm^2	耕地面积/hm^2
小麦	献县	0.967	28 867	63 039
	成安县	0.791	21 793	37 090
	南皮县	0.833	25 746	52 864
	元氏县	0.754	26 667	36 000
玉米	献县	0.815	37 955	63 039
	成安县	0.506	18 862	37 090
	南皮县	0.649	27 305	52 864
	元氏县	0.629	30 820	36 000

计算得到不同方案的节水潜力，以及节水潜力的污染物减排量（表8-24、表8-25）。其中，小麦有节水潜力和污染物减排的方案包括方案2、方案3、方案5、方案6，玉米有节水潜力和污染物减排的方案的包括方案1、方案2、方案3、方案5、方案6。上述方案的节水潜力与污染物减排量差异较大，且小麦、玉米的节水潜力也有明显差异，小麦的节水潜力范围介于6.99~123.94m^3/亩，玉米的节水潜力范围介于6.98~142.42m^3/亩，污染物减排量以氨氮为例，小麦的减排量介于27.10~366.69m^3/亩，玉米的减排量介于36.05~630.70m^3/亩，

在相同方案下，节水潜力与污染物减排量表现出区域差异。以方案5即定额水价方案为例，献县、成安县、南皮县、元氏县小麦的节水量分别为0.237亿m^3、0.300亿m^3、0.195亿m^3、0.109亿m^3，氨氮的减排量分别为190.06kg、271.72kg、166.98kg、133.99kg。献县、成安县、南皮县、元氏县玉米的节水量分别为0.245亿m^3、0.223亿m^3、0.196亿m^3、0.163亿m^3，氨氮的减排量分别为273.73kg、206.60kg、193.02kg、249.13kg。

8.7.3 水价改革推荐方案

针对上述方案，进一步分析其农户对水价提高的承受能力，以及提高水价后水费占成本的比例，列入表8-27、表8-28，可以看出，所有的方案中，农户对小麦水价提高的可接受比例介于25.35%~58.40%，玉米为25.03%~62.10%，看出农户对水价提高的可接受比例总体偏低，对于玉米水价提高的可接受比例高于小麦，揭示了水价改革的主要限制因素是农户的承受能力。

表 8-27　小麦不同情景水价改革方案及农户承受能力

情景方案	具体描述	地区	改革后水价/（元/m³）	水价改革后的用水量/（m³/亩）	农户承受能力/%	灌溉水费占成本的比例/%	
						现状	改革后
方案 1	农户承受指数方法农业产值指标计算水价改革方案	献县	0.44	207.07	51.79	11.15	11.51
		成安县	0.39	202.30	51.20	9.04	10.05
		南皮县	0.44	216.13	41.28	12.65	12.14
		元氏县	0.58	173.80	47.46	10.97	11.63
方案 2	在现有水价基础上提高10%	献县	0.41	213.45	48.87	11.15	11.11
		成安县	0.33	227.01	49.64	9.04	9.59
		南皮县	0.48	207.47	39.34	12.65	12.64
		元氏县	0.52	181.56	44.55	10.97	10.97
方案 3	在现有水价基础上提高20%	献县	0.44	207.07	46.95	11.15	11.51
		成安县	0.36	213.79	48.32	9.04	9.83
		南皮县	0.53	198.03	37.32	12.65	13.23
		元氏县	0.56	176.26	42.61	10.97	11.41
方案 4	农户意愿调查提升水价作为水价改革方案	献县	0.30	244.14	58.40	11.15	9.47
		成安县	0.33	227.01	49.64	9.04	9.59
		南皮县	0.35	240.68	46.50	12.65	10.90
		元氏县	0.41	199.67	51.38	10.97	9.65
方案 5	需水价格函数对应的灌溉定额下的水价	献县	0.71	168.56	35.74	11.15	14.60
		成安县	0.60	150.28	41.24	9.04	11.32
		南皮县	0.78	165.14	30.41	12.65	15.76
		元氏县	0.70	161.21	37.27	10.97	12.84

续表

情景方案	具体描述	地区	改革后水价 / (元/m³)	水价改革后的用水量 / (m³/亩)	农户承受能力 /%	灌溉水费占成本的比例/%	
						现状	改革后
方案6	剩余价值方法计算水价作为水价改革方案	献县	1.14	137.51	27.28	11.15	18.29
		成安县	0.85	118.18	37.02	9.04	12.45
		南皮县	1.10	140.50	25.35	12.65	18.33
		元氏县	1.04	137.60	29.39	10.97	15.74

水费占农业生产成本的标准为不超过15%，比较上述几个方案，方案6水费占成本比例出现超过15%的情况，南皮县、献县、元氏县小麦水费占成本的比例分别为18.33%、18.29%、15.74%，南皮县、元氏县玉米水费占成本比例分别为17.17%、17.71%。按照成本标准衡量，方案5可以作为推荐方案。

基于节水潜力、污染物减排、农户承受能力、水费占生产成本比例综合衡量，推荐方案3为近期水价改革方案，推荐方案5为远期水价改革方案，体现了分阶段制定水价的原则，小麦和玉米水价提升幅度所有差别，体现了分作物类型制定水价的原则。

表8-28 玉米不同情景水价改革方案及农户承受能力

情景方案	具体描述	地区	改革后水价 / (元/m³)	水价改革后的用水量 / (m³/亩)	农户承受能力 /%	灌溉水费占成本的比例/%	
						现状	改革后
方案1	农户承受指数方法农业产值指标计算水价改革方案	献县	0.62	98.06	47.45	8.15	9.34
		成安县	0.46	121.79	57.11	7.50	8.17
		南皮县	0.52	149.06	56.40	12.48	12.01
		元氏县	0.60	117.49	49.57	10.23	10.91
方案2	在现有水价基础上提高10%	献县	0.39	133.15	45.80	8.15	8.09
		成安县	0.32	165.20	56.06	7.50	7.75
		南皮县	0.53	147.05	55.06	12.48	12.06
		元氏县	0.51	129.10	47.13	10.23	10.26
方案3	在现有水价基础上提高20%	献县	0.42	126.80	44.66	8.15	8.27
		成安县	0.35	153.22	55.26	7.50	7.85
		南皮县	0.58	137.94	53.64	12.48	12.35
		元氏县	0.55	123.57	45.66	10.23	10.56

情景方案	具体描述	地区	改革后水价 /（元/m³）	水价改革后的用水量 /（m³/亩）	农户承受能力 /%	灌溉水费占成本的比例/%	
						现状	改革后
方案4	农户意愿调查提升水价作为水价改革方案	献县	0.30	158.33	50.07	8.15	7.45
		成安县	0.33	160.98	55.78	7.50	7.78
		南皮县	0.35	197.43	62.10	12.48	10.85
		元氏县	0.41	146.52	51.65	10.23	9.45
方案5	需水价格函数对应的灌溉定额下的水价	献县	0.60	100.20	39.56	8.15	9.24
		成安县	0.58	100.24	50.97	7.50	8.45
		南皮县	0.79	110.76	49.04	12.48	13.35
		元氏县	0.78	100.90	39.43	10.23	12.03
方案6	剩余价值方法计算水价作为水价改革方案	献县	2.08	44.11	25.92	8.15	13.45
		成安县	1.93	36.51	42.06	7.50	10.07
		南皮县	2.20	53.53	36.44	12.48	17.17
		元氏县	2.30	53.89	25.03	10.23	17.71

近期水价改革方案（表 8-29）：小麦水价提升到 0.36 ~ 0.56 元/m³，节水潜力范围 12.29 ~ 28.33m³/亩，污染物减排量氨氮、总氮、总磷分别为 56.13 ~ 83.82kg、572.38 ~ 854.72kg、49.48 ~ 73.89kg，水费占成本 9.83% ~ 13.23%。玉米水价提升到 0.35 ~ 0.58 元/m³，节水潜力范围 12.51 ~ 25.71m³/亩，污染物减排量表现为与小麦一致的减少趋势，水费占成本 7.85% ~ 12.35%。

表 8-29　近期河北调研地区农业水价改革推荐方案

作物	区域	现状水价 /（元/m³）	改革后水价 /（元/m³）	节水潜力 /（m³/亩）	氨氮减排量 /kg	总氮减排量 /kg	总磷减排量 /kg
小麦	献县	0.37	0.44	16.14	56.13	572.38	49.48
	成安县	0.30	0.36	28.33	83.82	854.72	73.89
	南皮县	0.44	0.53	17.64	58.29	594.44	51.39
	元氏县	0.47	0.56	12.29	60.23	614.19	53.10
玉米	献县	0.35	0.42	16.41	104.44	1065.00	92.07
	成安县	0.29	0.35	25.71	67.50	688.35	59.51
	南皮县	0.48	0.58	20.58	83.17	848.16	73.33
	元氏县	0.46	0.55	12.51	88.59	903.40	78.10

远期水价改革方案（表 8-30）：小麦水价提升到 0.60 ~ 0.78 元/m³，玉米水价提升到

$0.58 \sim 0.79$ 元$/m^3$，节水潜力、污染物减排的力度大于近期方案，小麦、玉米水费占成本的比例分别为 $11.32\% \sim 15.76\%$、$8.45\% \sim 13.35\%$。

表 8-30　远期河北调研地区农业水价改革推荐方案

作物	区域	现状水价 /(元/m³)	改革后水价 /(元/m³)	节水潜力 /(m³/亩)	氨氮减排量 /kg	总氮减排量 /kg	总磷减排量 /kg
小麦	献县	0.37	0.71	54.65	190.06	1938.07	167.55
	成安县	0.30	0.60	91.84	271.72	2770.82	239.54
	南皮县	0.44	0.78	50.53	166.98	1702.79	147.21
	元氏县	0.47	0.70	27.34	133.99	1366.31	118.12
玉米	献县	0.35	0.60	43.01	273.73	2791.32	241.31
	成安县	0.29	0.58	78.69	206.60	2106.81	182.14
	南皮县	0.48	0.79	47.76	193.02	1968.33	170.17
	元氏县	0.46	0.78	35.18	249.13	2540.50	219.63

8.8　"超用加价"水价改革模式实施现状与改进建议

河北在进行多年探索的基础上，在地下水灌区推广"超用加价""一提一补"水价改革模式，在地表水灌区实施"终端水价"改革模式，"超用加价"模式以邯郸成安县为代表，"一提一补"模式以衡水桃城区为代表，"终端水价"模式以石津灌区为代表。本研究调研地区实施的是"超用加价"水价综合改革模式，因此，依据问卷调研数据对"超用加价"模式实施的现状和存在的问题进行分析，并提出改建的建议。

8.8.1　"超用加价"内涵

"超用加价"具体的实施计划为当农户用水量在水权以内，对节余水量（水权与用水量之差）用水户可留作下年使用，也可以进行水权自由交易，不再进行奖励。用水量在水权以上、灌溉定额以内，对节余水量（灌溉定额与用水量之差）予以奖励，其中粮食作物节水按 0.2 元$/m^3$ 奖励，其他作物按照 0.1 元$/m^3$ 奖励，超过灌溉定额加价。对种粮用水户节水奖励标准高于其他用水户，称其为"三档两线"收水费模式。

农户水权。河北水权及其确权内涵，是以县域内可利用的常规水资源量作为可分配水量，包括多年平均浅层地下水可开采量、域外调入的其他水量、南水北调中线工程分配水量等。地下水计量到机井，地表水计量到扬水点或者斗渠口。县域内可分配水量不得高于最严格水资源管理制度确定的"三条红线"控制指标。亩均耕地可分配水量按县域内农业可分配水量平均分配。

其中，亩均耕地可分配水量=农业可分配水量/全县耕地面积；农业用水户水权=亩均耕地可分配水量×农业取用水户承包地面积。

灌溉定额。以典型县为单位，选择合计灌溉面积占总灌溉面积 80% 以上（或合计灌溉用水量占总灌溉用水量 80% 以上）的若干种作物作为主要作物，其他作物可视同为一种组合作物，并为其核定灌溉用水定额。作物种类较多的情况下，以典型县为单位对灌溉作物的种植面积排序，自大而小选取主要作物（包括粮食作物、经济作物、蔬菜、林果、牧草等），直至累计的灌溉面积或累计的灌溉用水量达到要求。套种、间作的作物可作为一种组合作物，并为其核定灌溉用水定额。

河北灌溉定额是指按照河北省《用水定额》，在喷灌条件下，水平年 50% 降雨以全县为单元确定的年度亩均灌溉用水量，以井口为计量点。根据种植作物类型及其对应的喷灌用水定额，按加权平均方法计算全县综合灌溉定额。

"超用加价"或者"超水权加价"，是河北正在推行的水价综合改革政策，即水权额度内按现行农业水费计收，超过用水额度在现行农业水价基础上平均价加 20% 以上，现状水价平均为 0.5 元/m³，超过定额水价 0.6 元/m³ 左右，交易价格 0.2 元/m³（图 8-14）。水权交易按照河北 2015 年出台的《河北省人民政府办公厅关于印发河北省农业水权交易办法的通知》（冀政办字〔2016〕36 号）开展，水权交易形式包括自主交易、政府回购、依托第三方交易等。

"超用加价"的核心是水权内不加价，可以交易，超过定额加价。用水量划分为三档，每档采用不同的水价，在定额以内的进行节水奖励且奖励的标准不同。

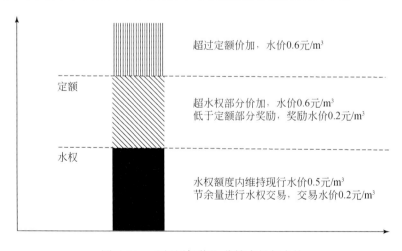

图 8-14 "超用加价"分档水量与水价

超用加价的水费收取和奖励资金的运作程序如下。

（1）水费收缴。由用水协会收费，根据工程管理权限，分别由县、乡、村农民用水合作组织（水管员或承包人）负责收缴，使用统一票据。加价部分上交县级农民用水合作组织，纳入节水奖补资金。水费收缴有两种情况：一是安装了智能计量的，刷卡收费；二是

"以电折水"计量，由农民用水合作组或机井管理者或电工按电量收取。

（2）奖补资金发放。安装了智能计量实施农户，奖补资金直接打入个人账户，没有安装计量设施的奖补资金发给机井管理员或用水者协会，再转发节水户。

（3）监督。通过公标、签字、台账等形式进行监督和管理。

8.8.2 "超用加价"实施现状

本研究根据实地调研以及问卷数据，从农户对该项政策的认知了解情况，以及水权、灌溉定额等指标的情况进行分析，揭示"超用加价"的实施现状及其存在的问题。

1. 农户对"超用加价"的认知

调研地区中，仅有成安县和元氏县实施了"超用加价"，南皮县、献县尚未实施"超用加价"政策。在已经实施"超用加价"的成安县与元氏县，农户对于"超用加价"的认知程度相对较高，问卷结果显示，元氏县有 55.26% 的被调研农户对"超用加价"完全了解，成安县为 22.41%，成安县对"超用加价"完全不了解的农户占比为 20.70%，元氏县 7.89% 的农户对"超用加价"完全不了解（表 8-31）。这说明在已经实施"超用加价"的地区，大部分农户对于该政策是比较了解的，但有少部分农户了解不多，该政策需要进一步在乡村进行政策宣传。上述两县调研问卷中有 112 户农户实施了"超用加价"，其中成安县 42 户，元氏县 70 户，合计占调研总数 15.69%，说明"超用加价"的执行率较低。

表 8-31　成安县、元氏县农户对"超用加价"的认知情况

地区	项目	完全不了解	听说过，不太了解	一般了解	比较了解	完全了解	合计
成安县	人数/人	12	13	8	12	13	58
	比例/%	20.70	22.41	13.79	20.70	22.41	100
元氏县	人数/人	6	10	9	9	42	76
	比例/%	7.89	13.15	11.84	11.84	55.26	100

2. 农户对水权相关问题了解情况

农户水权认知调研数据显示（表 8-32），成安县 42.79% 的农户完全没有听说过水权证，元氏县占比为 19.27%。进行过水权交易的农户所占的比例低，仅有成安县 6 户进行过水权交易，占 5.71%，交易次数均是 1 次。造成这一现象的原因在于一方面水权交易的价格相对较低，对农户在水权交易市场进行交易的激励不足，另一方面农户的灌溉用水量鲜有低于水权的情况，农户很少进行水权交易。

表 8-32　农户对水权相关问题的认知情况

地区	问题	选项	样本数/个	比例/%
成安县	是否拿到了水权证	完全没听说过	86	42.79
		已经拿到	104	51.74
		知道, 还没发下来	11	5.47
	是否知道自己分配的额度	不知道	138	86.79
		知道	21	13.21
	水权是否交易过	是	6	5.71
		否	99	94.29
元氏县	是否拿到了水权证	完全没听说过	21	19.27
		已经拿到	60	55.05
		知道, 还没发下来	28	25.69
	是否知道自己分配的额度	不知道	48	46.15
		知道	56	53.85
	水权是否交易过	是	—	—
		否	—	—

3. 农户对灌溉定额的了解

在已经实施"超用加价"的成安县与元氏县两县的调研结果显示 (表 8-33), 农户对灌溉定额的了解程度比较低。成安县 13.21% 的农户知道自己分配的额度, 元氏县该比例为 53.85%。另外, 在问卷中回答知道用水定额的农户中对用水定额的具体数字可以回答的农户所占的比例较低, 反映出虽然确定了灌溉定额但是农户对其了解程度较低, 如果农户对灌溉定额的认知不清晰, 那么灌溉定额对农户的灌溉用水量的限制作用失去了意义。农户灌溉过程中不会考虑到灌溉定额, 便也不会轻易改变自身的灌溉行为。正是上述原因, 导致在回答是否出现过用水量超过灌溉定额的问题时, 出现相互矛盾的情况, 成安县有 57.79% 的农户回答从未出现过超额灌溉, 元氏县有 80.85% 的农户回答从未出现过超额灌溉。两县农户回答经常发生超额灌溉的农户所占的比例均在 10% 左右, 其中成安县有 10.39% 的农户回答经常或频繁超额灌溉, 元氏县该比例为 8.52%。事实上, 本研究计算的灌溉水量远超出灌溉定额, 进一步佐证了现实情况中大多数农户对灌溉水量的未知程度。

表 8-33 实施"超用加价"地区农户是否出现超额灌溉

地区	问题	选项	样本数/个	比例/%
成安县	是否出现超额灌溉	从未发生过	89	57.79
		偶尔发生	33	21.43
		有时发生	16	10.39
		时常发生	12	7.79
		频繁发生	4	2.60
元氏县	是否出现超额灌溉	从未发生过	76	80.85
		偶尔发生	9	9.57
		有时发生	1	1.06
		时常发生	4	4.26
		频繁发生	4	4.26

8.8.3 "超用加价"实施面临的问题

1. 不同用水量档次多个水价

"超用加价"模式的水价较为复杂，各个档次的水价不一，出现多个水价，导致农户不容易理解，实施困难。水量在水权定额内用水按现行农业水价执行，即 0.5 元/m³，用水量超过水权、超过定额在现行农业水价基础上加价 20%，即加价 0.1 元/m³。一方面水价在不同用水档不一致，另一方面水价加价 0.1 元并不能起到节水的作用。

农户对水价提高的感知调研结果显示（表 8-34），被调研农户中认为水价没有提高的占比最高，所有有效样本中认为水价没有提高的农户占比为 65.10%，其中献县认为水价没有提高的农户占比为 83.53%，该比例最小的是南皮县，为 52.51%。认为水价提高比较多的占比 4.71%，有非常明显的提高的占比 3.53%。这说明水价的提高力度不够，农户对水价提高的感知程度较低，大多数农户认为水价近 5 年没有提高或者略有提高，该水价政策难以起到节水的作用。

表 8-34 农户对于水价提高的感知情况 （单位:%）

感知情况	感知比例					
	成安县	海兴县	南皮县	献县	元氏县	合计
没有提高	59.20	73.33	52.51	83.53	74.31	65.10
稍微提高了一点	13.93	10.48	31.84	9.41	11.93	17.23
一般提高	11.44	13.33	8.94	4.71	6.42	9.43
提高比较多	7.96	1.90	4.47	1.18	4.59	4.71
非常明显的提高	7.46	0.95	2.23	1.18	2.75	3.53

在已经实施"超用加价"的成安县与元氏县，根据调研结果（表 8-35），成安县有25.00% 的农户反映实施"超用加价"之后水费支出成本下降了，元氏县有 53.33% 的农户反映水费支出成本有所下降。反馈结果为实施"超用加价"之后水费无变化的农户比例，成安县为 34.42%，元氏县为 38.67%；反馈结果为实施"超用加价"之后水费支出成本提高的农户比例，成安县为 40.38%，元氏县为 8.00%。由此可见"超用加价"政策本身对农户水费支出的影响并不大，尤其在元氏县，政策实施后水费支出增加的农户所占的比例不足 10%，就水费成本方面而言，揭示水价提高并没有起到节水的效果。由于水费支出上升的农户所占比例较小，因此该政策对农户改变其灌溉行为的作用不能发挥。

表 8-35 "超用加价"对农户水费支出成本的影响

地区	问题	选项	样本数/个	比例/%
成安县	对水费支出成本影响	下降	13	25.00
		无变化	18	34.42
		提高	21	40.38
元氏县	对水费支出成本影响	下降	40	53.33
		无变化	29	38.67
		提高	6	8.00

成安县、元氏县农户回答水费支出占成本比例没有变化的比例分别为 34.42%、38.67%，回答水费成本支出下降的比例大于回答水费成本支出提高的比例。成安县有 25.00% 的农户反映实施"超用加价"之后水费支出成本下降了，元氏县有 53.33% 的农户反映水费支出成本下降了，实施"超用加价"之后水费支出成本上升了的农户比例，成安县为 40.38%，元氏县为 8.00%。这说明超用加价实施后对水费成本没有明显的增加。

2. 奖励档次与标准复杂

"超用加价"模式的奖补标准依据为水权。用水量在水权以上、灌溉定额以内，对节余水量（灌溉定额与用水量之差）予以奖励，对种粮用水户节水奖励标准高于种植其他作物的用水户。

按照上述奖励方式，出现了不同用水档次及其不同水价（表 8-36），假定 A 表示农户水权以内的用水量，B 表示农户用水量超过水权但低于灌溉定额的部分，C 代表农户灌溉定额与水权之间的差额，即 $C=B-A$。D 代表农户高于灌溉定额的用水量。以现状水价 0.5 元/m^3 为例，则可以得到不同用水量档次农户需要承担的水费或可以获取的奖励等。特别是在超过水权但低于灌溉定额时，不仅包括水价，而且包括对粮食作物和非粮食作物的奖励，且两者的奖励不同，水价为 $0.5×A+0.6×B$，粮食作物的奖励标准为 0.2 元/m^3，非粮食作物的奖励标准为 0.1 元/m^3，高于灌溉定额时，水价为 $0.5×A+0.6×D$。

由此看出，存在不同的用水量档次，不同的用水量档次其水价不同，在低于水权的用水量档次执行水权交易，在低于定额高于水权用水量档次，其奖励的标准又区别为粮食作物与其他作物，"超用加价"三档用水标准，以及每个档次的水价标准、奖励标准不一致，造成"超用加价"在实践中难以实施和农户理解的困难。

表 8-36   农户承担的水费及接受的奖励

阶段	实际用水量	水费总支出	是否可以获取奖励	备注
阶段 1	水权以内 A≤水权	0.5×A	不可以	水权额度与用水量之差可以政府回购，可以进行交易，可以结转下年使用
阶段 2	超过水权但低于灌溉定额 B	0.5×A+0.6×B	可以	灌溉定额与用水量之差，其中粮食作物节水按照 0.2 元/m³ 奖励，其他作物按照 0.1 元/m³ 奖励
阶段 3	超过灌溉定额 D	0.5×A+0.6×D	不可以	不予以奖励

3. 用水量与水费的矛盾

进一步分析不同用水量档次的水费，发现存在用水量多缴纳水费少的情况。具体分析如下，将"超用加价"需要缴纳的水费用数学函数表示，假定农户实际应该缴纳的水费为 x，则 $f(x)$ 与农户实际灌溉用水量的函数形式为

$$f(x)=[ax-0.2(b-x)]I_{(0,a]}(x)+[ab+(1+n)(x-b)-m(c-x)]I_{(b,c]}(x)$$
$$+[ab+(1+n)(x-a)]I_{(b,\infty]}(x) \tag{8-7}$$

式中，x 为农户的实际灌溉用水量（m³/亩）；a 为低于水权的水价（元/m³）；b 为水权（m³/亩）；n 为农户用水量超过水权之后加价的幅度（%）；m 为农户实际用水量介于水权与灌溉定额时的奖励标准（元/m³）；c 为灌溉定额（m³/亩）；I 为水权交易价格。

根据研究区规定的水权、灌溉定额、水价等（表 8-37），采用上述公式计算不同灌溉水量档次下农户缴纳的水费。

表 8-37   调研地区"超用加价"水权、灌溉定额、水价、奖励标准

地区	水权/(m³/亩)	灌溉定额/(m³/亩)	水权以内水价/(元/m³)	加价后水价/(元/m³)
献县	86	202	0.85	1.02
南皮县	125	207	0.5	0.6
成安县	149.4	210	0.5	0.6
元氏县	172	260	0.5	0.6

注：加价标准为在现状基础上提高 20%，奖励标准为种粮 0.2 元/m³，其他作物 0.1 元/m³

以南皮县为例，根据表 8-36 列出的参数值，采用式（8-7）计算给定农户不同灌溉水量情境下应缴纳的水费，计算结果列入表 8-38，在水权临界点出现用水量多反而缴纳水费少的情况，即存在灌溉水量与缴纳水费的矛盾，如当灌溉水量为 123m³/亩时，水费支出是 61.1 元/亩，灌溉水量为 128m³/亩时缴纳的水费 48.5 元/亩，即灌溉水量多缴纳水费低

的现象。其他几个调研地区也出现了同样的情况。这说明"超用加价"模式在不同档次的水价定价以及奖励标准有待完善。

表 8-38 依据"超用加价"模式计算南皮县农户不同灌溉用水量情景下水费

农户编号	水权额度/m³	用水定额/m³	水价/(元/m³)	加价之后水价/(元/m³)	灌溉用水量/(m³/亩)	水权交易收入/(元/m³)	奖励金额/(元/亩)	水费支付额/(元/亩)
1	125	207	0.5	0.6	118	1.4	0	57.6
2	125	207	0.5	0.6	123	0.4	0	61.1
3	125	207	0.5	0.6	128	0	15.8	48.5
4	125	207	0.5	0.6	133	0	14.8	52.5
5	125	207	0.5	0.6	138	0	13.8	56.5

8.8.4 "超用加价"水价改革的改进建议

按照"超用加价"水价改革政策，当农户用水量在水权临界点时，存在用水量多，实际支出水费少的情况，从而一定程度上造成农户实际灌溉过程中的水资源浪费，造成这一问题的原因是用水量低于水权额度仅有水权交易，而实际用水量超过水权额度并低于定额时，可获得节水奖励，从而使得当农户用水量在水权额度的一定范围，农户因获得奖励金额高于农户支出水费，从而造成水费与用水量呈现反向关系。

鉴于当前灌溉水量很少出现低于水权的实际情况，建议以定额为唯一的标准，由原来的水权、定额两个用水档次减少为一个用水档次，即用水量仅以灌溉定额为标准，低于定额可交易并奖励，超过灌溉定额即加价。一方面避免了用水档次和水价的复杂性，另一方面避免出现用水多缴纳水费少的不足。

超过灌溉定额即加价。其优点在于政府可以减少节水奖励金的支出，单一使用加价措施使得农户更加明显地感觉到水价的提高，从而增加其节约用水的积极性。缺点在于农户的水费支出较高，可能会增加农户的农业生产成本。

低于定额可市场交易。这使得水权交易更容易在现实中实施，避免了由于水权标准低而在实践中难以进行水权交易的不足，从而充分发挥市场的积极作用，调动农户参与水资源市场交易，利用市场手段配置水资源，促进政府回购水资源。其中，交易价格的准确确定是利用市场激励水权交易的关键。

低于定额即奖励。低于定额不仅可以交易，也可以进行奖励，其特点在于只要农户的灌溉水量低于定额，就可以同时选择进行交易或者奖励，使得农户对水资源的配置更具有灵活性和自主选择性，从而促进农户通过节水技术、种植结构改变等方式，降低灌溉水量，降低农户水费成本。

本研究提出低于定额即奖励的水价综合改革政策建议，其优势在于更多地利用市场机制，调动农户参与水资源市场交易，充分利用市场手段配置水资源，避免了多水价、多标准的弊端。用水量低于定额即可进行交易，只要农户的实际用水量低于用水定额，农户的结余水量便可以进行交易，也可以奖励。

8.9　农业水价改革的制约因素

河北调研地区农业水价改革举步维艰，其原因不仅仅是用水量和水费成本高的问题，而是由众多因素综合影响的结果，这些因素共同作用阻碍了灌溉用水价格的改革。这些制约因素主要包括以下几个方面：①农户对水价提升的承受能力低；②高耗水的种植结构；③节水灌溉技术采纳率低；④土地细碎化程度高；⑤土地流转程度低；⑥农民较少参与灌溉水管理；⑦农户节水意识有待提高；⑧机井管护模式限制了水价改革。

8.9.1　农户对水价提升的承受能力低

因为长期缺乏计量设施，农户和管理人员并不知道灌溉用水量，本研究通过问卷数据以及水电转化系数计算灌溉用水量，结果显示，小麦用电量为109.95度/亩，灌溉用水量为241.89m³/亩，玉米用电量为74.35度/亩，灌溉用水量为163.67m³/亩。小麦、玉米灌溉定额分别为162.5m³/亩、100m³/亩，实际灌溉用水量远高于灌溉定额。因为水费作为农业生产成本，由水价与灌溉用水量共同决定，在灌溉用水量高的情况下，即使水价较低，也会使得缴纳的水费高，从而增加农户的成本投入，降低农户收益。水费是衡量农户对水价可承受能力的指标。现状用水量普遍高于灌溉定额，使得现状水费占农业生产成本的比例已经接近于15%的最高上限标准。灌溉用水量越高意味着水价提升的可能性越小，农民对水价上涨的承受能力越低，即使在河北灌溉定额的情景下，农户对水价提升的可承受能力仍然较低。本研究揭示了现状灌溉用水量高造成农户水费成本高，进而影响农户承受能力，形成水价改革的重要制约因素。

8.9.2　高耗水的种植结构

以河北省地方标准《用水定额》（表8-39）为依据，本研究将灌溉用水定额高于200m³/亩（包含）的作物划分为高耗水作物，将灌溉用水定额低于100m³/亩（包含）的作物划分为低耗水作物，介于两者之间的划分为中耗水作物，则夏玉米、果树、春玉米为低耗水作物，棉花、冬小麦为中耗水作物，蔬菜为高耗水作物（表8-40）。

表8-39　调研地区不同农作物灌溉用水定额　　　　　　　（单位：m³/亩）

地区		不同作物灌溉用水定额					
		夏玉米	果树	春玉米	棉花	冬小麦	蔬菜
邯郸	成安县	50	98	100	100	140	251

续表

地区		不同作物灌溉用水定额					
		夏玉米	果树	春玉米	棉花	冬小麦	蔬菜
沧州	南皮县	55	—	100	110	170	—
	献县	55	—	100	110	170	—
石家庄	元氏县	50	—	100	—	170	—

资料来源：河北省地方标准《用水定额》

表 8-40　调研地区农作物耗水类型

分类	灌溉用水定额/（m³/亩）	作物名称
低耗水	≤100	夏玉米、果树、春玉米
中耗水	100～200	棉花、冬小麦
高耗水	≥200	蔬菜

按照上述标准，对问卷数据进行分析，调研地区低、中、高耗水作物播种面积分别占 44.94%、55.02%、0.04%（表 8-41）。

表 8-41　调研地区不同耗水作物种植结构

作物耗水类型	播种面积/亩	比例/%
低耗水	7 338.62	44.94
中耗水	8 985.54	55.02
高耗水	7.0	0.04
总计	16 331.16	100

调研问卷显示，虽然粮食种植结构开始出现向有利于节水的方向转变的趋势，即由传统"冬小麦–夏玉米"种植结构开始向"春玉米–夏玉米"种植结构转变，但仍然以小麦为主的中耗水种植结构占主导，不利于水价政策的实施与推广。

8.9.3　节水灌溉技术采纳率低

本研究的节水灌溉技术包括管道输水+"小白龙"和管道输水+田间采用喷灌、滴灌两种方式，不包括传统意义上的"小白龙"灌溉。河北水价综合改革试点地区开始投资建设井灌区的输水管道，将过去的由"小白龙"输水替换为管道输水，这种输水方式避免了"小白龙"输水造成的漏水损失，约能降低至少 20% 的灌溉水量，然而，目前仅在部分地区实施，如水价综合示范区元氏县、成安县的少部分地区，尚未大面积实施。根据问卷数据，调研地区采用田间节水技术如滴灌、喷灌的农户约占调研农户的 20.84%。其中，元氏县农户采用节水技术的比例最高，采用节水技术的农户占比 44.07%，其余各县采用节水技术的农户占比介于 5.58%~27.73%（表 8-42）。

表 8-42　调研地区节水技术采纳情况

区域	样本数/个	使用节水技术的农户数量/户	使用节水技术的农户占比/%
成安县	199	45	22.61
海兴县	119	33	27.73
元氏县	118	52	44.07
献县	88	12	13.64
南皮县	215	12	5.58
总计	739	154	20.84

注：本研究节水技术指现代节水技术，包括机井到田间的输送管道+"小白龙"、输送管道+田间采用喷灌、滴灌

输水管道+田间采用喷灌、滴灌的节水灌溉占比更低，仅少数几个承包土地大户采用上述节水技术，如成安县某村，村主任承包了全村耕地，种植结构为"夏玉米-冬玉米"，采用滴灌技术与水肥一体化，节约水量在60%以上。因此，节水技术采纳率低是灌溉用水量高的直接原因，进而形成水价改革的制约因素。

8.9.4　土地细碎化程度高

土地细碎化指农户耕种多块互不相邻的土地，地块面积过小以至于未实现地块规模经济。根据联合国粮食及农业组织对规模化农户的定义，土地面积小于2hm²的均为小农户。对739份问卷调研数据进行分析（表8-43），当前河北地区农户种植面积普遍偏小，平均家庭耕地面积为15.34亩。其中，家庭耕地面积在10亩以内的农户有561户，占全部样本比例75.91%，11~20亩的农户为126户，占比17.05%，因此，92.96%的农户家庭耕地面积在20亩以下。

表 8-43　调研样本家庭耕地面积分布情况

项目	1~10亩	11~20亩	21~50亩	51~100亩	100亩以上	合计
样本数/个	561	126	26	7	19	739
占比/%	75.91	17.05	3.52	0.95	2.57	100

不仅户均耕地面积较低，且户均耕地块数多，更增加了土地细碎化的程度。近40%农户拥有4块及以上的耕地块数，4块、5块、6块及以上的占比分别为15.97%、7.04%、16.37%（表8-44），土地细碎化容易导致生产效率低下，许多学者研究指出，土地细碎化会影响农户基础设施投入决策，如节水设施微灌的采纳率，微灌作为现代化灌溉技术，其机械化程度较高，可以实现农业灌溉的自动控制以及小定额灌水，同时实现按需灌溉、节水增产等效果，适合规模化的种植模式。河北耕地细碎化的特点，无疑限制了微灌技术的推广应用，从而阻碍灌溉用水效率的提高，增加了水价综合改革的难度。

表 8-44 调研样本耕地块数分布情况

项目	1 块	2 块	3 块	4 块	5 块	6 块及以上	合计
样本数/个	128	158	162	118	52	121	739
占比/%	17.32	21.38	21.92	15.97	7.04	16.37	100

8.9.5 土地流转程度低

土地流转是指土地使用权流转。针对转出方而言，土地使用权流转是指拥有土地承包经营权的农户将土地经营权（使用权）转让给其他农户或经济组织，即保留承包权，转让使用权（王善高和雷昊，2019）。本研究对土地流转的定义是基于土地承租方的角度，因此土地流转指的是农户的土地流入，通过租用其他农户的土地，并支付一定的租金，享有土地的经营权，从而提高土地规模化程度。土地自营的含义是农户未流入土地，仅在自己原有承包地的基础之上进行生产。

在 739 份问卷数据中，94 户农户为土地转入户，占调研农户总数的 12.72%，调研地区农户土地流转比例总体较低，且以小规模流转为主。40.53% 的农户转入面积在 5 亩以下，15 亩以下占比 65.26%。农户转入土地面积平均值为 13.89 亩，农地转入年限在 3 年以下占比为 52.12%，10 年以上占比 7.88%，说明调研地区农户之间农地流转以短期流转为主。

流转土地面积主要集中在 10 亩以内，占所有流转土地农户数量的比例为 63.38%，流转土地规模在 11~20 亩的农户占比为 11.27%，在 21~50 亩的农户占比为 7.04%，流转土地规模在 51~100 亩的农户占比为 4.23%，在 100 亩以上的农户占比为 14.08%。小规模的流转土地难以实现规模效应，且还会进一步增加土地细碎情况。

调研地区亩均流转租金为 416.35 元/a，土地流转的租金表现出地区差异，每亩介于275~508.82 元/年。样本农户流转土地年租金均值约为 444 元/亩，其中约 56.21% 的农户流转土地年租金在 400 元/亩以下。可见，当前土地流转租金仍处于较低水平。一方面缺乏有序的土地流转中介组织会阻碍土地流转的进行，散户之间的土地自发性流转无法实现大规模、高效率的聚集，土地需求与供给存在着信息不对称。另一方面，传统观念中土地对农民还具有养老保障的功能，因此当市场上土地流转租金过低时，容易导致小规模经营农户放弃土地流转计划。此外，土地流转带来的规模经营同时对农民的生产管理水平提出了更高的要求，当前小规模分散经营缺乏规模化经营管理的意识和相应技术水平，这也阻碍了土地流转的进程，从而降低了土地规模化经营水平，对水价综合改革形成制约。

8.9.6 农户较少参与灌溉水管理

调研发现，节水灌溉工程、节水技术、水价改革等，农户均很少参与，大部分用水协会由村干部担任，导致普通农户对相关政策理解不够，认识不深。从调研样本看，加入用水协会农户占总样本的29.93%。已加入用水协会农户平均耕地面积为20.92亩，比未加入用水协会农户平均耕地面积高6.52亩。已加入用水协会农户中，一半以上（55.28%）曾担任过村干部，是未加入用水协会农户的1.85倍（表8-45）。可见，提高农户参与农业水资源管理有利于水价综合改革的推进。

表8-45　加入与未加入用水协会农户基本特征

农户加入协会情况	农户基本特征	平均值
已加入协会的农户	农户可灌溉耕地面积/亩	20.92
	曾担任过村干部/%	55.28
	基本了解用水协会/%	91.87
	对河北当前水资源稀缺程度有正确认知/%	69.92
未加入协会的农户	农户可灌溉耕地面积/亩	14.40
	曾担任过村干部/%	29.86
	基本了解用水协会/%	10.42
	对河北当前水资源稀缺程度有正确认知/%	68.22

8.9.7　农户节水意识有待提高

问卷显示仍有较高比例的农户缺乏节水意识，没有受过节水政策相关宣传或者培训，限制了农户的节水行为。回答该问题的有效问卷为739份，根据问卷调查，农户对节水政策的认知水平较差，总体样本数据中有46.55%对节水政策完全不了解，几乎接近一半。对节水政策不太了解的农户也占到了31.94%，二者相加接近80%的农户对于节水政策不了解。对节水政策非常了解与比较了解的农户合计占比为10.83%（表8-46）。

表8-46　农户对于节水政策的认知

项目	完全不了解	不太了解	基本了解	比较了解	非常了解	合计
样本数/个	344	236	79	52	28	739
占比/%	46.55	31.94	10.96	7.04	3.97	100

问卷数据显示，是否已经开展水价改革直接影响农户节水意识，在已经实施水价改革的地区，农户对节水技术的了解程度显然要高，水价改革地区农户对于节水政策比较了解的农户占比33.80%，此比例远高于未进行水价改革地区3.52%的比例（表8-47）。这说明水价改革促进了农户对节水意识的认知，目前农户对节水技术政策较低的认知给节水技术的推广带来一定的难度。

表 8-47   水价改革地区与未改革地区农户对于节水政策的认知

了解程度	水价改革地区		水价未改革地区	
	样本数/个	占比/%	样本数/个	占比/%
不了解	73	51.41	510	85.43
基本了解	21	14.79	66	11.06
比较了解	48	33.80	21	3.52
合计	142	100.00	597	100.00

注：不了解包括前表中完全不了解与不太了解两类，比较了解包括前表中比较了解与非常了解两类

8.9.8 机井管护模式限制了水价改革

调研地区机井所有权分为三种：①所有权属于村集体，该部分机井占样本的比例为 31.72%；②机井所有权属于个人，该部分机井占样本的比例为 14.56%；③机井所有权属于小组或者群体共有，该部分机井占样本的比例为 53.72%。调研地区机井管护模式分为两种，分别是私人管护模式和群体管护模式，前者占比 26.7%，后者占比 73.3%，意味着即使机井所有权属于村集体，但是机井的管护和运营仍然分属于私人管护或者群体管护，村集体退出了农田水利设施的运营事务，机井灌溉价格（电价+管理费）均由农户（私人）或农户群体制定，在水价改革实施的过程中村集体力量难以发挥，从而限制了水价改革的推进。

8.10   农业水价改革保障措施

针对农业水价改革制约因素，从以下几个方面提出保障措施。①加大节水技术的推广；②提高计量设施的安装率；③积极发挥用水组织的作用；④强化灌溉社会化服务组织；⑤水价改革的资金保障。

8.10.1 加大节水技术的推广

节水可以通过三种途径实现，第一种是采用抗旱品种，新品种主要是节约水资源消耗，农户需增加少量资本投入用于购买新品种种子，可以同时节约灌溉成本，总体资本投入变化不大，对劳动力的需求不变，但会对产出产生一定的不确定性。第二种是传统节水技术，包括平整土地、覆盖地膜、秸秆还田等技术，该类节水技术资本投入较小，农户对其有一定的了解，风险相对较小，但需要增加大量劳动力投入。第三种技术是现代节水设施，主要包括喷灌、滴灌、微灌等技术，该类技术节水较好，能明显节约劳动力投入，但是资本投入相对较高。

河北农业已基本实现耕、种、收、加工的全程机械化，而灌溉机械化水平相对较低，是全面实现农业机械化的短板。由于农村劳动力减少，农业劳动力成本不断增长，

发展高效节水灌溉技术不仅仅是推广应用一种节水措施，而是促进现代农业转型升级与绿色发展的迫切需要，是实现农业农村现代化和促进乡村振兴的必然要求。特别是近年推广应用的水肥一体化甚至水肥药一体化技术，不仅能节水、节肥、节药、节地、节劳，促进规模化经营，减少农业面源污染，而且还提高了产量和品质，具有很好的发展前景。国家"十五"期间，河北实施了"863"计划示范项目，主要包括农艺节水措施、灌溉节水工程措施以及管理节水技术等，将示范区灌溉用水的利用系数从 0.70 提高到 0.85，显示了井灌区灌溉节水水平的提高以及农业综合节水技术推广的良好发展前景。根据河北省水利科学研究院调研结果，喷灌节水 20% 以上，微灌节水 50% 以上。滴灌技术的优势在于对作物准确提供灌溉，可有效减少田间耗水量。但是目前农户采用现代节水技术的比例较低，约为 18%，限制了用水效率的提高。根据问卷调研，农户愿意采用节水技术的占比在 83% 以上，大部分农户认为节水技术风险低，50% 以上的农户认为没有风险。近 80% 的农户认为节水技术容易学习和掌握。愿意使用节水技术的农户的耕地面积平均值为 12.23 亩/户，高于不愿意使用节水技术的农户的耕地面积平均值 8.21 亩/户，从平均值可以看出，耕地面积越大的农户，越愿意使用节水技术。因此，从农户角度衡量，推行节水技术没有障碍，未来节水技术的推广是水价改革的保障，可以先从耕地面积大的农户展开，以起到示范效果，并积极推进耕地流转和规模化进程，为现代节水技术的推广提供条件。

8.10.2 提高计量设施的安装率

河北省水利厅、财政厅、物价局印发《农业水价综合改革及奖补办法》的通知中明确提出：按照"一泵一表、一户一卡"要求，安装 IC 卡智能计量设施，以量计收费，实行"先缴费、后浇地"。暂未安装用水计量设施的，可采用以电计量的方法，将加收水费部分折算成相应的电费，按电量计收。而"以电折水"方法的关键是水电转换系数，水泵自身特性、机井的深度和地下水位变化、农村机井电压变化、管灌、喷灌、滴灌等管道压力对水电转换系数均有不同程度的影响，不同区域、不同机井所在位置和不同季节对水电转换系数的影响很大。如果用综合平均系数来代替每眼井的系数，按照成安县的实测数据，误差高达 66%，由成安县 9 眼机井的实测数据可知，每单位电量出水量为 3m³，最低为 1.38m³，综合平均为 1.8m³，水电转换系数高低之比为 2.18∶1，由成安县大边董村 3 号井和 9 号井的实测数据可知，即便是同一眼机井，由于不同季节水位变化，水电转换系数也各不相同。

由于计量设施的缺乏，灌溉用水量无法准确测量，以电费代替水费，无疑削弱了农户的节水意识，成安县和元氏县正在推行的"超用加价"水价综合改革模式，适用于计量设施齐全的井灌区。因此，未来水价综合改革首先需要完善机井计量设施，以便准确掌握灌溉用水量，保障水价改革的实施。

8.10.3　积极发挥用水组织的作用

调研结果显示，加入用水协会的农户在灌溉用水量、节水技术、土地流转等方面均具有优势。小麦用电量为 109.95 度/亩，玉米用电量为 74.35 度/亩。已加入用水协会农户的小麦电费为 50.21~78.79 元/亩，未加入用水协会的小麦电费为 59.33~112.2 元/亩；已加入用水协会和未加入用水协会的玉米电费分别为 36.17~61.95 元/亩和 40.78~70.16 元/亩（表 8-48）。已加入用水者协会的农户中有 43.09% 采用了节水技术，未加入用水者协会的农户中，仅有 11.46% 的农户采用了节水技术。加入用水协会土地流转（入）比例约 33.56%，未加入的仅 17.16%。

表 8-48　加入与未加入用水协会的农户电费比较　　　　（单位：元/亩）

地区		已加入协会农户亩均电费		未加入协会农户亩均电费	
		小麦	玉米	小麦	玉米
河北		52.50	46.93	87.22	55.42
邯郸	成安县	78.79	61.95	112.22	70.16
沧州	南皮县	65.6	42.68	76.98	45.97
	献县	—	—	103.04	64.78
石家庄	元氏县	50.21	36.17	59.33	40.78

已经加入用水协会的农户占总样本的 29.93%，未加入用水协会的农户占总样本的 70.07%，可见大多数农户未加入用水协会。未加入用水协会的农户约 73.96% 的农户愿意加入用水协会。成安县 83.33% 的农户未来愿意加入用水协会，南皮县、献县和元氏县此比例分别为 65.12%、69.23% 和 66.67%，可见，农户有加入用水协会的意愿。因此，发挥用水协会的积极作用和示范作用，从而促进节水技术的采纳，促进土地流转进程，进而保障水价改革政策的实施。

8.10.4　强化灌溉社会化服务组织

根据调研结果，当前灌溉成本在总成本中占比最高，投入的时间最长。小麦和玉米每亩投入时间分别为 1.69 劳动日和 1.47 劳动日，远超出其他生产平均劳动日（表 8-49）。使用灌溉服务队的灌溉成本低于未使用灌溉服务队的灌溉成本，以小麦为例，农户不使用灌溉服务队的成本约为 135.20 元/亩，使用灌溉服务队的灌溉成本约为 94.87 元/亩，前者高于后者约 40.33 元/亩（表 8-50）。

目前，灌溉服务队的收费方式多样，标准不一致。以元氏县为例，元氏县的收费方式比较多样，第一种收费方式是按亩收费，主要集中于 30~35 元/亩；第二种收费方式是按工作时间收费，这也是元氏县主要的收费方式，介于 5~10 元/h；第三种则是按灌溉用水量收费，为 0.5 元/m³ （表 8-51）。

表 8-49　调研样本小麦和玉米各生产环节所需投入时间 （单位：劳动日/亩）

作物	整地+播种平均劳动日	施底肥平均劳动日	追肥平均投入时间	打农药平均投入时间	除草平均投入时间	收割平均投入时间	灌溉平均投入时间
小麦	0.66	0.33	0.46	0.72	0.59	0.39	1.69
玉米	0.58	0.31	0.37	0.67	0.63	0.52	1.47

表 8-50　种植小麦、玉米使用和不使用灌溉服务队的灌溉成本 （单位：元/亩）

是否使用	作物	元氏县	成安县	献县	南皮县	全样本
是	小麦	73.95	140.06	122.55	70.07	94.87
是	玉米	68.35	107.56	57.89	47.06	72.09
否	小麦	112.80	203.20	166.40	144.80	135.20
	玉米	91.20	152.8	132.00	102.40	117.60

表 8-51　元氏县灌溉服务队收费方式及价格

收费方式	收费价格
按亩收费	30 ~ 35 元/亩
按工作时间收费	5 ~ 10 元/h
按灌溉用水量收费	0.5 元/m³

调研问卷显示，使用灌溉服务队的农户仅占 25%，但是意愿结果显示，70% 以上农户愿意使用灌溉服务队，当前农户对灌溉服务队存在着较大的需求。由于农村劳动力向城市转移，导致农业生产中面临劳动力减少的局面，而灌溉是河北农业生产的重要环节，且灌溉需要的劳动力和工作日位居生产环节首位，农户对灌溉服务队存在着较大的需求，加之土地细碎化程度高，增加农户的灌溉时间。因此，鼓励和推广灌溉服务队的积极作用有利于水价改革。

8.10.5　水价改革的资金保障

输水管道铺设、计量设施安装，以及滴灌、喷灌等技术设施均需要资金。调研结果显示，有资金投入（如铺设灌溉管道、计量设施等）地区的灌溉水量低于未改革地区，元氏县属于水价改革试点地区，管道覆盖率高，约 68.8%，而成安县、献县和南皮县覆盖率仅为 28.2%，3.6% 和 1.5%，由于资金的投入节水成效显著，元氏县亩均用水量最低。河北机井数量达 92 万眼，如果全部都安装计量设施，每套计量设施按中档标准 8000 元计算，共需要投资 73.6 亿元。因此，需要加大水利基础设施的财政支持力度，以保障计量设施的安装和普及。对于 50 亩以上规模经营粮田、果园等给予财政政策倾斜，对其喷灌、微灌等高效节水灌溉工程的投资，以及建设及运行维护方面给予节水技术的资金保障。

8.11 水价改革政策建议

结合研究区实际，从以下几个方面提出水价综合改革的政策建议。水价改革需循序渐进、分阶段、分步骤、分作物推进，基于农户承受能力较低的现实，政府给予农户承受能力较低地区适当补贴，避免影响农户种粮积极性，积极发展适水种植结构，提高政府回购灌溉水量，发挥定额管理的作用，改善机井管护模式，积极推进替代水源。

8.11.1 分阶段、分步骤推行水价改革

河北现阶段水价对农业节水的积极作用已经开始显示，随着农业节水技术的推广和农业水价综合改革的推进，水价与灌溉需水之间的弹性系数将会逐渐提高，本研究得到的弹性系数研究结果揭示河北灌溉水需求弹性系数正在由弱弹性向强弹性阶段逐步迈进，随着未来水价综合改革的深入，水价倒逼节水的效用将会越来越明显。因此，未来需加强农业用水精细化管理，推广喷灌、微灌、水肥一体化等高效节水技术，推进农业水价综合改革的深入。

农业水价改革是一项系统工程。水价与灌溉水量是一对相互影响、相互制约的既对立又统一的矛盾体，单方面提高灌溉水价会损害农户利益，水价改革的推行要循序渐进并考虑农户承受能力，正如本研究显示，在水价提高到合理水价的情况下，现阶段生产水平条件下仍然有约 50% 农户难以承受，且不同地区农户的承受能力有所差异。因此，水价改革必须考虑农户的可承受程度，循序渐进。同时，水价政策的制定需分区域、分作物类型区别定价。河北灌溉定额下，水价有一定的提升空间，但在实际灌溉用水量情景下水价提升空间十分有限，说明水价提升不仅与生产成本、农业产值、农户收益等有关，而且与灌溉用水量有着密切的关系。因此，建议农业水价改革统筹多方因素，因地制宜，分阶段、分步骤、分作物逐步推进。

8.11.2 水费分担与补贴政策

农业现有补贴包括种粮补贴、抗旱品种补贴、特殊作物补贴、休耕补贴、旱作雨养补贴等。对建设喷灌、微灌等高效节水设施的种粮大户、家庭农场和农民合作社，采取以奖代补、先建后补等方式给予补贴。对使用小麦节水品种的，适当给予购种和技术补贴。引导社会资本投入，对有意愿投资节水项目建设的种植大户、联户、家庭农场、农民合作组织和村集体组织，优先安排政府补助项目。对社会资本投资的节水项目，简化投资项目的审批程序，减少审批环节，实行限时服务。

农业是基础性产业，以色列农业灌溉水价采用累进收费制度，政府承担全部的供水工

程投资，农场主只负责农场内部的节水灌溉设施建设。美国、法国、英国等发达国家，采用服务成本+农户承受能力、全成本+农户承受能力、农户承受能力的定价模式，政府补贴灌溉费用的40%，加拿大在实施政策性低水价，政府在工程投资方面补贴50%以上。上述分担模式可以作为水费分担模式的借鉴（表8-52）。

表8-52　各国农业灌溉水价的确定模式及其补贴政策

国别	定价模式	补贴项目	补贴份额/%
美国	服务成本+农户承受能力	灌溉费用	40
加拿大	政策性低水价	工程投资	50 以上
法国	全成本+农户承受能力	灌溉费用	40
英国	农户承受能力	灌溉费用	40

8.11.3　休耕补贴政策

河北是休耕示范地区，但在调研样本中，93.98%的农户从未进行过休耕，仅有6.02%为休耕农户。当前河北休耕补贴为500元/亩，问卷调研显示，认为现行补贴比较合理或者完全合理的农户占比为40.81%。虽然现在多数农户对现行的补贴比较满意，但是普遍希望提高补贴，农户对未来补贴的最低预期集中于600~800元/亩，高于现状补贴100~300元/亩。

愿意休耕的农户在被调研农户中占比超过了90%，说明绝大多数农户未来愿意休耕（表8-53）。大部分农户愿意休耕的作物是小麦，因为小麦的耗水较大，90%以上农户愿意休耕小麦。在保证粮食安全和节水的前提下，完善休耕补偿机制，适度休耕，以体现水土资源的统一管理。

表8-53　未来农户是否愿意休耕

项目	成安县	海兴县	南皮县	献县	元氏县	合计
愿意/%	87.91	90.43	96.95	91.46	82.57	90.51
不愿意/%	12.09	9.53	3.05	8.54	17.43	9.49
合计/户	182	115	197	82	109	685

8.11.4　政府回购灌溉水

调研数据显示，进行过水权交易的农户所占的比例低，造成这一现象的原因有两个：

一是水权交易的价格较低，农户没有进行水权交易的积极性；二是水权较低，远低于实际用水量，农户的灌溉用水量鲜有低于水权的情况，降低了实际开展水权交易的可能性。

水权交易的主要形式包括自主交易、政府回购、依托第三方交易等。本研究对政府回购水价的意愿调查结果显示，农户对政府回购的水价意愿为 0.361 元/m³，目前试点示范区开展的地下水水权交易价格为 0.2 元/m³，可见，农户对政府回购的意愿水价高于现状回购水价，这也是水权交易在实践中难以实施的重要原因。建议提高政府回购水价，以促进农户的节水用水行为。同时，根据本研究提出的低于定额即奖励并交易的水价改革政策，低于定额可进行交易，以扩大通过政府回购达到节水、回补地下水的目标。建议建立政府购买农户水权的激励机制，对于政府购买的农业水权，提高其水价，以提高农户将水权转让给政府的积极性。

8.11.5 适水种植结构

种植结构变化对作物需水量的影响主要体现在以下两个方面：一方面是耕地面积保持不变，仅作物种植类型调整，不同作物需水量不同，作物需水强度变化引起作物需水量的变化；另一方面是由耕地类型与非耕地类型相互转化，即减少种植面积，作物的种植强度变化引起作物需水量的变化。

从河北种植结构历史发展变化过程衡量，调整种植结构具有可行性，实地调研发现已经出现种植两季玉米的农户，"春玉米–夏玉米"双季玉米的种植模式可以有效减少农业生产对地下水开采的压力。采用双季玉米的种植模式最大的优点是能够节省农业用水，降低对地下水开采的压力，保护环境，还能保护耕地肥力，提高农作物生产效率和效益，起到为农户增收的作用，因此可鼓励农户采用该种种植模式。但目前从针对河北四县的调研情况来看，仅 4% 的受访农户采用了更有利于节水的两季玉米种植模式，其余农户仍以传统的"冬小麦–夏玉米"种植模式为主。此种植模式还未得到大力推广，种植结构有待优化调整。小麦替换为玉米可以达到节水与灌溉水经济价值的双赢，但是农业收益有所下降，小麦替换为棉花可以同时达到节水以及灌溉水经济价值的提高，且农业经济收益也不会受到影响。玉米实际灌溉水量低于小麦，玉米灌溉用水需求弹性系数大于小麦，根据问卷调研，种植两季低耗水作物玉米替代现有的小麦和玉米轮作制度，节水可达 20%~30%，种植一季玉米可以节水 60%，种植一季棉花节水可达 40%。因此，建议加强适水种植结构的研究，通过种植结构调整，如适度减少冬小麦种植面积、改种抗旱作物，或改两季种植模式为一季，或只种一季春玉米、一季棉花等，以降低灌溉用水量，促进水价综合改革进程。

同时，降低小麦等高耗水作物的播种面积，发展优质、节水、高效的经济作物和饲料作物。将传统的"粮食作物–经济作物"二元种植结构转变为"粮食作物–经济作物–饲料作物"三元种植结构。通过缩减高需水作物的种植比例，提高华北平原农业水资源的用水效率。在国家生态文明建设的大背景下，应按照"以水定产"原则与要求，在节水充分挖潜和没有替代水源的地区，应根据区域水资源承载力，科学调减区域粮食生产指标，严格控制地下水灌溉面积和灌溉水量，实现地下水资源可持续利用。

8.11.6 替代水源

针对地下水资源短缺以及地下水压采综合治理，对研究区替代水源的意愿开展了两次调研，第一次是农户采用不同替代水源意愿（表8-54），第二次是针对再生水作为替代水源，调研农户对再生水的使用意愿（表8-55）。结果显示，在再生水、河道水、坑糖水、微咸水等替代水源中，农户愿意使用河道水的比例最高，其中成安县、元氏县、南皮县、献县该比例分别为91.86%、61.45%、86.41%、89.16%。农户对于再生水的使用意愿相对较低，上述4个县分别为6.98%、33.73%、11.65%、9.64%。第二次调研在问卷中增加了再生水水质达到灌溉水标准，对使用再生水的意愿有了较为明显的提高，成安县、元氏县、献县非常愿意使用再生水作为替代水源的比例分别为16.35%、14.89%、26.17%，比较和非常愿意的比例分别为75.97%、76.59%、79.44%。替代水源是缓解河北地区地下水压力以及提高用水保障的重要途径，特别是再生水应用于灌溉农业是未来值得关注和研究的问题。

表8-54 2018年第一次调研农户使用替代水源意愿

地区	问题	选项	样本数/个	比例/%
成安县	愿意采用的替代水源	1＝再生水	6	6.98
		2＝河道水	79	91.86
		3＝坑塘水	0	0
		4＝微咸水	1	1.16
元氏县	愿意采用的替代水源	1＝再生水	28	33.73
		2＝河道水	51	61.45
		3＝坑塘水	3	3.61
		4＝微咸水	1	1.20
南皮县	愿意采用的替代水源	1＝再生水	12	11.65
		2＝河道水	89	86.41
		3＝坑塘水	2	1.94
		4＝微咸水	0	0
献县	愿意采用的替代水源	1＝再生水	8	9.64
		2＝河道水	74	89.16
		3＝坑塘水	1	1.20
		4＝微咸水	0	0

表 8-55　2018 年第二次调研农户对使用再生水灌溉意愿

地区	问题	选项	样本数/个	比例/%
成安县	如果再生水达到灌溉水标准，您愿意使用吗	1 = 完全不愿意	14	6.73
		2 = 不太愿意	16	7.69
		3 = 一般	20	9.62
		4 = 比较愿意	124	59.62
		5 = 非常愿意	34	16.35
元氏县	如果再生水达到灌溉水标准，您愿意使用吗	1 = 完全不愿意	1	2.13
		2 = 不太愿意	9	19.15
		3 = 一般	1	2.13
		4 = 比较愿意	29	61.70
		5 = 非常愿意	7	14.89
献县	如果再生水达到灌溉水标准，您愿意使用吗	1 = 完全不愿意	5	4.67
		2 = 不太愿意	11	10.28
		3 = 一般	6	5.61
		4 = 比较愿意	57	53.27
		5 = 非常愿意	28	26.17

8.11.7　加强灌溉定额管理

根据本研究结果，研究地区实际灌溉水量远远超出灌溉定额，灌溉定额失去了其实际指导意义。其原因有两个。①目前仅 18.4% 的农户采用节水技术（包括管灌），仅不到 5% 的农户使用田间节水技术滴灌和喷灌；②在干旱年或者偏枯年，实际灌溉水量高于灌溉定额。因此，精确确定不同灌溉技术条件、不同水平年下的灌溉定额，有利于实施水价改革政策及其水权交易。因此，需要精确核定灌溉定额。根据本研究，抗旱品种小麦的灌溉次数以两次为适宜，灌溉定额应该与灌溉次数相结合，依据不同作物、不同地区、不同节水技术条件、不同水文年精准确定灌溉定额，以灌溉定额为标准，严格控制灌溉用水量在灌溉定额范围之内，以有利于本研究提出的低于灌溉定额即奖励并交易的水价政策的推广。

8.11.8　完善机井管护制度

正如前文所述，目前研究地区主要的机井管护模式为私人管护模式和群体（小组）管护模式。在实际调研中发现了不同于上述两种模式的管护模式，即石家庄元氏县纸屯村水价改革模式中出现的机井管护模式。纸屯村在农业水价改革过程中探索形成了"集体统管、公私合作"的机井管护模式（图8-15），即将机井的使用权和收益权等权利转给用水协会，由机井管理员负责各机井的运行、灌溉安排和水费收缴事务，由用水协会负责机井的维修护理。这种机井管护模式克服了私人管护模式和群体（小组）管护模式两种模式的不足，其特点是由集体维护与机井管理员收缴水费，村集体参加到机井的日常管理和运维护过程中，发挥村集体的力量和作用，有利于水价综合改革的推进。然而，目前该管护模式在研究区鲜见，建议加强机井管护模式的研究，提出适合于研究区的机井管护模式，从而加速水价综合改革的进程。

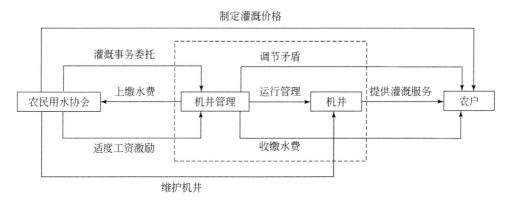

图8-15 "集体统管、公私合作"的机井管护模式

建议村集体以农民用水协会的形式介入农村灌溉事务，建立适度公共服务市场化的管护方式，在提供农田水利管护模式新思路的同时，在制度层面突破农业水价改革推广困境，通过协议等方式将农户群体的机井经营权和收益权转给用水协会，从而激活用水协会的作用，使村集体能真正掌握农村灌溉事务的"事"权和"财"权；村集体成为村庄机井的管理主体后，便能破除农业水价改革推广的困境，统一执行合理的灌溉水价，实现通过价格驱动农户节水的目标，由代表村集体的用水协会负责农田水利的维修事务，避免私人经营过度收取农户水费。通过示范作用，积极推广"集体统管、公私合作"的机井管护模式。

第 9 章 | 研究成果与展望

9.1 研究成果

9.1.1 理论与方法

1. 水价对节水减排的效益评估方法

基于二元水循环角度论述了节水减排原理,重点对工业水循环系统、农业水资源系统进行分析,分别论述了上述两个系统的节水减排路径,揭示水价—节水—污染物减排的机理,其中工业水循环系统从水量平衡角度展开论述,农业水资源系统基于系统动力学反馈机制进行描述,以反映该系统的复杂性、综合性和动态性特征。通过水资源需求价格模型,论述水价随水资源需求的变动关系,以及建立水资源需求价格弹性函数的模型,提出本研究建立需水价格函数采用的模型,包括工业用水需求价格模型、居民生活用水需求价格模型、农业需水价格模型等,特别是提出了针对地下水灌区的节水估算思路和方法,为地下水灌区水价提高及其节水潜力估算提供了定量方法,为京津冀地区水价对节水的作用机制提供了理论依据和方法指导。提出水价提高的节水潜力减排估算方法,包括农业节水的农田污染物流失减排计算方法,工业节水和生活节水的污染物浓度减排估算方法、再生水利用的污染物减排方法,特别是提出的农田污染物流失减排计算方法,从农田污染物流失原理出发,综合考虑灌溉水量、降水量、耕地面积、污染物流失系数等,提出了节水带来的污染物减排的估算方法,为农业节水的污染物减排量提供了定量方法。

2. 提出适合京津冀地区的水价定价方法

对水价定价方法进行了系统总结和分析,不同于以往的水价定价分类,本研究从供水者、用水者、市场供需等角度,对水价定价方法进行了分类,特别是对再生水水价定价方法进行了较为全面的总结,为再生水水价方法的研究奠定了基础。对比分析已有水价定价计算方法的优缺点及其适用条件,结合京津冀用水特定以及数据的可获取性,提出适合京津冀地区的水价定价方法,其中居民生活水价定价采用水费支出系数方法,该方法具有简单易行、数据可获得性的优点;工业水价定价方法采用工业水费承受指数方法,并结合万元工业产值用水量等指标,计算工业水价。地下水灌区农业水价定价相对比较复杂,本研究采用农户水费承受指数、意愿调查方法、剩余价值方法 3 种方法,并以建立的需水价格函数计算灌溉定额对应的水价。采用上述方法计算京津冀地区水价,其中再生水水价分别采用成本定价方法、合作博弈定价方法、比价关系方法等计算。依据上述计算方法,分别对北京、天津、河北主要城市的居民生活水价进行了计算,对北京、天津、河北工业水价进行了计算,对河北地下水灌区的农业水价进行了计算,对北京、天津再生水水价进行了计算,并将计算结果与以往研究成果进行比较,对计算结果的可行性和合理性进行分析,证明计算方法的可行性和计算结果的合理性,为今后京津冀地区水价改革的研究提供了方法指导。

3. 再生水定价理论框架

通过对不同文献给出的再生水概念的对比分析,给出再生水的概念与内涵,在此基础上,总结再生水的特点,即再生水作为一种替代水源,与天然的地表水资源相比,具有稳定可靠、就地可取的优点,不受降水、地理位置等自然条件的限制。从自然生态系统和经济社会系统将再生水用途分为两大类、6 种途径,为分类制定再生水价提供基础与依据。提出了分类、分质再生水定价技术,该技术认为城市杂用再生水水价宜采用比价关系确定,工业再生水水价宜采用企业自主定价或合作博弈定价方法,河道补水或景观环境用再生水宜采用成本定价方法,并对不同定价方法的特点及其需要的参数进行论述,可为同类研究提供可借鉴的定量研究方法。提出了再生水制定的 5 条原则,分析了再生水定价主要影响因素,给出了再生水制定的程序,再生水定价方法的选择依据,以及分类再生水利用的保障措施等,构成了再生水定价的理论框架,丰富了再生水价格理论体系,并作为北京、天津再生水研究的基础。

9.1.2 京津冀地区水资源需求价格弹性函数

依据水资源需求价格函数模型,建立了京津冀地区工业、农业、居民生活需水价格弹性函数,为水价提高的节水潜力估算提供了依据。

1. 农业需水价格弹性函数模型

采用对数函数模型,依据问卷调研数据,建立了河北地下水灌区农业需水价格弹性函数模型,包括 4 个调研地区小麦、玉米两种作物类型的需水价格模型。弹性系数显示研究区水价对需水的抑制作用开始显现,但是弹性系数介于 0~1,处于弱弹性阶段,揭示现阶段水价提高在一定程度上可以起到节水的效用,为提高水价改革提供了理论依据。小麦的弹性系数小于玉米的弹性系数,玉米对水价的敏感程度高于小麦,说明水价改革政策与种植结构调整政策相结合可以达到节水的目标。在水价综合改革示范地区,节水技术采纳率较高,水价对于需水的抑制作用越明显,如成安县灌溉用水价格弹性系数最大。

调研地区地下水灌区灌溉用水需求价格弹性曲线具有拐点,弹性系数表现为两阶段与地区差异特点,以小麦为例,低于拐点(0.33 元/m³)弹性系数为 -0.21,高于拐点弹性系数为 -0.69,说明第一阶段水价提高对灌溉节水的作用较弱,第二阶段水价对灌溉节水的激励效果显著，根据问卷调研数据，农业水价综合改革推行力度较大地区，其弹性系数高于其他地区，节水效果更为显著。现阶段水价高于门限值，说明研究区已经进入弹性阶段，水价提高可以起到节水效果。

与已有弹性系数研究结果相比，本研究弹性系数基本与已有研究具有一致性。通过对比分析，发现在缺水地区水价对节水的作用具有随着时间推移在逐渐增强的趋势。本研究得到的弹性系数大于已有研究结果，揭示河北灌溉水需求弹性系数正在由弱弹性向强弹性阶段逐步迈进，未来需加强农业用水精细化管理，推广喷灌、微灌、水肥一体化等高效节水技术，以推进农业水价综合改革的深入。

2. 工业需水价格弹性函数模型

采用双对数线性模型构建了北京、天津、河北工业用水需水价格弹性函数，揭示京津冀地区工业水价对需水量的抑制作用，即水价对工业用水有一定调节作用。北京、天津、河北工业用水价格弹性系数分别为-1.352、-0.950、-1.850，河北工业用水对水价最为敏感，其原因主要是现状水价相对较低，且工业用水效率低，高耗水行业占比高，因此，工业水价的提升对企业节水的激励作用更大。工业用水需求价格弹性函数为工业水价提高的节水效益评估提供了依据。

3. 居民需水价格弹性函数模型

采用双对数模型建立了北京、天津居民生活需水价格弹性模型，弹性系数分别为-0.166、-0.138，揭示现阶段北京、天津居民生活用水水价提高具有节水效应。与世界银行需水调查组给出的城市居民生活用水价格弹性系数绝对值0.1~0.3相比较，研究结果在上述范围之内，说明本研究建立的弹性系数具有合理性，可以用于北京、天津居民生活用水水价提高对节水潜力的估算。

9.1.3 京津冀地区水价计算与改革方案

1. 居民水价

分析了现状居民水费支出系数，揭示水费承受指数小于1%的标准，说明居民水价具有提升空间。采用水费支出系数方法计算了水价改革方案，设计了4种情景方案，分别以阶梯用水量、水费支出系数为依据设定。根据本研究建立的居民生活需水价格弹性函数模型，计算不同情景水价改革方案下水价提高的节水潜力，采用污染物浓度减排方法，计算水价改革方案下污染物减排量，综合考虑居民用水行为的实际、水价提升的可接受程度及节水潜力与污染物减排率等因素，给出近期水价改革方案与远期水价改革方案，为北京、天津城市居民生活用水水价的改革提供参考。

2. 工业水价

采用工业水费承受指数方法，计算了北京、天津、河北3种情景方案的工业水价，3

种情景方案以现状水费承受指数为依据确定，并结合万元工业产值用水量作为约束参考。根据本研究建立的工业需水价格弹性函数，计算 3 种工业水价改革方案的节水潜力，依据污染物浓度方法，计算节水对污染物的减排量，给出近期、远期推荐方案，作为京津冀地区工业水价改革的决策参考。

3. 再生水水价

根据本研究给出的京津地区再生水水价定价方法，计算了北京、天津、天津滨海新区的再生水水价，并结合再生水与自来水比价关系及现状再生水水价，提出了再生水水价改革方案，为再生水水价的深入研究奠定基础。天津滨海新区工业分质再生水水价改革方案，为滨海新区工业再生水的利用及其水价改革提供了理论依据。

4. 农业水价

计算了河北地区地下水灌区农业水价，提出了四个调研地区不同情景下的农业水价改革方案。以河北石家庄元氏县，沧州南皮县、献县，邯郸成安县等地区的调研数据为依据，首先采用"以电折水"方法计算了现状灌溉用水量、现状水价，其次分别采用剩余价值方法、农户承受指数方法、意愿调查方法等计算了理论水价。设计了 6 种水价改革情景方案，上述情景方案分别以农户承受指数方法（农业生产总值指标）计算得到的水价、现状水价提高 10%、现状水价提高 20%、农户意愿调查水价结果、需水价格函数对应的灌溉定额下的水价、剩余价值方法计算水价为依据确定，给出了不同水价改革情景方案的水价提升空间，根据本研究建立的灌溉需水价格弹性函数，计算了不同情景方案的节水潜力，采用本研究提出的污染物浓度流失方法计算了农业节水的污染物减排量。综合分析节水潜力、污染物减排量、农户承受能力即水费占农业成本比例等，给出近期和远期农业水价改革方案，农业水价改革方案体现了 4 个调研地区小麦、玉米不同作物类型的水价改革方案，体现了分阶段、分地区、分作物类型制定水价的原则。上述农业水价改革方案可为河北地区的农业水价改革提供参考依据。

本研究计算的现状灌溉用水量与河北的灌溉定额之间存在较大差距，说明定额管理在现实中难以发挥作用。现状灌溉用水量偏高会降低农户对现状水价提升的可承受能力，如果以水费占农业净收益比例 13% 标准衡量，当水价提高到定额水价时，能够承受该水价的农户比例为 42.97%。调研地区节水技术采纳率较低，制约了水价政策的推广，因此推进节水技术势在必行。根据本研究建立的农业需水价格弹性函数，计算了灌溉定额对应的水价，即定额水价，揭示如果水价提高到额定水价，可以在较大程度上促进农业节水，该结论佐证了农业水价政策推行的有效性。

9.1.4 京津冀地区水价改革政策建议

根据现状水价实施中存在的问题，以及水价改革的主要制约因素，针对不同用水户的特点，分别提出了相关的政策建议。

1. 居民生活水价改革的政策建议

居民水价改革主要与居民收入、用水量有关，现状居民生活用水量超过节约型用水标准，水费支出系数低于 1% 标准，不同阶梯水价构成中水资源费、污水处理费比例不同，说明现状水价较低，未能起到水价的节水作用。此外，二阶、三阶水价构成中水资源费、污水处理费的比例呈现递减的趋势，未能体现水资源稀缺性及其价值，同时超过二阶、三阶用水量标准的人群比例较低，存在水资源福利不公平的问题。针对上述问题，从建立水价动态调整优化机制、合理确定第一阶梯用水量和水价、科学制定水价级数和级差、优化水价构成体系等几个方面，提出了城市居民生活水价改革的政策建议。

2. 工业水价改革的政策建议

工业水价与用水量构成了工业水费，因此，工业用水量的多少直接决定水价提高的幅度，如果要提高工业水价，首先必须减少用水量。调研结果显示，大部分工业行业用水量未超过其行业用水定额，说明工业用水定额管理没有达到预期目标。调研结果显示，即使在当前用水量超出用水定额的情况下，工业水费支出占工业产值的比例仍然偏低，大部分低于 0.5%，现状水价未能起到倒逼工业节水的目的。因此，建议加强定额管理，从严实施超定额累进加价制度。在水资源短缺的情况下，分水源差别定价，鼓励工业对再生水的利用，特别是提高电力、热力生产和供应业等高耗水行业的再生水利用率显得特别重要。此外，充分发挥水价调节市场供需的作用，考虑市场供求因素，工业水价尽可能反映水资源作为生产要素的付出的成本，从而激励和促进工业企业节水减污。河北地区单位工业增加值用水量距离目标尚有一定差距，用水效率较低。为此，建议河北地区通过调整工业结构，减少高耗水行业的比例，从而降低工业用水量，进而推进水价改革的进程。

3. 再生水水价改革的政策建议

再生水的供给、配置体系不完善、不配套，再生水质与用水户水质标准的不统一，限制了再生水的利用。再生水水价与自来水水价的比价关系是制定再生水水价的基础，因此，再生水水价改革必须与自来水水价改革同步进行。为此提出以下政策建议。针对当前我国再生水研究滞后的现状，建议强加再生水价格理论研究，尽快建立和完善再生水定价体系，改变当前再生水以政府指导价为主的局面，使得再生水的定价更加合理和科学。再生水开发利用、再生水水价制定以及再生水管理分别涉及不同部门管理，再生水的收集、生产、收费缺乏统一管理，对城市污水处理回用以及再生水水资源统一配置，各司其责、统一管理，建立相互协调机制。加强再生水使用的财政补贴与优惠政策，对使用再生水的用户免征水资源费、城市公用事业附加费，税务部门加大对再生水运营单位的财政支持力度。

4. 农业水价改革政策建议

农业水价改革是一项系统工程，农业水价不仅涉及农业用水能否有效利用和分配，同时关系到农业用水户切身利益，与农村社会经济稳定、国家粮食安全等有密切联系。农业水价不同于其他行业用水部门，农户是水费的承担者，灌溉用水缴纳的水费是农业生产成本，这种特殊性使得农业水价改革必然是综合改革。因此，需从多方面综合考察并加以保障，本研究给出了农业水价改革的主要制约因素，针对制约因素提出了保障措施，并给出了相应的政策建议。河北由于现状滴灌、喷灌等节水技术采纳率较低，实际灌溉用水量远超过灌溉定额，限制了现状水价提高的幅度。减少灌溉用水量的关键是提高节水技术的采纳率，当前土地流转进程慢，耕地细碎化程度高，不利于规模化经营，限制了现代灌溉节水技术的采用，因此，推进耕地流转和规模化进程，加强水土资源统一管理，以保证节水技术推广，推进农业水价改革。针对"超用加价"水价改革模式在实际调研中存在的问题，本研究提出以定额为标准的水价改进政策，由原来的水权、定额两个用水档减少为一个用水档，即低于定额即给予奖励，低于灌溉定额奖励并交易，超过灌溉定额即加价，从而避免"超用加价"模式多用水档次、多水价的不足，使水价改革政策易于农户理解，便于在实践中实施。基于农户水费承受能力较低的现实，建议循序渐进、分阶段、分步骤推进水价综合改革，对一些农户承受能力较低的地区，政府给予适当补贴。积极探索和推广适水种植结构，以达到节水稳粮双赢目标。在管理层面，发挥用水组织与村集体机井管理方面的作用，积极推广灌溉社会化服务组织以减少灌溉成本。水价改革离不开资金支持，建议政府加大财政投入的力度，加强地下水灌区机井实施的维护与管理，推广和普及水电一卡通等计量设施的装置，精确掌握灌溉用水量。需加强灌溉用水定额管理，科学合理确定灌溉定额，精确确定不同水平年、不同灌溉条件下的灌溉定额，这对制定合理的水价具有积极作用。

9.2　展　　望

9.2.1　再生水水价理论体系研究

随着再生水利用的日益重视，以及再生水回用率的不断提高，对再生水定价技术提出了更高的要求，然而，目前的再生水水价技术体系远不能满足实践需求，对再生水定价的理论和方法提出了严峻的挑战。我国再生水用途与国际再生水用途存在明显差异。例如，美国有62%的再生水用于农田灌溉，30%用于工业，而我国目前再生水用于城市杂用、工业的比例较大，用于农业灌溉的比例很小。因此，结合我国再生水应用的实际，在现有基础上，完善和改进再生水定价方法，从而丰富再生水价格理论体系，以适应现实需求。

再生水价格的制定不仅要参考同时期的水资源价格，也要考虑到再生水的制水成本。再生水资源市场上存在着过低的再生水水价和过高的制水成本现象。过高的再生水价格会导致再生水需求不足，再生水利用率会偏低；过低的再生水价格往往导致再生水企业成本无法回收，这将抑制我国再生水市场的发展。考虑再生水利用的阶段性特征，对于不同地区，提出与利用阶段相匹配的定价方法。可从综合考虑成本与需求的视角，探讨再生水价的影响因素，并通过用户支付意愿测度与水质偏好模拟等方法估算用户需求，以此为基础根据供需平衡原理得到再生水价格。

再生水资源作为自来水资源的替代品，再生水价格的制定要考虑到自来水价格对其的影响。由于我国城市自来水的水价较低，再生水水价与自来水水价没有形成合理的价差，再生水的价格优势难以显现。因此，再生水定价理论，应当基于再生水作为自来水替代品这一基本属性。未来研究的重点是对再生水价格与自来水价格之间的关系进行定量研究，为再生水定价找到切实可行的理论依据。随着水务行业的市场化，再生水需求应当成为定价时重点考虑的因素。各地在实践过程中，只有极少数的城市出台了指导辖区内再生水价格制定的办法，但也没有详细的定价公式和定价标准，由此造成再生水定价从不同角度出发，以及不同定价方法。例如，从再生水企业经营者的角度出发，可以采取机会成本定价、边际机会成本定价、完全成本定价方法；从市场的角度出发，有支付能力定价、完全市场定价方法等。因此，如何选择不同的定价方法，如何将理论方法与实践相结合，也是未来值得关注的问题。

目前我国再生水定价缺乏明确、合理的标准，价格体系不健全。再生水分质供水价缺乏，未按照不同使用主体进行区别定价，在一定程度上制约了用水户对再生水利用的积极性。因此，需要加强再生水价格机制研究，完善再生水价格体系。特别是针对不同用水部门制定分质再生水水价，是未来需要关注和研究的问题。

9.2.2 农业水价政策的综合效应研究

农业水价是农业节水的重要途径，合理的价格政策可以减少农业用水，并使水资源分配到具有更高价值的非农业用途。如果水价过低则很难实现灌溉水利用率的提高。如何在提高农业水价的同时不影响农民收入，是很多水价较低国家面临的共同问题。农业水价改革的关键是厘清水价与需水量之间的定量关系，当前我国处于农业灌溉水低效利用阶段，农业水价尚未达到合理的阈值，限制了水价对节水的激励作用，确定合理的水价阈值成为水价改革的关键，然而水价阈值受多因素影响，如农作物、土地类型、灌溉技术（自流灌溉、喷灌、滴灌）、供水保障程度等，而当前我国水价大多从农户承受能力角度展开，水价与水量关系的研究及其阈值的确定还比较缺乏，难以实现水价调整对节水的激励作用。

农业水价不仅涉及灌溉用水子系统本身，而且与种植结构子系统、劳动力子系统、收入子系统、产量子系统等相关，各子系统之间相互联系、相互反馈、相互影响。水价的提高可能使农户放弃较高用水的农作物，导致种植结构变化，间接带来从事农业劳动力的减少，从而影响粮食安全问题、社会的稳定和导致贫困率增加等。同时，水价调整还受外部不确定因素的影响，如供水保障程度、灌溉技术、农产品价格等，而我国当前的研究主要集中在农户对水价的反应、水价政策对水资源有效利用等方面，水价政策对种植结构和农户收入的影响开始受重视，但是仍然不能解决动态性和多重效应的问题。当前我国农业水价研究大多基于农户承受能力、灌溉水需求价格弹性函数等展开，研究水价是否应该提高或者提高多少，水需求价格弹性系数及其节水潜力的问题，较少关注水价变动与农业生产系统的综合效应。如何打破水价对农业用水调控的失灵，是农业水价政策面临的挑战。因此，如何全面考虑水价调整的多方面效应，全面评价灌溉水价调控对农业生产系统的综合影响，以及在怎样的措施保障下，水价调节才能实现最大的净收益（水资源收益、经济收益、社会收益等），从而揭示水价变动引发的经济、社会综合问题，是水价研究值得关注和解决的重要课题。

9.2.3　再生水水价研究需关注的问题

现有再生水定价方法各有其优点与不足。成本定价、支付意愿定价在现实中有其局限性，前者由于再生水的制水成本相差大，不利于统一定价，在实践中不能充分适用我国再生水定价，因此，不同阶段、不同地区的再生水定价方法成为未来关注的重点，市场调查与分析将成为再生水定价研究的重要基础性工作，包括用户支付意愿测度、用户水质偏好测度、用水成本调查等，从综合考虑成本与需求的视角，探讨再生水价的影响因素，并通过用户支付意愿测度与水质偏好模拟等方法综合研究再生水水价，考虑不用用水途径、不同水质的再生水价格体系研究值得关注。

当前再生水的供给、利用、配置、管理等均存在着不利于再生水水价改革的制约因素，最突出的问题为对再生水生产企业的优惠和补贴政策不明确、管理部门之间缺乏有机协调等，因此，未来需要从再生水生产部门、再生水用水部门、再生水管理部门等角度，开展相关问题的研究，并有针对性地提出完善和改革的政策建议。

9.2.4　地下水灌区农业水价研究需关注的问题

随着地下水灌区水价改革的重要性日益显现，水价定价方法的研究逐渐得到重视，由于地下水灌区的特殊性，近年来国际上主流计算水资源经济价值的各方法都面临着相应的挑战，存在着不同程度的问题。随着数据可获得性的提高，一些定价模型在我国开始逐渐得到应用，水价研究也从过去的成本定价向经济价值定价转变。本研究在灌溉水经济价值方面做了一些初步的研究，希望今后在现有基础上进一步深入研究。

地下水灌区现状用水量、现状水价需通过"以电折水"计算，灌溉用水量与现状水价计算结果与水电转换系数密切相关，转化系数与井深有关，现有的水电转化系数的经验值不能满足实际的需求，限制了现状水价研究结果的精确性，因此，地下水灌区现状农业水价的研究将成为下一步研究工作的重点。地下水灌区计量设施的管理，"水电一卡通"的逐步推广，将为精确掌握灌溉用水量以及核算现状水价带来便利。

河北是以地下水灌溉为主的地区，也是我国重要的粮食主产区，该地区农户的粮食收入占比较高，水粮矛盾十分突出，目前对该地区的研究主要集中在水价与灌溉水量的关系研究、基于农户角度的水价研究等。随着农业水价综合改革的推进，在水价研究中考虑粮食安全问题是值得关注的问题，对粮食作物和经济作物进行积极探索，实行差别定价，对耗水量较高、用水效率较低的作物制定更高的用水价格，形成促进农户调整种植结构的激励水价政策，在水价调整时需充分考虑粮食安全保障因素，科学论证设计农业用水价格提升水平，协调好水价调整促进节水和保障粮食安全的关系。

健全水价形成机制，水价的确定应当同时考虑用水保障和节水激励，从保障农民收入和农业生产用水角度出发，适当降低基本用水定额内的基准水价，减轻合理用水范围内农民的用水负担，通过提高超出定额加价的幅度发挥水价政策的节水效应。设计更完善的节水奖励补精准贴机制，包括补贴对象、标准、程序、方式等诸多环节，在超额加价基础上形成更有效的正向激励效果，还能减少水价提高对农户造成的收入损失，实现用水管理的"双赢局面"。在明确政策促进节水、种植结构、农业收入、粮食安全等方面政策目标前提下，积极探索试点，设计水价提升的合理幅度。进一步探索深化农业水权改革，当前水价改革试点中仅实现了水权额度的确定，在水权交易推进方面仍较为缓慢。未来还需在水权确权、搭建水权交易平台、建立水权交易机制等方面积极探索，逐步明确水权制度，摸索简单且可操作性强的水权转让方式。

地下水灌区的机井管理与维护问题十分重要，特别是随着地下水超采区综合治理的推进，对机井的维护更加重要，在既要保证足够的农业生产用水，又要尽可能节约地下水使用的约束下，加强农田水利的管护水平和提升灌溉用水效率已成为井灌区的必然要求。但在国家取消农业税及"两工"制度后，小型农田水利的管护出现无人管护、缺乏有效机制等问题，引起了设施损坏渗漏，加剧了水资源的浪费。为此，分析和研究现有机井管护模式，探究井灌区农田水利管护模式对农户灌溉用水效率的影响机制，讨论以灌溉用水效率最优为目标的农田水利管护模式的优化路径，具有战略意义。

9.2.5 居民水价关注的问题

本研究基于居民收入和节水潜力研究水价改革，仅仅是一种宏观角度的研究，还有很多有待深入研究的问题。在情景方案的阶梯用水量确定方面，本研究仅考虑了每户3人的情况，对家庭暂住人口、家庭临时雇佣人口等情况未加考虑，可能会影响到节水潜力计算结果的精确性。在对比分析水价改革方案时，仅仅讨论了一阶水价的情况，对于二、三阶水价的情况未进行讨论。此外，对于水价的构成，仅在现状部分进行了分析，在水价改革方案中没有涉及。事实上，目前北京水资源费、污水处理费在一阶、二阶、三阶水费中占比呈现逐渐下降的趋势，前者分别占总费用的31.4%、22.4%、17.4%，后者分别占总费用的27.2%、19.4%、15.1%，未能体现水资源的价值与稀缺性。

因此，在未来的水价改革中如何确定水费中不同指标在不同阶梯中的构成，以及各指标的比例，也是值得探讨和有待研究的问题。阶梯水价是我国目前水价改革过程中取得的重要成果，使我国水价从单一水价制度转变为阶梯式计量水价。目前的阶梯水价极差与区域水资源禀赋情况不一致，较少考虑供水外部成本的变化，以及水资源费偏低等问题。

目前，我国实施的居民生活用水阶梯水价价格仍然相对较低，价格杠杆发挥作用不明显，难以对居民的用水行为产生作用。如何建立居民水价动态调整优化机制、周期性的水价调整机制，以及合理确定第一阶梯水量标准和水价，特别是优化水价构成体系，即水资源费、水费、污水处理费在不同阶梯水价中的比例等，是未来城市居民水价改革需要关注的问题。

9.2.6　工业水价需关注的问题

京津地区工业用水效率很高，万元工业产值用水量低于全国平均水平，未来节水潜力不大，工业水价对工业企业用水效率的提高作用越来越有限。河北地区高耗水行业占比高，如何调整工业行业降低用水量、分行业制定工业用水定额，是值得关注的问题。

未来应进一步发挥取水定额管理和超定额累进加价制度的作用，使其真正起到促进企业节水的目的。进一步修订取水定额标准，提高取水定额的覆盖面和定额标准，加强对企业用水效率的考核是关键，因此，如何将取水定额和用水效率指标相结合是未来将要研究的问题。

使用再生水和淡化海水可大大降低企业用水成本，避免水价提高对高耗水行业的利润产生较大影响。经过调查发现工业企业对再生水的需求较大，推动再生水使用还有很大潜力，因此，如何拉大再生水与自来水的价格比，降低企业使用再生水成本，鼓励企业采用再生水是未来需要关注的问题。

未来应进一步加强水权交易等经济手段研究，研究采用补贴、奖励等经济手段推动节水型企业和节水型园区建设。如何培育节水服务市场，引导社会投资，扶持节水服务企业，以及推行合同节水管理模式，为企业节水提供更好的服务也是未来需要关注的问题。

9.2.7　农业水价改革面临的挑战

农业用水的特殊性，如公益性、季节性与地区性、非强制性、用水户的弱势性等，农业水价的制定并不能完全按照市场原则来核定。特别是地下水灌区农业水价改革面临的挑战除了上述因素外，还有因计量设施缺乏难以精确衡量灌溉水量与现状水价问题。不同区域、不同机井所在位置和不同季节对水电转换系数均有不同程度的影响，本研究根据机井深度并参考经验值确定水电转换系数，仅是宏观层面的估算，因此，现状水价计算结果的精确性还有待完善。本研究对水价提高后节水带来的污染物减排效益开展了一些探索性的研究，提出了定量的计算方法，突破了当前对于水价政策效益评估仅限于节水潜力研究的局限。然而，由于缺乏县级尺度的污染物流失系数，采用了河北省级的经验值代替，本研究对研究区节水带来的污染物减排的计算，也仅是宏观层面的估算。地下水灌区用水量的复杂性，给研究地下水水价和灌溉水量造成一定的难度，灌溉用水量与现状水价计算结果与水电转换系数密切相关，随着水电转换系数的变化，研究结果也将随之发生变化。上述问题还有待于在今后的研究中继续深化和完善。

迄今为止，农业用水在几乎所有国家都被视为特殊情况，包括发达国家。农业水价的提高变得比其他任何用水部门都复杂和敏感。不同地区的水价改革提升幅度不同，对于水价政策的节水效应，在不同地区或者不同时段的研究结论也有所差异。农业水价涉及农民的利益，且不同地区农业生产特点、灌溉方式、农民的收入等也各不相同，因此在进行农业水价改革时必须兼顾各方利益，既要考虑长远的国家利益，也要考虑近期水价提升幅度与当前粮食价格条件下农业灌溉用水户的承受能力和接受能力。

水价改革涉及水资源、土资源、农户和政府等不同主体，是一个综合的系统工程。土地规模化低，限制了节水技术的推广和采用。推进土地流转和规模化进程是节水技术推广的前提，是水价改革能否实施的关键。如何提高土地流转租金，促进土地规模化进程，推广节水技术的采纳应用，是推进水价改革的重要因素之一。因此，如何加强水土资源统一管理是未来农业水价综合改革中值得关注的问题。

种植结构与灌溉用水量密切相关，目前研究区以传统的"冬小麦-夏玉米"种植模式为主，仅有极少数农户采用"春玉米-夏玉米"双季玉米种植模式。根据调研问卷，双季玉米种植模式相比传统的"小麦-玉米"轮作节水可达20%~30%，种植一季玉米可节水60%，种植一季棉花可节水40%。研究结果表明研究区玉米对水价的提高更为敏感，水价提升幅度相同的情况下，玉米的节水潜力大于小麦。建议加强适水种植结构研究，以降低灌溉用水量，保障农业水价综合改革政策的实施。

参 考 文 献

鲍淑君，贾仰文，高学睿，等．2015. 水资源与能源纽带关系国际动态及启示．中国水利，（11）：6-9.

畅明琦，刘俊萍．2005. 农业供水价格与需求关系分析．水利发展研究，（6）：21-24.

陈优优，李太龙，鲍抄抄，等．2016. 中国工业用水价格弹性测算——基于边际生产力模型．浙江理工大学学报（社会科学版），36（3）：232-237.

陈祖海．2001. 水资源价格问题研究．武汉：华中农业大学博士学位论文．

陈祖海．2003. 基于边际机会成本理论的水资源定价实证分析．中南民族大学学报（自然科学版），81（3）：75-77.

程琨．2020. 引江济淮工程（安徽段）水价承受能力分析．水利规划与设计，（5）：18-19.

崔秋利．2020. 1957—2017 年京津冀主要作物水分利用效率及节水潜力分析．灌溉排水学报，39（2）：93-98.

迪南．2003. 水价改革与政治经济：世界银行水价改革理论与政策．石海峰译．北京：中国水利水电出版社．

董凤丽，韩洪云．2006. 沈阳市城镇居民生活用水需求影响因素分析．水利经济，（3）：23-27.

段涛．2014. 城市再生水的自主定价问题及定价方法研究．自然资源学报，29（4）：719-725.

段涛．2015. 基于质量差异模型的再生水市场定价公式及应用实例研究．生态经济，31（8）：109-111.

方芳，马琼．2018. 可持续发展背景下新疆南疆农业水资源的定价方法——基于边际成本理论模型的应用．新疆农垦科技，41（10）：3-6, 19.

封晨辉，王英歌，孙雪峰．2000. 河北省农业节水潜力分析．河北水利科技，（4）：41-43.

付饶，刘帅，宋国君．2017. 水资源全成本定价实证研究．中国物价，（1）：56-59.

傅平，谢华，张天柱，等．2003. 完全成本水价与我国的水价改革．中国给水排水，（10）：22-24.

高晶．2008. 北京市城镇居民阶梯水价统计测算研究．北京：首都经济贸易大学硕士学位论文．

耿六成．2003. 工业水价承受能力分析方法探讨．南水北调与水利科技，（6）：28-29.

工业和信息化部节能与综合利用司．2019.《京津冀工业节水行动计划》解读．资源节约与环保，（10）：2-3.

韩思茹．2015. 再生水资源定价研究．西安：西安建筑科技大学硕士学位论文．

何静，陈锡康．2005. 中国 9 大流域动态水资源影子价格计算研究．水利经济，（1）：14-19.

侯东林，周乐章，石磊，等．2013. 基于 Eles 模型的城市居民生活用水水价承受能力研究——以青岛市为例//中国环境科学学会．中国环境科学学会学术年会浦华环保优秀论文集．北京：中国环境科学出版社．

侯孟阳，姚顺波．2018. 中国农村劳动力转移对农业生态效率影响的空间溢出效应与门槛特征．资源科学，40（12）：2475-2486.

胡珊，吴泽宁，赵云．2012. 济源市农业水价分析及其调整策略．节水灌溉，（2）：81-85.

黄旭颖．2005. 我国资源类准公共品定价方法研究．广州：暨南大学硕士学位论文．

霍立梅．2016. 灌溉用水量对灌区水价弹性影响探析．吉林水利，（11）：1-3.

贾绍凤．2001．工业用水零增长的条件分析——发达国家的经验．地理科学进展，（1）：51-59.

贾绍凤，康德勇．2000．提高水价对水资源需求的影响分析——以华北地区为例．水科学进展，11（1）：49-53.

贾绍凤，张士锋．2003．北京市水价上升的工业用水效应分析．水利学报，（4）：108-113.

江煜，王学峰．2009．干旱绿洲区灌溉水价与灌溉用水量关系研究．中国农村水利水电，（5）：161-163.

姜东晖．2010．农用水资源需求管理理论与政策研究．泰安：山东农业大学博士学位论文．

金翀，汪妮，解建仓，等．2000．西安市工业需水量预测及污水回用于工业研究．水利科技与经济，（4）：285-287.

康绍忠．2019．贯彻落实国家节水行动方案推动农业适水发展与绿色高效节水．中国水利，（13）：1-6.

雷玉桃，黎锐锋．2015．中国工业用水影响因素的长期动态作用机理．中国人口·资源与环境，25（2）：1-8.

李静，马潇璨．2014．资源与环境双重约束下的工业用水效率——基于 SBM-Undesirable 和 Meta-Frontier 模型的实证研究．自然资源学报，29（6）：920-933.

李太龙，陈瀛洲，鲍抄抄，等．2017．浙江省工业用水效率与价格弹性测算研究．浙江理工大学学报（社会科学版），38（3）：189-194.

刘静，陆秋臻，罗良国．2018．"一提一补"水价改革节水效果研究．农业技术经济，（4）：126-135.

刘世庆，许英明．2012．我国城市水价机制与改革路径研究综述．经济学动态，（1）：91-95.

刘卫国，郑垂勇，徐增标．2008．南水北调一期工程受水区多水源水价模型的研究——基于水资源高效利用的边际成本模型．中国农村水利水电，（5）：111-114.

刘晓君，韩思茹，罗西．2014a．基于成本加成的再生水阶梯定价方法研究．水资源与水工程学报，25（6）：29-33.

刘晓君，闫俐臻，白好．2014b．基于模糊数学模型的居民生活用水资源水价的定价方法研究——以西安市为例．西安建筑科技大学学报（自然科学版），46（3）：318-322.

刘昕，李继伟，朱崇辉，等．2009．工业用水量的价格弹性分析．节水灌溉，（10）：68-70.

刘秀丽，陈锡康，张红霞，等．2009．水资源影子价格计算和预测模型研究．中国人口·资源与环境，19（2）：162-165.

刘一明．2021．农业水价激励结构对农户节水认知与行为背离的影响．华南农业大学学报（社会科学版），20（6）：88-97.

刘莹，黄季焜，王金霞．2015．水价政策对灌溉用水及种植收入的影响．经济学（季刊），14（4）：1375-1392.

卢蝶．2018．供应链环境下的再生水资源定价研究．生产力研究，（10）：100-102.

吕荣胜，李璨．2010．基于环境先导的再生水资源定价研究．内蒙古农业大学学报（社会科学版），12（1）：66-68.

罗仲朋，2016．基于成本收益分析的河北平原灌溉水价研究．西宁：青海大学硕士学位论文．

马东春，汪元元．2008．BOT 模式建设中水厂的中水价格分析对比研究．水利经济，（4）：31-33，36,76.

马立辉．2006．河北省农业节水潜力计算方法及应用研究．保定：河北农业大学硕士学位论文．

马中，周芳．2012．水平衡模型及其在水价政策的应用．中国环境科学，32（9）：1722-1728.

毛春梅．2005a．工业用水量的价格弹性计算．工业用水与废水，（3）：1-4.

毛春梅．2005b．农业水价改革与节水效果的关系分析．中国农村水利水电，（4）：2-4.

毛春梅，袁汝华．2003．黄河流域水资源价值的计算与分析．中国人口·资源与环境，（3）：28-32.

裴源生，方玲，罗琳．2003．黄河流域农业需水价格弹性研究．资源科学，（6）：25-30.

乔晓楠，王一博．2020．差别化水价对水污染治理的影响．环境经济研究，5（2）：1-17．

秦长海．2013．水资源定价理论与方法研究．北京：中国水利水电科学研究院博士学位论文．

秦长海，赵勇，李海红，等．2021．京津冀地区节水潜力评估．南水北调与水利科技（中英文），（1）：1-11．

任亮，晏清洪，张小会，等．2018．推动我国再生水利用的政策措施建议．水利发展研究，18（1）：25-28，50．

任小娇，袁伟，陆轶峰，等．2013．昆明市再生水价格机制的构建//中国环境科学学会．中国环境科学学会学术年会论文集．北京：中国环境科学出版社，1172-1177．

沈大军，杨小柳，王浩，等．1999．我国城镇居民家庭生活需水函数的推求及分析．水利学报，（12）：6-10．

沈杰．2014．江苏省万元工业增加值用水量影响因素研究．扬州：扬州大学硕士学位论文．

沈满洪，陈庆能．2008．水资源经济学．北京：中国环境科学出版社．

生态环境部．2021．排放源统计调查产排污核算方法和系数手册．https://www.mee.gov.cn/xxgk2018/xxgk/xxgk01/202106/t20210618_839512.html[2021-11-14]．

世界银行．2007．中国的水价改革：经济效率、环境成本和社会承受力．https://documents1.worldbank.org/curated/en/265281468240875184/pdf/421760WP0CHINE1fordability01PUBLIC1.pdf[2021-11-14]．

宋承先．1999．现代西方经济学（第二版）．上海：复旦大学出版社．

宿晓，倪简，汪蕊．2016．基于排污权交易的再生水定价模型．水利经济，34（6）：68-71．

孙才志，杨新岩，王雪妮，等．2011．辽宁省水资源利用边际效益的估算与时空差异分析．地域研究与开发，30（1）：155-160．

孙广生，冯宗宪．2001．西安市水工业发展过程中的定价问题研究．城市规划，（5）：66-69．

王密侠，汪志农，尚虎军，等．2007．关中灌区农户生产投资与水费承受力研究．自然资源学报，22（1）：114-120．

王斌，姚恽，陶志佳，吴思远，等．2020．合肥市再生水利用发展前景研究．市政技术，38（6）：204-209．

王剑永．2017．"以电折水"方法研究与应用．中国水利，（11）：34-35．

王克强，李国军，刘红梅．2011．中国农业水资源政策一般均衡模拟分析．管理世界，（9）：81-92．

王善高，雷昊．2019．土地流转费用上涨对粮食生产的影响研究——基于种植结构调整、农作物品质调整和要素替代的视角．中国农业资源与区划，40（7）：58-65．

王文浩，曹红霞，蔡焕杰．2013．灌溉水价与灌区灌溉用水量关系研究．灌溉排水学报，（2）：82-85．

王西琴．2007．河流生态需水理论、方法与应用．北京：中国水利水电出版社．

王西琴，王建浩，高佳，等．2016．陕西关中地区农民对水价上涨承受能力研究．中国物价，（8）：70-72，91．

王西琴，贾宝珍，曹湧镗．2020a．北京市居民用水水价提升空间及其节水潜力．西北大学学报（自然科学版），50（2）：219-226．

王西琴，尹华玉，罗予若．2020b．河北地下水超采区基于农户水费承受能力的水价提升空间．西北大学学报（自然科学版），50（2）：234-240．

王西琴，刘维哲，孙爱昕．2020c．华北地下水超采区灌溉用水经济价值研究．西北大学学报（自然科学版），50（2）：212-218．

王西琴，张馨月，周嫚，等．2021．基于门限效应的灌溉水价与用水量关系：以河北省地下水灌区为例．资源科学，43（12）：2538-2545．

王晓，郦汇源，刘喜坤，等．2013．徐州居民再生水使用支付意愿及其影响因素研究．生态经济（学术版），（2）：130-133．

王晓东，薛伟，马长明．2014．基于农业灌溉用水计量的水电转换系数研究．北京水务，（6）：42-45．

王晓贞，张建平．2008．河北省工业水价承受能力分析．城镇供水，（1）：87-90．

王钇霏，许朗．2021．粮食安全视域下农业水价改革空间研究．节水灌溉，（11）：65-70．

王英．2003．北京市居民收入和水价对城市用水需求影响分析．价格理论与实践，（1）：49-50．

魏丽丽．2008．城市水资源价值与水价弹性研究．哈尔滨：东北农业大学硕士学位论文．

魏丽丽，付强，陈丽燕．2008．哈尔滨市居民生活用水需求弹性分析．东北农业大学学报，（7）：34-37．

魏娜，程晓如，刘宇鹏．2006．浅谈国内外城市污水回用的主要途径．节水灌溉，（1）：31-33，36．

吴爽．2018．城市供水定价理论及我国城市供水价格改革实例研究．价格月刊，（10）：1-4．

吴艳，宋健峰，郑垂勇．2011．基于产品差异化的再生水需求与市场定价模型．统计与决策，（14）：48-51．

鲜雯娇，徐中民，邓晓红．2014．灌区农业完全成本水价研究——以张掖市甘州区灌区为例．冰川冻土，36（2）：462-468．

谢丛丛，张海涛，李彦彬，等．2015．我国高用水工业行业的界定与划分．水利水电技术，46（3）：7-11．

邢秀凤，吴艳丽．2007．城市居民生活用水需求弹性实证分析——以青岛市为例．技术经济与管理研究，（2）：35-36．

徐飘，陆迁．2014．陕西泾惠渠灌溉区不同灌溉模式下农户承受的极限水价．贵州农业科学，42（10）：288-291．

许海东．2019．基于Cobb-Douglas生产函数的城市工业用水资源边际效益研究．水利技术监督，（1）：107-109．

杨明云，周明，肖魁，等．2016．鄂北地区水资源配置工程水价承受能力分析．水利水电技术，47（7）：53-56．

杨旭洋，刘彬，闫丹丹，等．2018a．河北省南部平原区冬小麦灌溉用水量分析．节水灌溉，（2）：83-92．

杨旭洋，刘彬，闫丹丹，等．2018b．华北平原地下水超采区不同节水技术灌溉用水量分析——以河北省沧州市为例．科学技术与工程，18（17）：6-9．

姚高丽．2017．阶梯水价政策对城市居民用水需求影响的实证分析．北京：北京交通大学硕士学位论文．

易福金，肖蓉，王金霞．2019．计量水价、定额管理还是按亩收费？——海河流域农业用水政策探究．中国农村观察，（1）：33-50．

尹建丽，袁汝华．2005．南京市居民生活用水需求弹性分析．南水北调与水利科技，（1）：46-48．

于泽一，朱俊宇．2015．青岛市居民用水需求弹性分析．市场经济与价格，（9）：52-56．

虞国华．2012．灌区农业灌溉水价研究．杭州：浙江大学硕士学位论文．

张兵兵，沈满洪．2015．工业用水与工业经济增长、产业结构变化的关系．中国人口·资源与环境，25（2）：9-14．

张博，昌敦虎．2012．促进邯郸市再生水开发利用的对策．环境保护，（7）：69-70．

张宏伟，胥然然，张雪花．2014．既定成本下再生水合作博弈定价模型．天津工业大学学报，33（4）：66-69．

张进旗，乔光建．2010．河北省不同行业节水潜力和节水效益分析．水利经济，28（6）：15-19．

张军，王华，赵晓星．2001．南水北调东线工程山东供水区水价承受能力分析及调整建议．山东水利，（1）：39-41．

张俊杰，张悦，陈吉宁，等．2003．居民对再生水的支付意愿及其影响因素．中国给水排水，(6)：96-98.

张立尖，刘素芳，周旭捷，等．2018．上海市城镇居民生活用水需求弹性分析．给水排水，44（1）：18-21.

张秋平，郝晋珉，白玮．2008．黄淮海地区粮食生产中的农业水资源经济价值核算．农业工程学报，(2)：1-5.

赵令，雷波，苏涛，等．2019．我国粮食主产区农业灌溉节水潜力估算研究．节水灌溉，(8)：130-133.

郑德凤，臧正，孙才志，等．2014．基于水资源耦合价值的绿色水价模型及其应用——以下辽河平原为例．自然资源学报，29（7）：1235-1245.

周春应，章仁俊．2005．农业需水价格弹性分析模型．节水灌溉，(6)：24-26.

周芳，马中，郭清斌．2014．中国水价政策实证研究——以合肥市为例．资源科学，36（5）：885-894.

左燕霞．2007．农业节水潜力分析与灌溉用水优化配置研究．兰州：甘肃农业大学硕士学位论文.

Angelakisa A N, Bontouxc L. 2001. Wastewater reclamation and reuse in Eureau countries. Water Policy, 3: 47-59.

Berbel J, Gómez-Limón J A. 2000. The impact of water-pricing policy in Spain: an analysis of three irrigated areas. Agricultural Water Management, 43 (2): 219-238.

Bontoux J, Courtois G. 1996. Wastewater reuse for irrigation in France. Water Science & Technology, 33 (10-11): 45-49.

Coghlan P, Higgs C. 2003. Domestic Water Use Study. In Perth, Western Australia 1998-2001.

de Rooy J. 1974. Price Responsiveness of the Industrial Demand for Water. Water Resources Research, 10 (3): 403-406.

Deytieux V, Munier-Jolain N, Caneill J. 2016. Assessing the sustainability of cropping Systems in single- and multi-site studies. A review of methods. European Journal of Agronomy, 72: 107-126.

Dupont D P, Renzetti S. 2001. The role of water in manufacturing. Environmental & Resource Economics, 18 (3): 411-432.

Expósito A, Berbel J. 2017. Why is water pricing ineffective for deficit irrigation schemes? A case study in southern Spain. Water Resources Management, 31 (3): 1047-1059.

Franke N, Hoekstra A Y, Boyacioglu H. 2013. Grey water footprint accounting: tier 1 supporting guidelines. UNESCO-IHE Institute for Water Education.

Friedler E, Butler D. 1996. Quantifying the inherent uncertainty in the quantity and quality of domestic wastewater. Water Science and Technology, 33 (2): 65-75, 77-78.

Friedler E, Butler D, Brown D M. 1996. Domestic WC usage patterns. Building and Environment, 31 (4): 385-392.

Garcia S, Reynaud A. 2004. Estimating the benefits of efficient water pricing in France. Resource & Energy Economics, 26 (1): 1-25.

Glick D M, Goldfarb J L, Heiger-Bernays W, et al. 2019. Public knowledge, contaminant concerns, and support for recycled Water in the United States. Resources, Conservation and Recycling, (150): 150.

Haruvy N. 1998. Wastewater reuse—regional and economic considerations. Resources, Conservation & Recycling, 23 (1): 57-66.

Hanley N, Faichney R, Munro A, et al. 1998. Economic and environmental modelling for pollution control in an estuary. Journal of Environmental Management, 52 (3): 211-225.

Huffaker R, Whittlesey N, Michelsen A, et al. 1998. Evaluating the effectiveness of conservation water-pricing programs. Journal of Agricultural and Resource Economics, 23 (1): 110-116.

Hurlimanna A, McKay J. 2007. Urban Australians using recycled water for domestic non-potable use—An evaluation of the attributes price, saltiness, colour and odour using conjoint analysis. Journal of Environmental Management, (83): 93-104.

Hussain I, Thrikawala S, Barker R. 2002. Economic Analysis of Residential, Commercial, and Industrial uses of water in Sri Lanka. Water International, 27 (2): 183-193.

International Renewable Energy Agency. 2012. Water Desalination Using Renewable Energy. IRENA and IEAETSAP (International Energy Agency Energy Technology Systems Analysis Programme) Technology Brief I12. International Renewable Energy Agency, Abu Dhabi.

Jia S, Long Q, Wang R Y, et al. 2016. On the inapplicability of the Cobb-Douglas Production Function for estimating the benefit of water use and the value of water resources. Water Resources Management, 30 (10): 3645-3650.

Kiprop J K, Lagat J K, Mshenga P, et al. 2015. Determining the economic value of irrigation water in Kerio Valley Basin (Kenya) by residual value method. Journal of Economics and Sustainable Development, 6 (7): 102-107.

Ku S J, Yoo S H. 2012. Economic value of water in the Korean Manufacturing Industry. Water Resources Management: An International Journal, Published for the European Water Resources Association (EWRA), 26 (1): 81-88.

Liaw C H, Chen L C, Chan L M. 2006. Industrial water demand with water reuse. JAWRA Journal of the American Water Resources Association, 42 (3): 593-601.

Mamitimin Y, Feike T, Seifert I, et al. 2015. Irrigation in the Tarim Basin, China: farmers' response to changes in water pricing practices. Environmental Earth Sciences, 73 (2): 559-569.

Moore M R, Gollehon N R, Carey M B. 1994. Multicrop production decisions in western irrigated agriculture: the role of water price. American Journal of Agricultural Economics, 76 (4): 859-874.

Ray I. 2007. Get the Prices Right: A Model of Water Prices and Irrigation Efficiency in Maharashtra, India. https://www.researchgate.net/publication/265495243 (2007-10-30) [2021-11-20].

Renzetti S. 1988. An econometric study of industrial water demands in British Columbia, Canada. Water Resources Research, 24 (10): 1569-1573.

Reynaud A. 2003. An econometric estimation of industrial water demand in France. Environmental & Resource Economics, 25 (2): 213-232.

Scheierling S M, Young R A, Cardon G E. 2004. Determining the price-responsiveness of demands for irrigation water deliveries versus consumptive use. Journal of Agricultural & Resource Economics, 29 (2): 328-345.

Scheierling S M, Treguer D O, Booker J F, et al. 2014. How to assess agricultural water productivity? Looking for water in the agricultural productivity and efficiency literature. Social Science Electronic Publishing, 45: 608-615.

United Nations World Water Assessment Program. 2014. The United Nations World Water Development Report 2014: Water and Energy. UNESCO.

Vásquez-Lavín F, Vargas O L, Hernández J I, et al. 2020. Water demand in the chilean manufacturing industry: analysis of the economic value of water and demand elasticities. Water Resources and Economics, 32: 100-159.

Wang H, Somik L. 2002. Valuing water for Chinese Industries: a marginal productivity analysis. Applied

Economics, 34 (6): 759-765.

Young R A. 2005. Determining the Economic Value of Water: Concepts and Methods. Washington, DC, USA: Resources for the Future.

Ziegler J A, Bell S E. 1984. Estimating demand for intake water by self-supplied firms. Water Resources Research, 20 (1): 4-8.